"十二五"职业教育国家规划教材
经全国职业教育教材审定委员会审定
全国铁道职业教育教学指导委员会规划教材
高等职业教育铁道交通运营管理专业课程改革系列规划教材

# 铁路客运规章教程

## （第二版）

彭　进　主　编
雷莲桂　副主编
崔之川　主　审

中国铁道出版社有限公司

2019年·北　京

## 内容简介

本书为“十二五”职业教育国家规划教材，是《铁路客运组织(第三版)》的配套教材之一，内容包括客运运价、旅客运输、行李包裹运输、特定运输、路内运输、铁路运营事故处理等，并对规章的条文进行了细致解释，针对实际工作中的具体问题列举了大量实例，以提高学生学习和运用规章解决实际工作问题的能力。

本书为铁路高职、中职铁道运输专业教材，也可供铁路客运工作的相关人员学习参考。

**图书在版编目(CIP)数据**

铁路客运规章教程/彭进主编．—2版．—北京：中国铁道出版社，2017.8(2019.7重印)

“十二五”职业教育国家规划教材　全国铁道职业教育教学指导委员会规划教材　高等职业教育铁道交通运营管理专业课程改革系列规划教材

ISBN 978-7-113-23338-9

Ⅰ.①铁…　Ⅱ.①彭…　Ⅲ.①城市铁路-旅客运输-规章制度-高等职业教育-教材　Ⅳ.①U293-65

中国版本图书馆CIP数据核字(2017)第162531号

**书　　名**：铁路客运规章教程(第二版)

**作　　者**：彭　进

**责任编辑**：金　锋　悦　彩　　**编辑部电话**：010-51873206　　**电子信箱**：sxyuecai@163.com

**封面设计**：陈东山

**责任校对**：苗　丹

**责任印制**：郭向伟

**出版发行**：中国铁道出版社有限公司(100054，北京市西城区右安门西街8号)

**网　　址**：http://www.tdpress.com

**印　　刷**：三河市航远印刷有限公司

**版　　次**：2010年3月第1版　2017年8月第2版　2019年7月第8次印刷

**开　　本**：787 mm×1 092 mm　1/16　印张：12.25　字数：314千

**书　　号**：ISBN 978-7-113-23338-9

**定　　价**：29.00元

# 第二版前言

本教材为“十二五”职业教育国家规划教材，是《铁路客运组织(第三版)》的配套教材之一，是在2010年出版的铁路职业教育铁道部规划教材《铁路客运规章教程》的基础上重新修订而成的。

在修订过程中注重以现行有关规章制度为依据，以铁路运输新技术为核心，坚持教材内容与铁路发展同步、与岗位要求和职业标准对接、与服务行业结合。跟踪铁道交通运输业的发展动态，吸纳近年来铁路旅客运输采用的新科技、新设备和现代化管理等手段，对教材内容进行了充实、更新和完善，并根据各铁路高职院校、各铁路局站段职工培训在教学过程中反馈的意见和建议做了调整和修改。新增了各种特殊票、运价、动车组列车票价、实名制售票、网络售票、电话订票以及售票、退票、签证、交接班作业程序等内容。本教材将铁路旅客运输规章和运用实际案例融为一体，以便于学生学习理解、运用和执行规章，解决实际工作中的具体问题，为提高处理突发事件的能力奠定基础。

本教材由柳州铁道职业技术学院彭进任主编，雷莲桂任副主编，崔之川任主审。具体编写分工如下：柳州铁道职业技术学院崔之川、彭进、尹天、雷莲桂分别编写第一章、第二章、第三章、第四章；河北轨道运输职业技术学院纪淑景编写第五章；南宁铁路局客运处苏金焕编写第六章。

在本次修订编写过程中，得到了中国铁路总公司运输局、南宁铁路局客运部门的大力支持，也得到各铁路高职院校和有关站段的帮助，在此表示诚挚的谢意。

编　者

2017年3月

# 第一版前言

本书由铁道部教材开发小组统一规划，为铁路职业教育规划教材。本书是根据铁路职业教育铁道运输专业教学计划“铁路客运组织”课程教学大纲编写的，由铁路职业教育铁道运输专业教学指导委员会组织，并经铁路职业教育铁道运输专业教材编审组审定，配合《铁路客运组织》教材使用。

本书适用于铁道交通运营管理专业，可作为铁道运输高职、中职学校的教材，也可作为铁路站段客运各工种岗位培训教学用书，同时还可供铁路客运干部和职工学习参考。

本书以铁路现行有关规章制度为依据，以更好地理解规章精神为出发点，以运用规章解决现场实际问题为重点，以提高处理突发事件的能力为目的，针对实际工作中的具体问题，列举了大量的运用实例，并将《铁路旅客运输规程》《铁路客运运价规则》《铁路旅客运输办理细则》和运用实例融为一体，为学习理解、运用执行规章提供方便。

本书本着与客运规章一致性、系统性、实用性的精神编写，力求较好地理解和运用客运规章，以提高理解和解决实际问题以及遇到特殊情况的应变能力，内容主要有客运运价、旅客运送条件、行李包裹运输、特定运输、路内运输及客运事故处理等。

本书由柳州铁道职业技术学院彭进主编，崔之川主审。编写分工：由柳州铁道职业技术学院崔之川、彭进、尹天、雷莲桂分别编写第一章、第二章、第三章、第四章；由石家庄铁路运输学校纪淑景编写第五章；由辽宁铁道职业技术学院黄丽学编写第六章。

本书在编写过程中得到了铁道部运输局、铁路局客运部门的大力支持，也得到运输专业的兄弟院校和有关站段的帮助，特此表示感谢！

由于限于掌握的资料和编者的水平，书中定有不少缺点和疏漏，恳切希望广大师生和读者给予批评指正。

编　者

2009 年 7 月

# 目　录

# 第一章 客运运价

## 第一节 客运运价里程

### 一、客运运价里程的含义

客运运价里程是指计算旅客票价、行包运价所应用的里程，它是计价的依据。

客运运价里程与实际工务里程是有出入的，原因有两方面：

一是尾数处理的缘故。站间里程严格来说以站中心线为准，而站中心线就会出现××km+××m 的情况，在计价上不可能也没有必要带有尾数，故要处理成为整数，因而，两者有误差。

二是线路改造的关系。为提高列车运行速度，线路经常要进行改造，在改造过程中线路就会产生延长或者缩短的现象，为保持相对的稳定性，不可能随时变动，而在一定时期，才由铁路局报铁路总公司公布修改。

因而，客运运价里程有一定滞后性。

铁路旅客和行李、包裹的票、运价里程的确定，以《铁路客运运价里程表》为准。该里程表所载的线路，为国家铁路的正式营业线和与国家铁路办理直通运输的地方铁路线、合资铁路线。同时，该里程表也是用以查找和确认车站有无营业办理限制的依据。

### 二、客运运价里程的确定

(一)里程表的使用

1. 查找站名

如能确知所要查找的到站在哪条线路时，可从“线名音序索引表”中，查出该站所属线在“里程表”中的页数，即可查出到站。

如不能确知所要查找的到站在哪条线路时，可从“站名首字音序索引表”或者从“站名首字笔画索引表”中，查出该站在“站名索引表”中的页数，然后再查出在“里程表”中的页数，即可查出到站。

2. 确认有无营业办理限制

查出到站后，应首先确认该站有无营业办理限制，其限制站名前使用下列符号表示：

※　旅客乘降所，只办理旅客乘降业务

⊗　不办理行李和包裹业务的车站

◎　不办理包裹业务的车站

△　不办理客运业务的线路连接点车站

Ⓖ　办理高铁快件业务车站

3. 计算里程

(1)发站和到站在同一条线时:用两站到本线路起点或终点的里程相减,即可求出两站间的里程。

(2)发站和到站间跨及两条及其以上线路时:应按规定的接算站接算。

(二)接算站形式

所谓规定的接算站,就是为了将发、到站间跨及两条以上不同的线路衔接起来,进行里程加总计算票价和运价,所规定的结算衔接点。

在《客运运价里程接算站示意图》中,接算站用红色圆圈表示。

在《铁路客运运价里程表》中,站名用黑字体印刷,站名下部印有 1 mm 宽的黑色横线,并在该站的接续线名栏注有"接××线"字样。

接算站的形式有下列几种:

1. 大多数接算站是两条及其以上线路相互衔接的接轨站,如哈尔滨、衡阳等站。此类接算站,查找、计算里程都较为方便,如图 1-1 所示。

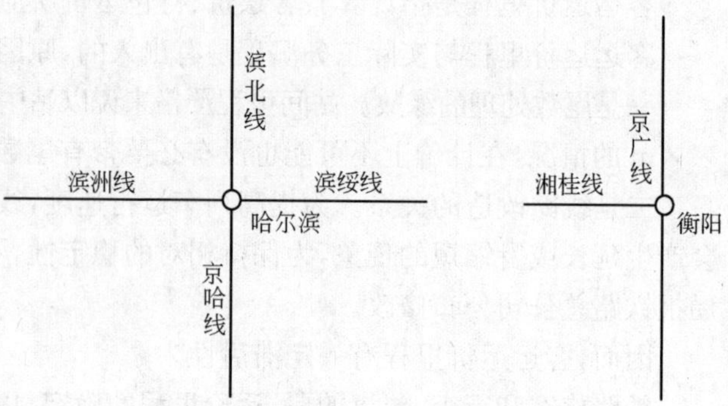

图 1-1　接算站示意图例之一

2. 部分接算站是接轨站附近的城市所在站。由于接轨站线路设置、车站设备、列车开行等都受到一定的限制,同时,多数旅客从附近大站乘车,因此,为了铁路工作及旅客乘车的方便,指定城市站为接算站。凡是这样的接算站,接轨站和城市站相互间要往返乘车,这部分往返里程已列入里程表中,确定运价里程时,不再另计。如沈山线与魏塔线的接轨点为塔山站,但接算站规定为锦州站,再如京广线与京沪线的接轨点为丰台站,但接算站规定为北京站,如图 1-2 所示。

3. 个别接算站是在同一城市无线路衔接的车站(由于城市建设的关系,相互间未能铺轨连接),为了计算里程的方便,而特定该两站为同一的接算站。如昆明站与昆明北站,中间相隔约 5 km,即视为昆明站与昆明北站相互衔接,并指定为同一的接算站,如图 1-3 所示。

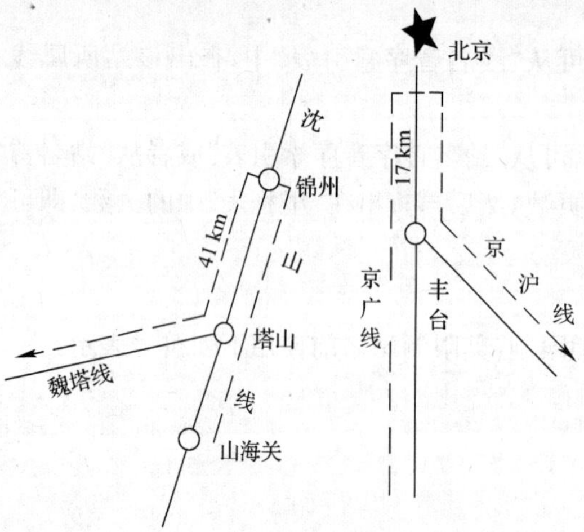

图 1-2　接算站示意图例之二

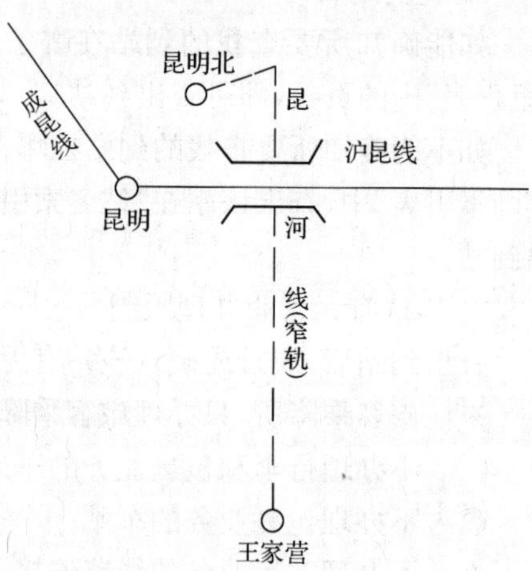

图 1-3　接算站示意图例之三

4. 特殊规定：对经丰沙、京秦线进北京西的旅客列车，按接算站规定的运价里程计算到北京站，北京站至北京西站间为零公里。

确定运价里程时，还应考虑一些其他规定，如国际旅客联运经由国境线时，应另加算国境站至国境线的里程；经轮渡时，应另加轮渡里程。如粤海轮渡线，海安南—海口 180 km。

（三）接算点说明

1. 旅客列车运行跨及两线时，列车不经由连接两线接算站的，该列车旅客票价和行李的运价里程，在两线连接点车站接算。包裹的运价里程和发售通票时尚未确定车次的区段旅客票价、行李运价里程应按接算站接算，如图 1-4 所示。

图中，山海关—魏杖子，按两线连接点塔山接算；北京—魏杖子，按接算站锦州接算。

2. 旅客列车折返（含环线）运行，折返运行区段不是折返区间（即接算站示意图上标示为红线）的，通过旅客的票价和行李运价里程不包括折返里程，如图 1-5 所示。

图中，柳州—当阳 976 km，通过旅客，按鸦雀岭接算（不含折返里程）；柳州—宜昌 982 km，按柳州—鸦雀岭—宜昌实际乘车里程计算。

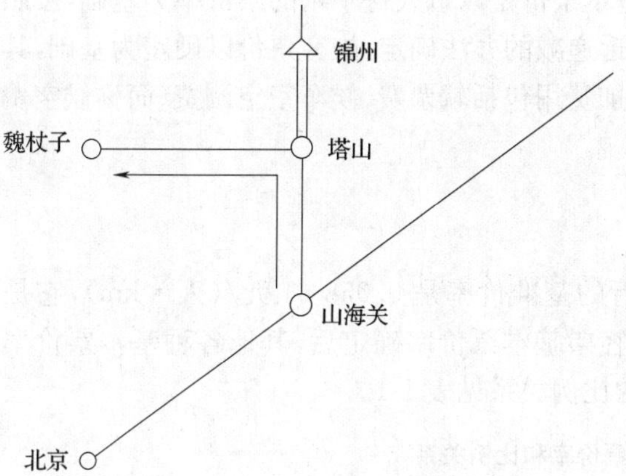


图 1-4 接算站示意图例之四

△表示接算站；══表示折返区间；←—表示列车运行方向。

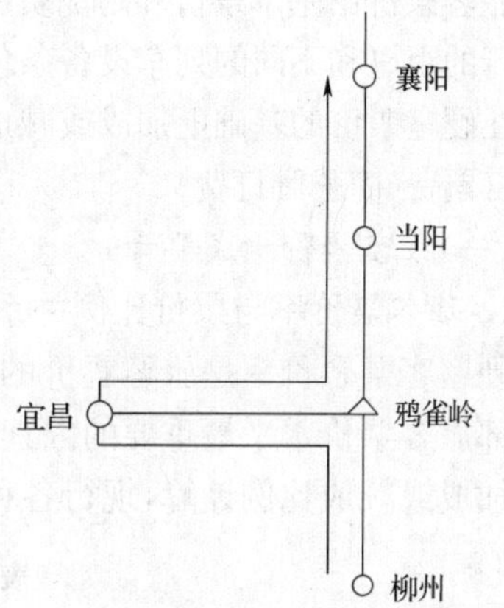


图 1-5 接算站示意图例之五

△表示接算站；←—表示列车运行方向。

3. 旅客列车折返（含环线）运行，同一车站同程两次停靠并均办理乘降业务的，运价里程按下列规定办理：

(1)该站终到旅客计算到第一次停靠。

(2)该站上车旅客乘坐区间为折返区间内的，按第一次停靠起算，乘坐区间为折返区间外的按第二次停靠起算，如图 1-6 所示。

图中，大连→浑河，按第一次停靠计算里程；苏家屯→浑河，按第一次停靠起算；浑河→丹东，按第二次停靠起算。

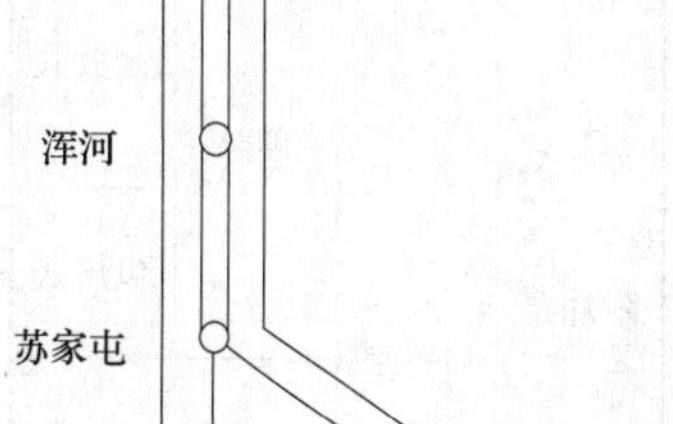


图 1-6 接算站示意图例之六

△表示接算站；══表示折返区间；

←—表示列车运行方向。

## 三、客运运价里程的计算规定

1. 旅客票价里程，按旅客的实际乘车径路计算。

2. 行李运价里程，按行李的实际运送径路计算，旅客要求行李由近径路运送时，如有直达列车可按近径路计算。超过车票终到站以远的行李计费径路比照包裹计费径路办理。

3. 包裹运价里程,按最短径路计算,有指定径路时,按指定径路计算。带运、押运包裹的运价里程,按实际径路计算。

4. 计算旅客票价,行李、包裹运价的起码里程为:客票 20 km;加快票 100 km;空调票 20 km;卧铺票 400 km(特殊区段另有规定者除外);行李 20 km;包裹 100 km。

## 第二节　旅　客　票　价

旅客票价以铁运〔2012〕302 号公布,自 2013 年 1 月 1 日起施行,仅适用于普速列车。而动车组列车的旅客票价是采用另外一种制定方式(详见本章第四节)。

### 一、旅客票价的制定

旅客票价包括两部分:一是客票票价,包括硬座、软座客票票价;二是附加票票价,包括加快、卧铺、空调票票价。

旅客票价由基本票价和附加费用组成。基本票价是以每人每千米的票价率为基础,按照旅客旅行的距离和不同的列车设备条件,采取递远递减的办法确定;旅客票价以硬座为基础,其他票价在硬座票价的基础上加成或减成而来;附加费用包括软票费、候车室空调费(简称候空费)、卧铺订票费(简称卧订费)。

(一)旅客票价构成要素

1. 基本票价率与票价比例关系

硬座客票票价率是旅客票价的基础,现行的基准价率是 0.058 61 元/(人 · km),它是决定全部旅客票价水平最重要的因素。当硬座客票基本票价率确定后,其他各种基本票价率就按其加成或减成比例计算,现行各种票价率的比例关系见表 1-1。

表 1-1　各种票价率和比例关系

<table>
<tr><th colspan="5">票　种</th><th>票价率[元/(人 · km)]</th><th>比例(%)</th></tr>
<tr><td rowspan="2">基本票</td><td colspan="4">硬座客票</td><td>0.058 61</td><td>100</td></tr>
<tr><td colspan="4">软座客票</td><td>0.117 22</td><td>200</td></tr>
<tr><td rowspan="13">附加票</td><td rowspan="2">加快票</td><td colspan="3">普快</td><td>0.011 72</td><td>20</td></tr>
<tr><td colspan="3">快速</td><td colspan="2">按普快票价 2 倍计算</td></tr>
<tr><td rowspan="10">卧铺票</td><td rowspan="5">硬卧</td><td rowspan="3">开放式</td><td>上铺</td><td>0.064 47</td><td>110</td></tr>
<tr><td>中铺</td><td>0.070 33</td><td>120</td></tr>
<tr><td>下铺</td><td>0.076 19</td><td>130</td></tr>
<tr><td rowspan="2">包房式</td><td>上铺</td><td colspan="2">按开放式硬卧中铺票价另加 30%计算</td></tr>
<tr><td>下铺</td><td colspan="2">按开放式硬卧下铺票价另加 30%计算</td></tr>
<tr><td colspan="2" rowspan="2">软卧</td><td>上铺</td><td>0.102 57</td><td>175</td></tr>
<tr><td>下铺</td><td>0.114 29</td><td>195</td></tr>
<tr><td rowspan="3">高级软卧</td><td colspan="2">单人间</td><td colspan="2" rowspan="3">单人间、双人间在乙种本普通票价表的软卧(含客、快、卧、空调)的票价上加 280%、180%,并加相关费用计算而得</td></tr>
<tr><td rowspan="2">双人间</td><td>上铺</td></tr>
<tr><td>下铺</td></tr>
<tr><td colspan="4">空调票</td><td>0.014 65</td><td>25</td></tr>
</table>

2. 旅客票价里程区段

计算旅客票价时，并不是完全按运输里程一一计算，而是考虑旅客较合理地支付票价，因此，将运输里程分为若干区段，对同一里程区段核收同一票价，现行旅客票价里程区段划分见表1-2。

**表1-2　旅客票价里程区段**

| 里程区段(km) | 每小区段里程(km) | 区段数 | 里程区段(km) | 每小区段里程(km) | 区段数 |
|---|---|---|---|---|---|
| 1～200 | 10 | 19 | 1 601～2 200 | 60 | 10 |
| 201～400 | 20 | 10 | 2 201～2 900 | 70 | 10 |
| 401～700 | 30 | 10 | 2 901～3 700 | 80 | 10 |
| 701～1 100 | 40 | 10 | 3 701～4 600 | 90 | 10 |
| 1 101～1 600 | 50 | 10 | 4 601 以上 | 100 | |

注：客票起码里程为 20 km，故 1～200 km 里程区段的区段数为 19。

旅客票价要按里程区段划分，区段间距随里程的增长而逐渐加大，区段中的票价按该区段的中间里程计算。中间里程的确定，除按区段里程推算外，也可按下列公式求算：

$$L_{中间}=L_{基}+(n\pm0.5)L_{段}$$

式中　$L_{中间}$——区段中间里程；

$L_{基}$——基数里程；

$n$——小区段数，其计算公式为：

$n=L_{实}-L_{基}/L_{段}$（尾数四舍五入，舍去前式取“+”，进入或除净前式取“−”）

其中　$L_{实}$——实际里程，

$L_{段}$——小区段里程。

3. 递远递减率

由于运输成本随运距增加而相应降低，因此，旅客票价采取递远递减的办法进行计算，以减轻长途旅客的经济负担，特别是照顾边远地区的居民同其他地区的联系。

旅客票价从 201 km 起实行递远递减。现行各里程区段的递远递减率和递减票价率（以硬座票价为例）见表1-3。

**表1-3　旅客票价递减率和递减票价率**(以硬座票价为例)

| 区段(km) | 递减率(%) | 票价率[元/(人·km)] | 各区段全程票价(元) | 区段累计票价(元) |
|---|---|---|---|---|
| 1～200 | 0 | 0.058 61 | 11.722 | |
| 201～500 | 10 | 0.052 749 | 15.824 7 | 27.546 7 |
| 501～1 000 | 20 | 0.046 888 | 23.444 | 50.990 7 |
| 1 001～1 500 | 30 | 0.041 027 | 20.513 5 | 71.504 2 |
| 1 501～2 500 | 40 | 0.035 166 | 35.166 | 106.670 2 |
| 2 501 以上 | 50 | 0.029 305 | | |

(二)旅客票价理论计算

作为旅客基本票价构成的三要素——票价率与票价比例关系、票价里程区段、递远递减率具备以后，即可计算旅客基本票价。

基本票价的计算，除初始区段不足起码里程按起码里程和最后一个区段按中间里程计算外，其余各区段均分别按其区段里程计算，根据各区段的递减票价率求出各该区段的全程票价和最后一个区段按中间里程求出的票价加总，即为基本票价。

根据票价历史演变，原始的客票票价含有保险费，当时的保险费不分软、硬座客票均按硬座客票的基本票价的 2% 计算(附加票票价由基本票价单一组成，不含保险费)，并以角为单位，不足 1 角进为 1 角。

然后，将基本票价和保险费相加，即得旅客票价。各种票价均以元为单位，不足 1 元的尾数，按四舍五入处理。

1. 软、硬座客票票价的计算

软、硬座客票票价计算公式为：

$$F=E+B_1$$

式中 $F$——原始的客票票价，以元为单位，元以下四舍五入；

$E$——基本票价，保留全部小数其计算公式为：

$$E=C_0L_0+C_1L_1+C_2L_2+\cdots+C_nL_n$$

其中 $C_0$——每人每千米基本票价率，

$L_0$——不递减区段的里程，

$C_1$、$C_2$、…、$C_n$——各区段的递减票价率，

$L_1$、$L_2$、…、$L_n$——递减票价率相应区段的里程；

$B_1$——保险费，以角为单位，不足 1 角进为 1 角，其计算公式为：

$$B_1=2\%E$$

其中 2%——保险费率。

基本票价 $E$ 的计算中，里程区段 $L$ 按以下方法确定：

(1)初始区段不足起码里程按起码里程计算。

(2)最后一个区段按中间里程计算。

(3)其余各区段分别按其区段里程计算。

基本票价又可按下列公式求算：

$$E=C_0L_{计价}$$

式中 $L_{计价}$——计价里程，其计算公式为：

$$L_{计价}=L_0+L_1(1-D_1)+L_2(1-D_2)+\cdots+L_n(1-D_n)$$

其中 $L_0$、$L_1$、…、$L_n$——意义同前，

$D_1$、$D_2$、…、$D_n$——各区段的递减率。

上述计价里程的计算也可用表格形式表述，见表 1-4。

**表 1-4 旅客票价计价里程计算表**

| 区 段(km) | 递减率(%) | 计价里程(km) | 累计里程(km) | 区 段(km) | 递减率(%) | 计价里程(km) | 累计里程(km) |
|---|---|---|---|---|---|---|---|
| 1～200 | 0 | 200 | | 1 001～1 500 | 30 | 350 | 1 220 |
| 201～500 | 10 | 270 | 470 | 1 501～2 500 | 40 | 600 | 1 820 |
| 501～1 000 | 20 | 400 | 870 | 2 501 以上 | 50 | | |

于 2001 年 1 月 1 日公布的客票票价，是在上述计算出来的原始客票票价基础上另加有关

费用而得，并且票价尾数保留至5角，其计算公式为：

$$F^{01}=F+R+H$$

式中 $F^{01}$——2001年施行的非空调列车客票票价；

$F$——原始的客票票价(指理论计算出来的原票价未含有软票费和候空费)；

$R$——软票费，是发展计算机售票而设的费用，当原始客票票价5元以内时，加收软票费0.5元，超过5元时，加收软票费1元；

$H$——候空费，是发展普通候车室空调而设的费用，除软席、市郊和200 km以内短途旅客运输外，旅客硬座客票票价每票增加1元的候空费。

自2013年1月1日起，取消铁路旅客意外伤害强制保险，为此，铁路旅客票价将同步下调，为便于社会理解，此次取消强制保险费采取在2001年1月1日施行的客票票价基础上直接减扣强制保险费。

由于铁路旅客票价构成和计算复杂，同时考虑可操作性，将以角为单位计算的保险费进整为以5角为单位，不足5角的部分进为5角，其计算方式为0.058 61×计价里程×2%，所以，它减去的是一个规定的比较接近的保险费数值，如表1-5所示。

**表1-5 对应区段减扣的规定保险费**

| 起止里程(km) | 保险费(元) | 起止里程(km) | 保险费(元) |
|---|---|---|---|
| 1～460 | 0.5 | 3 141～3 970 | 3.0 |
| 461～980 | 1.0 | 3 971～4 800 | 3.5 |
| 981～1 600 | 1.5 | 4 801～5 700 | 4.0 |
| 1 601～2 340 | 2.0 | 5 701～6 500 | 4.5 |
| 2 341～3 140 | 2.5 | 6 501～7 000 | 5.0 |

为此，2013年1月1日起施行的(即现行的)客票票价计算公式为：

$$F^{13}=F^{01}-B_2$$

式中 $F^{13}$——2013年施行的(即现行的)非空调列车客票票价，票价尾数以5角为单位，不足2.5角的尾数舍去，2.5角以上不足7.5角的计为5角，7.5角以上的进为1元；

$B_2$——对应区段减扣的规定保险费(详见表1-5)。

2. 附加票票价的计算

附加票票价计算公式为：

$$F_{附加}=x\%\cdot E$$

式中 $F_{附加}$——附加票(含加快票、空调票、卧铺票)票价；

$x\%$——相应票种所占硬座基本票价的百分率；

$E$——意义同前。

注：①快速加快票票价按普通加快票票价的两倍计算。

②卧铺票票价另加10元卧订费(自1995年10月1日起加入)。

③附加票票价的尾数处理，按照原始票价，以元为单位，不足1元的四舍五入，但半价票尾数保留至5角。

**【例1-1】** 计算北京—上海非空调列车硬座客票、快速加快票、硬卧中铺票及空调票的票价。

**【解】** (1)确定区段中间里程

北京—上海客运运价里程为 1 463 km

$$n=(1\,463-1\,100)/50=7.267\approx 7$$

$$L_{中间}=1\,100+(7+0.5)\times 50=1\,475(\text{km})$$

(2)计算硬座客票票价

$$E=0.058\,61\times 200+0.052\,749\times 300+0.046\,888\times 500+0.041\,027\times 475$$
$$=70.478\,525(元)$$

或

$$E=0.058\,61\times[200+300\times(1-10\%)+500\times(1-20\%)+475\times(1-30\%)]$$
$$=70.478\,525(元)$$

$$B_1=70.478\,525\times 2\%=1.409\,570\,5\approx 1.50(元)$$

$$F=70.478\,525+1.50=71.978\,525\approx 72.00(元)$$

$$F^{01}=72.00+1.00+1.00=74.00(元)$$

$$F^{13}=74.00-1.5=72.5(元)$$

(3)计算快速加快票票价

$$F_{普快}=20\%\times 70.478\,525=14.095\,71\approx 14.00(元)$$

$$F_{快速}=2\times 14.00=28.00(元)$$

(4)计算硬卧中铺票票价

$$F^{中}_{硬卧}=120\%\times 70.478\,525+10.00=94.574\,23\approx 95.00(元)$$

(5)计算空调票票价

$$F_{空调}=25\%\times 70.478\,525=17.619\,631\approx 18.00(元)$$

软座、软卧票票价的计算与上述方法相同。

## 二、几种票价计算方法

### (一)现行空调列车票价的计算

1. 计算依据

按〔1992〕价工字 342 号文《关于提高铁路新型空调客车票价的复函》及铁运电〔2008〕110 号文《关于新型空调列车均执行新空票价的通知》的规定精神:2013 年施行的空调列车的票价,是在 2001 年的非空调列车票价(含有保险费)的基础上,扣除有关附加的费用,上浮 50%,然后又加上有关附加费用,再减扣对应区段规定的保险费而得。同时,新型空调列车上浮的票价应分别按票种处理尾数。

2. 票价计算

其计算公式为:

$$F^{01}_{新空客}=(1+50\%)\times(F^{01}-R-H)+R+H$$

$$F^{13}_{新空客}=F^{01}_{新空客}-\text{B}_2$$

$$F^{新空}_{普快}=(1+50\%)F_{普快}$$

$$F^{新空}_{快速}=2F^{新空}_{普快}$$

$$F^{新空}_{卧}=(1+50\%)\times(F_{卧}-10)+10$$

$$F^{新空}_{空}=(1+50\%)F_{空}$$

式中 $F^{01}_{新空客}$——2001 年的空调列车客票票价;

$F^{13}_{新空客}$——2013 年的空调列车客票票价;

$F_{普快}$、$F_{卧}$、$F_{空}$——分别为非空调列车的普快票、卧铺票、空调票的票价;

$F_{普快}^{新空}$、$F_{快速}^{新空}$、$F_{卧}^{新空}$、$F_{空}^{新空}$——分别为空调列车的普快票、快速加快票、卧铺票、空调票的票价；

10——卧订费。

注：2013 年施行的《铁路旅客票价表》，对普通列车票价，称为非空调列车票价；对新型空调列车票价，称为空调列车票价。

**【例 1-2】** 计算北京—上海现行的空调列车的硬座客票、快速加快票、硬卧中铺票及空调票的票价。

已知：非空调列车的硬座客票票价 74.00 元(2001 年票价表)，普通加快票票价 14.00 元，快速加快票票价 28.00 元，硬卧中铺票票价 95.00 元，空调票票价 18.00 元。

**【解】** (1)$F_{新空客}^{01}=(1+50\%)\times(74.00-1.00-1.00)+1.00+1.00=110.00$(元)

$F_{新空客}^{13}=110.00-1.50=108.50$(元)

(2)$F_{普快}^{新空}=(1+50\%)\times14.00=21.00$(元)

$F_{快速}^{新空}=2\times21.00=42.00$(元)

(3)$F_{卧}^{新空}=(1+50\%)\times(95.00-10.00)+10.00=137.50\approx138.00$(元)

(4)$F_{空}^{新空}=(1+50\%)\times18.00=27.00$(元)

(二)浮动票价的计算

1. 计算依据

按铁运电〔2012〕302 号文规定：票价浮动时，动车组列车以公布价、其他列车以现行《铁路旅客票价表》公布的票价为基础进行计算。

2. 票价计算

浮动票价计算公式为：

$$浮动票价=公布票价\times(1+\alpha)$$

式中 $\alpha$——浮动幅度，当下浮时，$\alpha$ 为负数。

**【例 1-3】** 原非空调列车的硬座普快联合票价为 42.00 元(即 611～640 区段的票价)，现上浮 15%($\alpha=0.15$)，试计算浮动票价。

**【解】** $42.00\times(1+0.15)=48.30\approx48.50$(元)

**【例 1-4】** 原非空调列车的硬座普快学生票价为 55.50 元(即 2021～2080 区段的半价)，现下浮 10%($\alpha=-0.1$)，试计算浮动票价。

**【解】** $55.50\times(1-0.1)=49.95\approx50.00$(元)

**【例 1-5】** 某列车属春运上浮的普快列车，一学生拟购该车卧铺。已知：学生票为硬座客普快直至目的地的半价通票为 70.50 元(即 2761～2830 区段的半价)，另硬卧(中铺)至换车站的全价票价为 111.00 元(1841～1900 区段的票价)，春运期间学生票不上浮，硬卧票上浮 20%($\alpha=0.2$)，试计算浮动票价。

**【解】** $70.50+111.00\times(1+0.2)=70.50+133.20$(处理尾数)$=70.50+133.00=203.50$(元)

注：此例的学生票票价未发生变化，故尾数不作处理，仅在计算卧铺票票价上浮时，尾数按以 5 角为单位，不足 2.5 角的尾数舍去，2.5 角以上不足 7.5 角的计为 5 角，7.5 角以上的进为 1 元进行处理。

(三)高级软卧票价的计算

1. 计算依据

按铁运电〔2003〕31 号文《关于高级软卧票价问题的通知》的规定：单人间、双人间每铺票价在《旅客票价表·普通乙种本》软卧(含客、快、卧、空调)票价上加 280%、180%，并加相关费用计算而得。同时,可根据市场状况在±10%范围内浮动。

《旅客票价表·普通乙种本》是指根据理论计算出来的普通车票价,并不含软票费、候空费、卧订费三项有关费用的仅供内部使用的原始票价表。

《旅客票价表·普通乙种本》是在 1995 年制定的,其原始票价数值可采用铁运函〔2000〕43 号公布,自 2001 年 1 月 1 日起施行的《旅客票价表》扣除软票费、候空费和卧订费,即可作乙种本使用,也可通过理论计算法求得乙种本的原始票价数值。

2. 票价计算

(1)通过理论计算法求得乙种本的原始票价数值(内含保险费),其计算公式参阅前述原始票价的计算。

(2)然后根据乙种本的原始票价数值求算高级软卧票价。以双人间为例,其计算公式为:

$$F_{软座}^{高级}=F_{软座}^{乙种本}(1+180\%)+R-B_2$$

$$F_{普快}^{高级}=F_{普快}^{乙种本}(1+180\%)$$

$$F_{快速}^{高级}=2F_{普快}^{高级}$$

$$F_{软卧}^{高级}=F_{软卧}^{乙种本}(1+180\%)+10$$

$$F_{空调}^{高级}=F_{空调}^{乙种本}(1+180\%)$$

式中 $F_{软座}^{高级}$、$F_{普快}^{高级}$、$F_{快速}^{高级}$、$F_{软卧}^{高级}$、$F_{空调}^{高级}$——分别为高级软座、普快、快速、软卧、空调的票价;

$F_{软座}^{乙种本}$、$F_{普快}^{乙种本}$、$F_{快速}^{乙种本}$、$F_{软卧}^{乙种本}$、$F_{空调}^{乙种本}$——分别为乙种票价表的软座、普快、快速、软卧、空调的票价;

$R$——软票费;

180%——加价幅度;

$B_2$——对应区段减扣的规定保险费;

10——卧订费。

**【例 1-6】** 试计算桂林北—上海南 T78 次空调列车的双人间高级软卧下铺(含客、快、卧、空调)的票价。

**【解】** (1)先计算乙种本的原始票价数值

①确定区段中间里程

桂林北—上海南客运运价里程为 1 594 km。

$n=(1\ 594-1\ 100)/50=9.88\approx10$

$L_{中间}=1\ 100+(10-0.5)\times50=1\ 575(\text{km})$

②计算原始票价

$E=0.058\ 61\times[200+300\times(1-10\%)+500\times(1-20\%)+500\times(1-30\%)+75\times(1-40\%)]$

$=0.058\ 61\times1\ 265=74.141\ 65$(元)

$E_{软座}=74.141\ 65\times200\%=148.283\ 3$(元)

$B_1=74.141\ 65\times2\%=1.482\ 833\approx1.50$(元)

$F_{软座}=148.283\ 3+1.50=149.783\ 3\approx150.00$(元)

$F_{普快}=74.141\ 65\times20\%=14.828\ 33\approx15.00$(元)

$F_{快速}=2\times15.00=30.00$(元)

$F_{软卧下}=74.141\ 65\times195\%=144.576\ 217\ 5\approx145.00$(元)(未含卧订费)

$F_{空调}=74.141\ 65\times25\%=18.535\ 412\ 5\approx19.00$(元)

(2)再计算高级软卧(含客、快、卧、空调)票价

$F_{\text{软座}}^{\text{高级}}=150.00\times(1+180\%)+1.00-1.50=419.50$(元)

$F_{\text{普快}}^{\text{高级}}=15.00\times(1+180\%)=42.00$(元)

$F_{\text{快速}}^{\text{高级}}=42.00\times2=84.00$(元)

$F_{\text{软卧下}}^{\text{高级}}=145.00\times(1+180\%)+10.00=416.00$(元)

$F_{\text{空调}}^{\text{高级}}=19.00\times(1+180\%)=53.20\approx53.00$(元)

合计:419.50+84.00+416.00+53.00=972.50(元)

注:现行票价尾数按以5角为单位,不足2.5角的尾数舍去,2.5角以上不足7.5角的计为5角,7.5角以上的进为1元。

### 三、旅客票价表的使用

车站在发售车票时,实际上不必要也不可能按上述票价制定的方法进行运算,而是根据电子计算机打印的软票票面的票价核收。遇特殊情况,则根据发、到站间客运运价里程(不足起码里程按起码里程计算)依据《铁路旅客票价表》进行计算。

1.《铁路旅客票价表》,按客车装备分为两部分:一是非空调列车票价表,适用于无空调设备的列车(即普通的绿皮列车);二是空调列车票价表,适用于空调列车。空调列车是指空调由列车集中供电的列车。

2.《铁路旅客票价表》又分为:分票种票价表及联合票价表。车票由主票(或称客票)和辅票(或称附加票)构成。主票是指硬座、软座客票。辅票是指加快票、空调票、卧铺票等。分票种票价表是将主票和辅票的票价分别列出,联合票价表则是主票和有关辅票的票价相加的结果。

3. 加快票价由低到高分为普通加快票、快速加快票、特别加快票和直达特别加快票的票价。与之相对应的列车车次划分为普快列车1001~5998次,快速列车K1~K9998次,特快列车T1~T9998次,直达特快列车Z1~Z9998次。为体现列车提速不提价,现在特别加快票价及直达特别加快票价未在表中列出,暂按快速加快票价核收。

4. 棚车代用客车时,其客票票价按硬座客票半价计算,棚车加快票价按普通加快票价计算;棚车儿童客票票价按棚车客票半价计算,棚车儿童加快票票价按普通加快票半价计算。

5. 广深线开行的列车,票价由企业自主定价。

## 第三节 特殊客运运价及直通过轨运输的计价

特殊客运运价是指合资铁路、地方铁路及特殊运价区段而制定的客运运价。

国家铁路、合资铁路、地方铁路及特殊运价区段间相互办理直通旅客、行包运输业务为直通过轨运输。

在办理旅客直通过轨运输时应分别按各段里程计算车票票价,加总核收。国家铁路涉及几个地段时,里程通算。上述各段由于分段计算,有不足起码里程区段时,按起码里程计算,但卧铺票价按表1-6所列比例计算。

在办理行包直通过轨运输时,执行国铁行包统一运价及相关计费标准,里程通算,运费在发站一次核收。

客运杂费按实际产生的核收。

表 1-6　400 km 卧铺票价比例计算表

| 里程(km) | 占 400 km 卧铺票价的比例(%) |
|---|---|
| 1～100 | 25 |
| 101～200 | 50 |
| 201～300 | 75 |
| 301～400 | 100 |

现对下列有关线路某些区段的特殊运价及直通过轨运输的计价分述如下：

## 一、粤海铁路客运运价

铁运电〔2004〕180 号《关于粤海铁路客运价格的批复》：粤海铁路（湛海线、海南西环线、铁路轮渡）旅客票价在商国家发改委同意前，暂比照广东省境内合资铁路和海南铁路公司票价，在国铁票价上上浮不超过 50%，与国家铁路办理直通过轨运输时，实行分段计费。行李、包裹运价暂按国铁统一运价执行，不分段计费。

**【例 1-7】** 试计算桂林北—海口 K457 次（空调列车，2013 年之前开行）的新空硬座客快速票价。

**【解】** 因该车于 2013 年之前开行的，故先计算原始票价、2001 年票价，再计算 2013 年票价。

1. 计算原始票价

(1)先计算国铁段桂林北至塘口的票价

①确定区段中间里程

桂林北$\overline{\text{经衡柳、湘桂、黎湛线}}$塘口客运运价里程为 164＋135＋300＝599(km)

$n=(599-400)/30=6.63\approx 7$

$L_{中间}=400+(7-0.5)\times 30=595(\text{km})$

②计算原始票价

$E=0.058\,61\times[200+300\times(1-10\%)+95\times(1-20\%)]$

$\quad=0.058\,61\times 546=32.001\,06$(元)

$B_1=32.001\,06\times 2\%=0.640\,021\,2\approx 0.70$(元)

$F=32.001\,06+0.70=32.701\,06\approx 33.00$(元)

$F_{普快}=32.001\,06\times 20\%=6.400\,212\approx 6.00$(元)

$F_{空调}=32.001\,06\times 25\%=8.000\,265\approx 8.00$(元)

$F_{硬}^{新空}=33.00\times(1+50\%)=49.50\approx 50.00$(元)(不含软票费和候空费)

注：也可直接查找 2001 年《铁路旅客票价表》，减去软票费和候空费而得：52.00－1.00－1.00＝50.00(元)

$F_{普快}^{新空}=6.00\times(1+50\%)=9.00$(元)

$F_{快速}^{新空}=9.00\times 2=18.00$(元)

$F_{空调}^{新空}=8.00\times(1+50\%)=12.00$(元)

注：附加票票价也可直接从 2001 年《铁路旅客票价表》中查得。

国铁段票价小计：50.00＋18.00＋12.00＝80.00(元)

(2)再计算特殊客运运价区段塘口至海口的票价

①确定区段中间里程

塘口$\overline{\text{经湛海、粤海线}}$海口客运运价里程为 139＋180＝319(km)

$n=(319-200)/20=5.95\approx 6$

$L_{中间}=200+(6-0.5)\times 20=310(km)$

②计算原始票价

$E=0.058\,61\times[200+110\times(1-10\%)]=0.058\,61\times 299=17.524\,39$(元)

$B_1=17.524\,39\times 2\%=0.350\,487\,8\approx 0.40$(元)

$F=17.524\,39+0.40=17.924\,39\approx 18.00$(元)

$F_{普快}=17.524\,39\times 20\%=3.504\,878\approx 4.00$(元)

$F_{空调}=17.524\,39\times 25\%=4.381\,097\,5\approx 4.00$(元)

$F_{硬}^{新空}=18.00\times(1+50\%)=27.00$(元)(不含软票费和候空费)

$F_{普快}^{新空}=4.00\times(1+50\%)=6.00$(元)

$F_{快速}^{新空}=6.00\times 2=12.00$(元)

$F_{空调}^{新空}=4.00\times(1+50\%)=6.00$(元)

注：有关票价也可直接从 2001 年《铁路旅客票价表》中查得(但应减去附加费用)。

③计算特殊客运运价区段上浮 50%的票价

$F_{硬}^{新空上浮}=27.00\times(1+50\%)=40.50\approx 41.00$(元)(不含软票费和候空费，此处不足 1 元的票价尾数，按四舍五入处理，下同。)

$F_{快速}^{新空上浮}=12.00\times(1+50\%)=18.00$(元)

$F_{空调}^{新空上浮}=6.00\times(1+50\%)=9.00$(元)

特殊运价区段票价小计：41.00＋18.00＋9.00＝68.00(元)

2. 计算 2001 年的全程票价(国铁运价段票价＋特殊运价段票价＋软票费＋候空费)

80.00＋68.00＋1.00＋1.00＝150.00(元)

3. 计算 2013 年(现行)的票价(扣除桂林北至海口 918km 所规定的保险费)

150.00－1.00＝149.00(元)

## 二、青藏线格拉段客运运价

铁运电〔2006〕119 号《关于公布青藏线格拉段办理客运业务和运价的通知》：青藏线格拉段与他线里程通算，客票实行在国铁统一票价上加价，在经国务院批准前，暂按下列标准加价：凡经过格拉段的旅客，硬座不加价，软座 0.09 元/(人 · km)、硬卧 0.10 元/(人 · km)、软卧 0.16 元/(人 · km)，加价部分四舍五入到元。行李、包裹执行国铁统一运价。

**【例 1-8】** 试计算西宁开往拉萨的 Z6801 次(空调列车，2013 年之后开行)的新空软座客快速卧(下铺)票价。

**【解】** 因该车于 2013 年之后开行的，故可按铁运电〔2012〕302 号公布，自 2013 年 1 月 1 日起施行的《铁路旅客票价表》直接查找计算。

西宁—拉萨 1 972 km

新空软座客快速卧(下铺)票价：625.00 元

格尔木—拉萨 1 142 km

加价票价：0.16×1 142＝182.72≈183.00(元)

合计：625.00＋183.00＝808.00(元)

### 三、京广线广州至坪石段客运运价

铁运电〔2006〕245 号《关于京广线广州至坪石段客货运价的通知》:京广线广坪段(广州—坪石)软席票价可在国铁统一运价基础上上浮 50%。广坪段与其他营业线之间开行的直通旅客列车,其票价分段计算,同时涉及广坪段和广九段的旅客列车,将广坪段和广九段的里程通算,执行广坪段票价水平,广坪段票价按下列办法确定:

广坪段票价=[(900 km+广坪段里程)处的国铁票价−900 km 处国铁票价]×1.5

**【例 1-9】** 试计算桂林北—深圳 K950/951 次(空调列车,2013 年之前开行)的新空软座客快速卧(下铺)票价。

**【解】** 因该车于 2013 年之前开行的,故应按老办法计算(即先计算原始票价、2001 年票价,再计算现行票价)。

1. 计算未减扣保险费的国铁段票价

桂林北$\xrightarrow{\text{经衡柳、京广线}}$坪石客运运价里程为 335+213=548(km)

从 2001 年《铁路旅客票价表》查得:新空软座客快速卧(下铺)票价为 215.00 元

2. 计算未减扣保险费的特殊运价区段的票价

坪石$\xrightarrow{\text{经京广、广九线}}$深圳客运运价里程为 308+147=455(km)

(1)先计算普通车票价

软座客票票价:[(900 km+455 km)处的国铁票价−900 km 处国铁票价]×1.5
=[135.00−93.00]×1.5 =42.00×1.5 =63.00(元)

注:以上票价从 2001 年《铁路旅客票价表》查得,其他附加票票价与上述计算方法相同。

普通加快票价:(13.00−9.00)×1.5 =4.00×1.5 =6.00(元)

快速加快票价:6.00×2=12.00(元)

软卧(下)票价:(139.00−98.00)×1.5 =41.00×1.5 =61.50≈62.00(元)

空调票价:(17.00−11.00)×1.5 =6.00×1.5 =9.00(元)

(2)再计算空调车票价

空调车票价=普通车票价×1.5

新空软座客票票价:63.00×1.5 =94.50≈95.00(元)

新空普通加快票价:6.00×1.5 =9.00(元)

新空快速加快票价:9.00×2 =18.00(元)

新空软卧(下)票价:62.00×1.5 =93.00(元)

新空空调票价:9.00×1.5 =13.50≈14.00(元)

小计:95.00+18.00+93.00+14.00=220.00(元)

3. 计算未减扣保险费的全程票价

215.00+220.00=435.00(元)

4. 计算减扣规定保险费后的全程票价

桂林北—深圳 1 003 km 规定的保险费为 1.50 元。

435.00−1.50=433.50(元)

### 四、广深线、广梅汕线客运运价

铁运电〔1999〕108 号《关于对国地铁直通旅客运输分段计费办法进行试点的通知》:

1. 广梅汕铁路和广深铁路段票价结构与国铁一致，价率为国铁的135%。

2. 地铁段票价起算点定位900 km。

3. 计算地铁段票价的公式：[(900 km＋地铁里程)处国铁票价－900 km处国铁票价]×135%(分票种票价计算，起码为1元)。

4. 因分段带来的起码里程问题，国铁段按《铁路客运运价规则》第31条办理，地铁段取消起码里程，按实际里程计费。

5. 一个列车径路同时涉及广梅汕铁路和广深铁路时，分段票价分别计算。

铁运电〔1999〕319号《关于扩大京九南段分段计费试点的通知》：凡经京九线进出广梅汕铁路和广深铁路的图定列车、临时客车、旅游列车均按分段计费办法确定票价。但运行里程在2 000 km以上的列车仍实行国铁价率里程通算(不分段计费)。

为计算方便，原铁道部运输局特别制定了《直通旅客列车分段计价地铁段票价表》，如表1-7所示。

**表1-7 直通旅客列车分段计价地铁段票价表**

| 新型空调列车票价(元) | | | | | | | | | | |
|---|---|---|---|---|---|---|---|---|---|---|
| 里程(km) | 硬座 | 软座 | 空调 | 普快 | 快速 | 硬卧 | | | 软卧 | |
| | | | | | | 上 | 中 | 下 | 上 | 下 |
| 1～40 | 4 | 7 | 3 | 1 | 2 | 4 | 7 | 4 | 8 | 8 |
| 41～80 | 8 | 15 | 3 | 3 | 6 | 8 | 11 | 11 | 15 | 16 |
| 81～120 | 12 | 23 | 4 | 3 | 6 | 12 | 15 | 15 | 20 | 23 |
| 121～160 | 16 | 28 | 4 | 4 | 8 | 16 | 19 | 19 | 27 | 31 |
| 161～200 | 19 | 36 | 7 | 4 | 8 | 20 | 23 | 24 | 32 | 36 |
| 201～250 | 23 | 43 | 7 | 4 | 8 | 24 | 27 | 28 | 39 | 43 |
| 251～300 | 27 | 53 | 8 | 7 | 14 | 28 | 32 | 35 | 47 | 51 |
| 301～350 | 32 | 61 | 8 | 7 | 14 | 32 | 36 | 39 | 53 | 59 |
| 351～400 | 36 | 69 | 11 | 7 | 14 | 36 | 43 | 45 | 61 | 68 |
| 401～450 | 41 | 77 | 11 | 8 | 16 | 43 | 47 | 51 | 69 | 76 |
| 451～500 | 45 | 85 | 12 | 8 | 16 | 47 | 53 | 55 | 76 | 84 |
| 501～550 | 49 | 93 | 12 | 11 | 22 | 51 | 57 | 61 | 84 | 92 |
| 551～600 | 53 | 101 | 15 | 11 | 22 | 57 | 63 | 68 | 89 | 100 |
| 601～650 | 57 | 109 | 15 | 11 | 22 | 61 | 68 | 72 | 97 | 108 |
| 651～700 | 61 | 117 | 16 | 12 | 24 | 65 | 72 | 76 | 104 | 116 |
| 701～760 | 65 | 126 | 16 | 12 | 24 | 69 | 76 | 81 | 109 | 122 |
| 761～820 | 69 | 134 | 19 | 15 | 30 | 73 | 81 | 88 | 117 | 130 |

注：此票价表不含软票费、候空费、卧订费，但含有保险费。

**【例1-10】** 试计算九江—广州K85次(空调列车，2013年之前开行)的新空硬座客快速票价。

**【解】** 1. 计算未减扣保险费的国铁段票价

九江—定南客运运价里程为702 km

从2001年《铁路旅客票价表》查得:新空硬座客快速票价为99.00元

2. 计算未减扣保险费的广梅汕铁路段票价

定南—东莞客运运价里程为306 km

从表1-7"直通旅客列车分段计价地铁段票价表"查得:

新空硬座客快速票价为32.00+8.00+14.00=54.00(元)

3. 计算未减扣规定保险费的广深铁路段票价

东莞—广州客运运价里程为90 km

从表1-7"直通旅客列车分段计价地铁段票价表"查得:

新空硬座客快速票价为12.00+4.00+6.00=22.00(元)

4. 计算未减扣保险费的全程票价

99.00+54.00+22.00=175.00(元)

5. 计算减扣规定保险费后的全程票价

九江—广州1 098 km规定的保险费为1.50元。

175.00−1.50=173.50(元)

**【例1-11】** 试计算深圳东—天津K1620次(空调列车,2013年之后开行)的新空硬座客快速票价。

**【解】** K1620次列车虽然跨及广深线、广梅汕线、国铁段,但其运行里程已在2 000 km以上,则实行国铁价率里程通算。

深圳东—天津客运运价里程为2 366 km

从现行《铁路旅客票价表》查得:新空硬座客快速票价为254.50元。

## 第四节 动车组列车票价

### 一、动车票价制定依据

(一)国家层面的基本依据

1. 根据《价格法》有关规定的精神:客运专线属有限责任公司运营的,新开行的动车组列车实行试行运价。试行运价水平,由有限责任公司根据市场供求状况自主确定,并报国家发展改革委和铁路总公司备案。

2. 根据《国家计委关于高等级软座快速列车票价问题的复函》(计价管〔1997〕1068号)的规定,旅行速度达到110 km/h以上的动车组列车软座票价基准价:每人公里二等座车为0.280 5元,可上下浮动10%。

3. 根据《国家发展改革委关于部分铁路运输产品价格的通知》(发改价格〔2014〕2928号)的规定:为发挥市场在资源配置中的决定性作用,促进铁路行业发展,决定放开部分铁路运输产品价格。

对社会资本投资控股新建铁路客运专线旅客票价实行市场调节价,铁路运输企业可以根据生产经营成本、市场供求和竞争状况、社会承受能力等,自主确定具体运输价格。

(二)原铁道部、现铁路总公司所颁发的主要文电

为具体制定动车票价,从2007年起,前后颁布的主要文电有10余件,现将有关文电名称

分列如下：

1. 铁运电〔2007〕75 号《关于动车组票价有关事项的通知》。

2. 铁运电〔2008〕135 号《关于动车组软卧票价有关事项的通知》。

3. 铁运电〔2008〕139 号《关于明确动车组儿童票、伤残军人票价计算有关事项的通知》。

4. 铁运电〔2009〕108 号《关于动车组高级软卧票价有关事项的通知》。

5. 运营运价电〔2009〕3348 号《关于明确动车组软卧儿童票价计算有关事项的通知》。

6. 运营运价电〔2009〕3474 号《关于明确动车组儿童、学生、伤残军人票价计算事项的解释》。

7. 铁运电〔2011〕85 号《关于时速 200～250 公里动车组列车特等座、商务座等席别票价有关事项的通知》。

8. 铁运电〔2011〕108 号《关于新建高速铁路动车组列车下浮票价的通知》。

9. 铁运电〔2011〕109 号《关于时速 200～250 公里动车组列车观光座、一等包座等票价有关事项的通知》。

10. 铁运电〔2012〕102 号《关于取消强制保险后动车组列车票价及票价浮动计算等有关事项的通知》。

## 二、动车票价计算方法

(一)适用于时速 200～250 km 动车组列车的计价

1. 基本公式

(1)动车公布票价＝基本票价率×比价倍数×(1＋10％)×运价里程

式中 比价倍数——系指其他座、卧票价以二等座、一等座为基准价的比例倍数；

10％——上浮率；

运价里程——均执行起码里程的规定，座席票 20 km，卧铺票 400 km。

(2)动车折扣票价＝动车公布票价×折扣率(企业自定，一般为 0.95，但也可不打折)

(3)票价尾数处理：以 5 角为单位，不足 2.5 角的尾数舍去，2.5 角以上不足 7.5 角的计为 5 角，7.5 角以上的进为 1 元。

2. 计算方法

(1)二等座公布票价＝0.280 5×(1＋10％)×运价里程。

(2)一等座公布票价＝0.280 5×1.6×(1＋10％)×运价里程。

(3)特等座公布票价＝0.280 5×1.8×(1＋10％)×运价里程。

(4)商务座公布票价＝0.280 5×3.0×(1＋10％)×运价里程。

(5)一等包座、观光座按特等座公布票价执行。

(6)软卧上铺公布票价＝0.336 6×1.6×(1＋10％)×运价里程。

(7)软卧下铺公布票价＝0.336 6×1.8×(1＋10％)×运价里程。

(8)高级软卧上铺公布票价＝0.336 6×3.2×(1＋10％)×运价里程。

(9)高级软卧下铺公布票价＝0.336 6×3.6×(1＋10％)×运价里程。

(10)减价票价：按《铁路旅客运输规程》、《铁路客运运价规则》享受减价优惠的儿童、学生、伤残军警乘坐动车组列车时，其减价票价均以公布票价为基础计算。遇票价折扣时不再享受折扣优惠。

①儿童票:可享受动车组列车各种座席的减价优惠。

动车组儿童票价=动车组各种座席的公布票价/2

但动车组软卧(高级软卧)儿童票价,应按下列公式计算:

动车组软卧(高级软卧)儿童票价=动车组软卧(高级软卧)公布票价-动车组一等座公布票价/2

如运价里程不足 400 km 时,上式中扣减的动车组一等座公布票价均按 400 km 公布票价计算。

身高不足 1.2 m 的免费儿童单独使用动车组软卧(高级软卧)时,票价应为动车组软卧(高级软卧)公布票价减去一等座公布票价。

②学生票:只享受动车组列车二等座的减价优惠。

动车组学生票价=动车组二等座的公布票价×75%

③伤残军警票:可享受动车组列车各种座、卧席的减价优惠。

动车组伤残军警票价=动车组各种座、卧席的公布票价/2

(11)于 2013 年之前开行的动车组列车,在原动车票价之外,另加收按普速列车硬座基准价的 2%计算的强制保险费。但在 2013 年 1 月 1 日起取消了旅客的强制保险费,为此,应在原票价基础上扣减规定的保险费。

(二)适用于时速 300～350 km 动车组列车的计价

1. 计算公式

$$F_{动车}=C_0L_0+C_1L_1+C_2L_2+\cdots+C_nL_n$$

式中 $F_{动车}$——动车票价(既是公布价,又是折扣价);

$C_0$——基本票价率;

$L_0$——无折扣区段里程;

$C_1$、$C_2$、…、$C_n$——各区段折扣票价率;

$L_1$、$L_2$、…、$L_n$——折扣票价率相应区段里程;

$C_0L_0$——一、二等座票价的计算,无此步骤(即全程打折)。

2. 票价折扣率和折扣票价率——以二等座为例(如表 1-8 所示)

时速 300～350 km 动车组列车票价计算的尾数处理同时速 200～250 km 的动车组列车票价。

表 1-8　时速 300～350 km 动车票价折扣率和折扣票价率(以二等座为例)

| 区段(km) | 折扣率 | 票价率[元/(人·km)] | 各区段里程票价(元) | 区段累计票价(元) |
|---|---|---|---|---|
| 1～500 | 0.95 | 0.459 135 | 229.567 5 | |
| 501～1 000 | 0.855(0.95×0.9) | 0.413 221 5 | 206.610 75 | 436.178 25 |
| 1 001～1 500 | 0.76(0.95×0.8) | 0.367 308 | 183.654 | 619.832 25 |
| 1 501～2 000 | 0.665(0.95×0.7) | 0.321 394 5 | 160.697 25 | 780.529 5 |
| 2 001～2 500 | 0.57(0.95×0.6) | 0.275 481 | 137.740 5 | 918.27 |
| 2 501～3 000 | 0.475(0.95×0.5) | 0.229 567 5 | 114.783 75 | 1033.053 75 |

注:①基本票价率:二等座 0.483 3 元/(人·km);一等座 0.773 3 元/(人·km);

②上述票价率由京广客专公司自主定价;

③一等座票价同理计算。

(三)跨线运行的动车组列车的计价

1. 计价原则

动车组列车跨越不同线路、不同速度、不同价率运行的，其计价时应分别按各区段的计价方式和运价里程计算票价，然后加总形成全程票价，进行核收。

2. 计算实例

现以动车组列车跨越柳南客专线、衡柳线、京广高速线运行为例。上述线路在管辖权限上，既有国家铁路路段，又有合资铁路路段，在运行速度上，既有 200～250 km/h，又有 300～350 km/h。

**【例 1-12】** 试计算南宁东开往北京西 G422 次动车(2013 年底开通运行)的二等座折扣票价、儿童票价、学生票价。

已知：柳南客专线属柳南铁路有限责任公司。

(1)南宁东—柳州 212 km。

(2)运行时速 250 km；自主定价 0.3703 元/(人 · km)，价率不上浮、不打折。

(3)自主定价 0.370 3 元/km，价率不上浮、不打折。

(4)票价以元为单位，尾数按四舍五入处理。

已知：衡柳线属国铁。

(1)柳州—衡阳东 498 km。

(2)运行时速 200～250 km。

(3)票价二等座以 5 角为计算单位，尾数按 2.5 角以下舍去，2.5 角及以上进为 5 角处理，一等座以元为单位，尾数按四舍五入处理。

(4)折扣率 0.95。

已知：京广高铁线属京广客专公司。

(1)衡阳东—北京西 1 768 km。

(2)运行时速 300～350 km。

(3)自主定价，价率见表 1-8。

(4)票价以 5 角为计算单位，尾数按 2.5 角以下舍去，2.5 角及以上进为 5 角处理。

**【解】** (1)计算南宁东—柳州二等座票价

二等座票价＝0.370 3×212＝78.503 6≈79.00(元)(票价以元为单位，既是公布价，又是折扣价)

(2)计算柳州—衡阳东二等座票价

二等座公布票价＝0.280 5×(1＋10％)×498＝153.657 9≈153.50(元)(票价以 5 角为单位)

二等座折扣票价＝153.50×0.95＝145.825≈146.00(元)

(3)计算衡阳东—北京西二等座票价

二等座票价＝0.459 135×500＋0.413 221 5×500＋0.367 308×500＋0.321 394 5×268
＝619.832 25＋86.133 726＝705.965 976≈706.00(元)(票价以 5 角为单位，既是公布价，又是折扣价)

(4)计算全程二等座折扣票价及二等座儿童票价、学生票价

二等座折扣票价＝79.00＋146.00＋706.00＝931.00(元)

二等座儿童票价=(79.00+153.50+706.00)÷2=938.50÷2=469.25≈469.50(元)(票价以5角为单位)

学生票价=(79.00+153.50+706.00)×0.75=938.50×0.75=703.875≈704.00(元)(票价以5角为单位)

京广高铁动车开行较早,自2009年12月26日至2012年12月19日陆续分段开通运营。当时动车票价含有保险费,自2013年1月1日起取消了强制保险,是在原票价上扣减规定的保险费,为此,与现行计算的价位有一点误差。以衡阳东至北京西二等座票价为例,原二等座票价=0.459 135×500+0.413 221 5×500+0.367 308×500+0.321 394 5×268+1.60(按普速列车硬座计算的保险费)=705.965 976+1.60=707.565 976≈707.50(元),扣减1 768 km规定的保险费2.00元后得705.50元[707.50-2.00=705.50(元)],而现行计算为706.00元,误差0.50元。如从衡阳东开始乘车至北京西,按705.50元执行;如从南宁东开始乘车,确定南宁东至北京西全程票价时,则衡阳东至北京西区段的票价按706.00元计算。此举是为了保持京广高铁价位的一致性。

### 三、动车票价的执行与管理

(一)票价执行

动车组票价可按公布票价打折,但应符合下列条件:

1. 根据不同区域、不同季节、不同时段的市场需求,实行不同形式的打折票价。

2. 二等座车公布票价打折后不得低于相同运价里程的新空软座票价。在短途,公布票价低于新空软座票价时,按公布票价执行。

3. 经过相同径路、相同站间、相同时段,不同车次应执行同一票价。

4. 同一车次,各经停站的票价在里程上不能倒挂。

5. 动车组软卧票价可按公布票价打折,但打折后不得低于相同运价里程的新空软卧票价。

(二)管理权限

公布票价由铁路总公司决定。

折扣票价由铁路运输企业决定,并在公布前3 d报铁路总公司备案,但下列情况铁路运输企业要在公布前10 d报铁路总公司备案:

1. 跨局开行的动车组列车。

2. 折扣率需低于6折时。

3. 铁路运输企业之间意见有分歧时。

公布票价的折扣率和折扣后票价由上车站所在铁路局提出车次别、发到站别的动车组列车点到点票价,商有关担当铁路局后,按管理权限执行。

## 第五节　行李、包裹运价

### 一、行李、包裹运价的制定原理

行李运价率,根据惯例及各交通部门通用的计价办法为:每100 kg · km行李运价等于1人 · km的硬座基本票价,即行李运价率按硬座票价率的1%计算。

行李运价率=硬座票价率×1%=0.058 61×1%=0.000 586 1[元/(kg·km)]

包裹运价率，以三类包裹运价率为基数，其他各类包裹运价率则按其加成或减成比例计算，现行各类包裹运价率的比例关系见表1-9。

**表1-9 包裹运价率及比例关系**

| 包裹类别 | 运价比例(%) | 运价率[元/(kg·km)] | 包裹类别 | 运价比例(%) | 运价率[元/(kg·km)] |
|---|---|---|---|---|---|
| 三类 | 100 | 0.001 518 | 二类 | 70 | 0.001 062 6 |
| 一类 | 20 | 0.000 303 6 | 四类 | 130 | 0.001 973 4 |

行李、包裹运价的制定与旅客票价制定方法相同，采用运价区段和递远递减的办法，以减轻长途旅客和托运人的经济负担。

行李运输属于旅客运输组成部分，所以行李的运价里程区段、递远递减率与旅客票价区段、递远递减率相同，见表1-2、表1-10。

**表1-10 行李递远递减率和递减运价率**

| 区段(km) | 递远递减率(%) | 运价率[元/(kg·km)] | 各区段全程运价(元) | 区段累计运价(元) |
|---|---|---|---|---|
| 1～200 | 0 | 0.000 586 1 | 0.117 22 | |
| 201～500 | 10 | 0.000 527 49 | 0.158 247 | 0.275 467 |
| 501～1 000 | 20 | 0.000 468 88 | 0.234 44 | 0.509 907 |
| 1 001～1 500 | 30 | 0.000 410 27 | 0.205 135 | 0.715 042 |
| 1 501～2 500 | 40 | 0.000 351 66 | 0.351 66 | 1.066 702 |
| 2 501以上 | 50 | 0.000 293 05 | | |

包裹运输属于物资运输的范畴，所以包裹运价里程区段与递远递减率另有规定，如表1-11、表1-12所示。

**表1-11 包裹运价里程区段**

| 里程区段(km) | 每区段里程(km) | 区段数 | 里程区段(km) | 每区段里程(km) | 区段数 |
|---|---|---|---|---|---|
| 1～100 | 100 | 1 | 601～1 000 | 40 | 10 |
| 101～300 | 20 | 10 | 1 001～1 500 | 50 | 10 |
| 301～600 | 30 | 10 | 1 500以上 | 100 | |

**表1-12 包裹递远递减率和递减运价率(以三类包裹运价为例)**

| 区段(km) | 递减率(%) | 运价率[元/(kg·km)] | 各区段全程运价(元) | 区段累计运价(元) |
|---|---|---|---|---|
| 1～200 | 0 | 0.001 518 | 0.303 6 | |
| 201～500 | 10 | 0.001 366 2 | 0.409 86 | 0.713 46 |
| 501～1 000 | 20 | 0.001 214 4 | 0.607 2 | 1.320 66 |
| 1 001～1 500 | 30 | 0.001 062 6 | 0.531 3 | 1.851 96 |
| 1 501～2 000 | 40 | 0.000 910 8 | 0.455 4 | 2.307 36 |
| 2 001以上 | 30 | 0.001 062 6 | | |

行李、包裹运价,是以基本运价率乘以不递减的区段里程(初始区段不足起码里程按起码里程计算,行李起码里程为 20 km,包裹起码里程为 100 km),加上递减运价率乘以相适应的区段里程(最后一个区段里程采用中间里程)得出基本运价,即得 1 kg 的行李、包裹运价基数,在运算过程中,保留 3 位小数,第 4 位四舍五入;其他重量的运价,则以 1 kg 的运价基数进行推算,尾数保留至角,分值四舍五入。最后汇总编制 1 kg 的行李、包裹运价表,由铁路总公司公布实行。

其计算公式如下:

(1)先求算 1 kg 为单位的运价基数

$$E=C_0L_0+C_1L_1+C_2L_2+\cdots+C_nL_n$$

或
$$E=C_0L_{计价}=C_0[L_0+L_1(1-D_1)+L_2(1-D_2)+\cdots+L_n(1-D_n)]$$

式中 $E$——以 1 kg 为单位的运价基数;

$C_0$——基本运价率;

$L_0$——不递减区段的里程数;

$C_1、C_2、\cdots、C_n$——各区段的递减运价率;

$L_1、L_2、\cdots、L_n$——递减运价率相应区段的里程数;

$L_{计价}$——计价里程;

$D_1、D_2、\cdots、D_n$——各区段的递减率。

(2)按 1 kg 的运价基数求算其他重量的运价

$$F=G_{计费}E$$

式中 $F$——运价;

$G_{计费}$——计费重量。

**【例 1-13】** 计算信阳—北京 23 kg 行李及 25 kg 三类包裹运价。

**【解】** (1)确定区段中间里程

信阳—北京客运运价里程为 997 km。

① 行李区段中间里程

$$n=(997-700)/40=7.425\approx 7$$

$$L_{中间}=700+(7+0.5)\times 40=1\ 000(\text{km})$$

② 包裹区段中间里程

$$n=(997-600)/40=9.925\approx 10$$

$$L_{中间}=600+(10-0.5)\times 40=980(\text{km})$$

(2)计算行李、包裹运价

① 1 kg 行李运价

$$\begin{aligned}E&=0.000\ 586\ 1\times 200+0.000\ 527\ 49\times 300+0.000\ 468\ 88\times 500\\&=0.509\ 907\approx 0.510(元)\end{aligned}$$

或
$$\begin{aligned}E&=0.000\ 586\ 1\times[200+300\times(1-10\%)+500\times(1-20\%)]\\&=0.509\ 907\approx 0.510(元)\end{aligned}$$

② 23 kg 行李运价

$$F=23\times 0.510=11.73\approx 11.70(元)$$

③ 1 kg 三类包裹运价

$$\begin{aligned}E&=0.001\ 518\times 200+0.001\ 366\ 2\times 300+0.001\ 214\ 4\times 480\\&=1.296\ 372\approx 1.296(元)\end{aligned}$$

或 $E=0.001\,518\times[200+300\times(1-10\%)+480\times(1-20\%)]$
$=1.296\,372\approx1.296$(元)

④ 25 kg 三类包裹运价

$$F=25\times1.296=32.40(\text{元})$$

## 二、行李、包裹运费的核收规定

1. 运价里程

行李、包裹的运价里程,以《铁路客运运价里程表》为计算依据。

行李运价里程,按实际运送径路计算,即按旅客旅行的车票指定的径路运输。但旅客持远径路的车票,要求行李由近径路运送时,如近径路有直达列车,也可以按近径路计算。超过车票终到站以远的行李计费径路比照包裹计费径路办理。

包裹运价里程,按最短径路计算,有指定径路时,按指定径路计算。

对包裹运价里程的规定做如下说明:有直达列车的(指挂有行李车,下同)按直达列车径路计算,有多条直达列车径路的,按其中最短径路计算;没有直达列车的,按中转次数最少的列车径路计算,中转次数相同的,按最短列车径路计算。

带运、押运包裹的运价里程按实际运送径路计算。

2. 计费重量

行李、包裹均按重量计算运价,但有规定计价重量的物品(见表 1-13),按规定重量计价,并规定了起码计费重量为 5 kg;超过 5 kg 时,不足 1 kg 的尾数进为 1 kg。

**表 1-13　行李、包裹规定计价重量**

| 物品名称 | 计价单位 | 规定计价重量(kg) | 备　注 |
|---|---|---|---|
| 残疾人用车 | 辆 | 25 | 以包裹托运时,按实际重量计算 |
| 自行车 | 辆 | 25 | |
| 助力自行车 | 辆 | 40 | 含机动自行车 |
| 两轮轻便摩托车 | 辆 | 50 | ①含轻骑;②气缸容量 50 $cm^3$ 以下时 |
| 两轮重型摩托车 | 辆 | 按气缸容量每 1 $cm^3$ 折合 1 kg 计算 | 气缸容量超过 50 $cm^3$ 时 |
| 警犬、猎犬、小家畜 | 头 | 20 | 超重时,按实际重量计算 |

在运能不能满足运量要求的情况下,为了保证旅客必须的行李运输,对按行李、包裹托运的物品,除在品名上作了规定以外,在重量上也作了一定的限制。旅客托运的行李重量在 50 kg以内,按行李运价计算,超过 50 kg 时(行李中有残疾人用车时为 75 kg),对超过部分按行李运价加倍计算。

3. 运费计算

行李、包裹的运费按《行李、包裹运价表》计算,其计算公式为:运费=运价基数(元/kg)×计费重量(kg),尾数保留至角,角以下四舍五入。

旅客凭一张客票只能托运一次行车,第二次托运行李时,不论第一次托运重量多少,都按包裹运价计算。但因残疾人用车系残疾人以车代步的工具,是残疾人行动中必不可少的,为照顾残疾人的旅行,不限托运次数,也不受第二次托运按包裹运价计算的限制,都按行李运价计费。

旅客托运行李至客票到站以远的车站时,应分别按行李和包裹运价计算,加总核收。不足起码里程时,分别按起码里程计算,不足起码运费时,还应核收起码运费。

类别不同的包裹混装为一件时,按其中运价高的计算。

行李、包裹运费按每张票据计算,起码运费为1元,运费除另有规定外,都按现付办理。

**【例1-14】** 一旅客凭柳州—桂林客票,在柳州站托运行李2件重62 kg,要求托运至衡阳站,试查表计算运费?

**【解】** (1)计算柳州—桂林的行李运费

柳州—桂林客运运价里程为176 km

50 kg行李运费:0.103×50=5.15≈5.20(元)

12 kg行李加倍运费:0.103×12×2=2.472≈2.50(元)

行李运费小计:5.20+2.50=7.70(元)

(2)计算桂林—衡阳的三类包裹运费

桂林—衡阳客运运价里程为362 km

62 kg三类包裹运费:0.543×62=33.666≈33.70(元)

运费合计 :7.70+33.70=41.40(元)

注:办理行李托运,如提不出相应的车票时,则该货件应按三类包裹计费。

**【例1-15】** 一旅客凭柳州—鹿寨的车票,在柳州站托运行李1件重5 kg,要求托运至永福站。试查表计算运费?

**【解】** (1)计算柳州—鹿寨的行李运费

柳州—鹿寨客运运价里程为50 km

5 kg行李运费:0.026×5=0.13≈0.10(元),不足起码运费,按起码运费1元核收。

(2)计算鹿寨—永福的三类包裹运费

鹿寨—永福客运运价里程为80 km

5 kg三类包裹运费:0.152×5=0.76≈0.80(元),不足起码运费,按起码运费1元核收。

为此,核收运费合计:1.00+1.00=2.00(元)

注:如遇此例,车站行包房应主动告知旅客:全程按三类包裹办理为宜。

柳州—永福客运运价里程为130 km

5 kg三类包裹运费:0.197×5=0.985≈1.00(元)

## 第六节　客　运　杂　费

客运杂费是指在铁路运输过程中,除去旅客车票票价、行李、包裹运价以外,铁路运输企业向旅客、托运人、收货人提供的辅助作业、劳务及物耗等所收的费用。

### 一、客运杂费的种类

1. 付出劳务所核收的费用

该费用包括搬运费、送票费、接取送达费、手续费、行李包裹变更手续费、查询费、装卸费等。

核收这类费用,是因为旅客或托运人、收货人提出要求,为其特殊服务时而收取,要贯彻既为旅客或托运人、收货人服务,又要收费合理的原则。

2. 违反运输规定所核收的费用

该费用包括各种无票乘车加收的票款及违章运输加倍补收的运费等。

为了维护站、车秩序，对无票乘车或者持失效车票乘车的人员，应根据铁路法及客运规章有关规定加收票款。

为了贯彻国家运输政策，确保旅客运输安全，对违章携带、违章运输应采用经济制裁的办法，施行加倍补收运费。

3. 使用有关单据及其他用品所核收的物耗费用

该费用包括货签费、安全标志费、其他用品等。对这类费用应本着为人民服务的精神，核收适当的费用。

4. 为加强资金与物资管理所核收的费用

该费用包括迟交金、保价费、保管费等。这类费用是按照有关款额的百分比或保管的日数进行计算收取。

## 二、费用核收的标准

对于客运杂费的收费项目和收费标准，根据《中华人民共和国铁路法》规定，由国务院铁路主管部门规定。现行收费项目及收费标准见表1-14。

表1-14 客运杂费收费项目及收费标准

| 收费项目 | | 计费条件 | 收费标准 | 备注 |
|---|---|---|---|---|
| 1 | 站台票 | | 1元/张 | |
| 2 | 手续费 | 列车上补卧铺 | 5元/人次 | 同时发生时按最高标准核收一次手续费 |
| | | 其他 | 2元/人次 | |
| 3 | 铁路异地售票手续费 | 铁路运输企业直接设立的售票点，向旅客发售同城以外其他地方车站登乘的铁路车票 | 每张车票最高不得超过5元 | |
| 4 | 退票费 | 按每张车票面额计算 | 开车前15 d(不含)以上退票的，不收退票费；票面乘车站开车前48 h以上的按5%核收；开车前24 h以上、不足48 h的按10%核收；开车前不足24 h及开车后的按20%核收 | 尾数以5角为单位，不足2.5角的尾数舍去，2.5角以上小于7.5角的，计为5角，7.5角以上进整为1元；最低按2元计收 |
| 5 | 送票费 | 送到集中送票点 | 3元/人次 | |
| | | 送到旅客手中 | 5元/人次 | |
| 6 | 货签使用服务费 | | 0.25元/个 | |
| 7 | 安全标志使用服务费 | | 0.20元/个 | |
| 8 | 行李、包裹变更手续费 | 装运前 | 5元/票次 | |
| | | 装运后 | 10元/票次 | |
| 9 | 行李、包裹查询费 | 行李、包裹交付后，旅客或收货人还要求查询时 | 5元/票次 | |

续上表

| 收费项目 | | 计费条件 | 收费标准 | 备注 |
|---|---|---|---|---|
| 10 | 行李、包裹装卸费 | 从行李房收货地点到装上行李车,或从行李车卸下至交付地点,各为一次装卸作业 | 2元/件次 | 超过每件规定重量的,按其超重倍数增收 |
| 11 | 行李、包裹保管费 | 超过免费保管期限,每日核收 | 3元/件 | 超过每件规定重量的,按其超重倍数增收 |
| 12 | 行李、包裹搬运费 | 从车站广场停车地点至行包房办理处或从行包交付处搬运至广场停车地点各为一次搬运作业;由汽车搬上、搬下时,每搬一次,另计一次搬运作业 | 1元/件次 | 超过每件规定重量的,按其超重倍数增收 |
| 13 | 行李、包裹接取送达费 | 接取、送达各为一次作业,每5 km(不足5 km按5 km计算)核收 | 5元/件次 | 超过每件规定重量的,按其超重倍数增收 |
| 14 | 携带品搬运费 | 从广场停车地点搬运至站台或从站台搬运至广场停车地点各为一次搬运作业;由火车、汽车搬上、搬下时,每搬一次,另计一次搬运作业 | 2元/件次 | 每件重量以20 kg为限,超重时按其超重倍数增收 |
| 15 | 携带品暂存费 | 每日核收 | 3元/件 | 每件重量以20 kg为限,超重时按其超重倍数增收 |

注:①开车前15 d(不含)以上退票的,不收退票费;

②办理改签或变更到站至距开车15 d以上的其他列车的车票,又距开车15 d前要求退票的,仍要核收5%的退票费;

③改签或变更到站后的车票乘车日期在春运期间的,退票时一律按开车时间前不足24 h标准核收退票费。

## 复习思考题

1. 何谓客运运价里程接算站?接算站有哪些形式?客运运价里程如何确定?
2. 如何使用客运里程表、旅客票价表、行李包裹运价表确定旅客票价、行包运价?
3. 旅客票价以及行李、包裹运价的起码里程有何规定?
4. 旅客票价及行李、包裹运价是如何制定的?结合实例说明。
5. 新空票价、浮动票价、动车组票价、高级软卧票价是如何计算的?
6. 试说明各种特殊客运运价及直通过轨运输的计价规定。
7. 动车组列车票价是如何计算的?
8. 动车组列车跨线(不同线路、不同速度、不同价率)运行时,其票价如何计算?
9. 行李、包裹运费的核收有哪些规定?
10. 何谓客运杂费?其分类情况及收费标准是怎样规定的?

# 第二章 旅客运输

## 第一节 铁路旅客运输合同

### 一、铁路旅客运输合同

铁路旅客运输合同是明确承运人与旅客之间权利、义务关系的协议,其基本凭证是车票。起运地承运人与旅客订立的旅客运输合同,对所涉及的承运人都有连带关系,具有同等约束力。

承运人是指与运送旅客有关的铁路运输企业。铁路车站、列车及与运营有关人员在执行职务中的行为代表承运人。

旅客是指持有铁路有效乘车凭证的人和同行的免费乘车儿童。根据铁路货物运输合同押运货物的人视为旅客。

### 二、旅客的基本权利和义务

1. 权利

(1)依据车票票面记载的内容乘车。

(2)要求承运人提供与车票等级相适应的服务并保障其旅行安全。

(3)对运送期间发生的身体损害有权要求承运人赔偿。

(4)对运送期间因承运人过错造成的随身携带物品损失有权要求承运人赔偿。

2. 义务

(1)支付运输费用。当场核对票款,妥善保管车票,保持票面信息完整可识别。

(2)遵守国家法令和铁路运输规章制度,听从铁路车站、列车工作人员的引导,按照车站的引导标志进、出站。

(3)爱护铁路设备、设施,维护公共秩序和运输安全。

(4)对所造成铁路或者其他旅客的损失予以赔偿。

### 三、承运人的基本权利和义务

1. 权利

(1)依照规定收取运输费用。

(2)要求旅客遵守国家法令和铁路规章制度,保证安全。

(3)对损害他人利益和铁路设备、设施的行为有权制止、消除危险和要求赔偿。

2. 义务

(1)确保旅客运输安全正点。

(2)为旅客提供良好的旅行环境和服务设施,不断提高服务质量,文明礼貌地为旅客服务。

(3)对运送期间发生的旅客身体损害予以赔偿。

(4)对运送期间因承运人过错造成的旅客随身携带品损失予以赔偿。

## 第二节 车 票

### 一、车票的作用

1. 车票是旅客乘车的凭证。

车票票面(特殊票种除外)主要应当载明:

(1)发站和到站站名。

(2)席别。

(3)径路。

(4)票价。

(5)车次。

(6)乘车日期和开车时分。

(7)有效期。

2. 车票是铁路旅客运输合同的基本凭证

铁路旅客运输合同从售出车票时起成立,至旅客按票面标明的到站出站或有效期终止时止,为合同履行完毕。旅客运输的运送期间自检票进站起至到站出站时止计算。

3. 车票是旅客支付票价的单据。

### 二、车票的种类

1. 按载体形式分

(1)纸质车票,包括软纸票(票面粉红色,俗称红票,如图 2-1 所示)、磁介质车票(票面浅蓝色,俗称蓝票,如图 2-2 所示)、代用票(如图 2-3 所示)等。

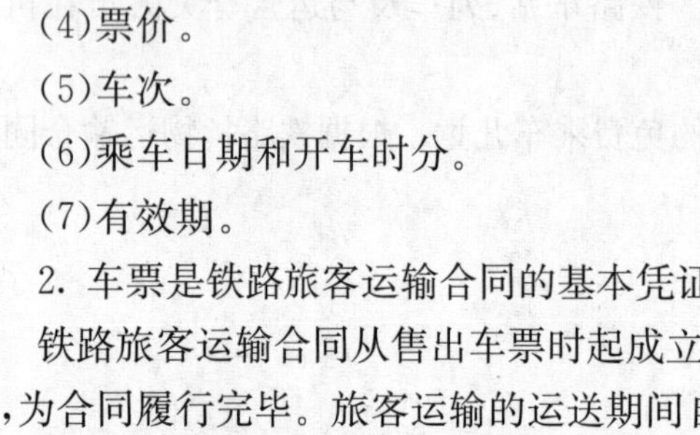


图 2-1 软纸车票样张

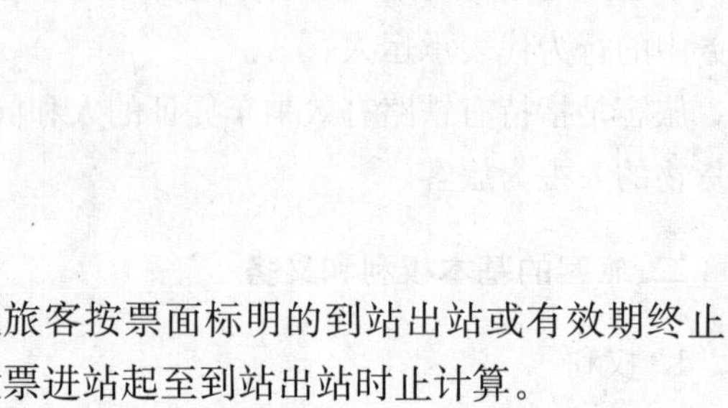


图 2-2 磁介质票样张

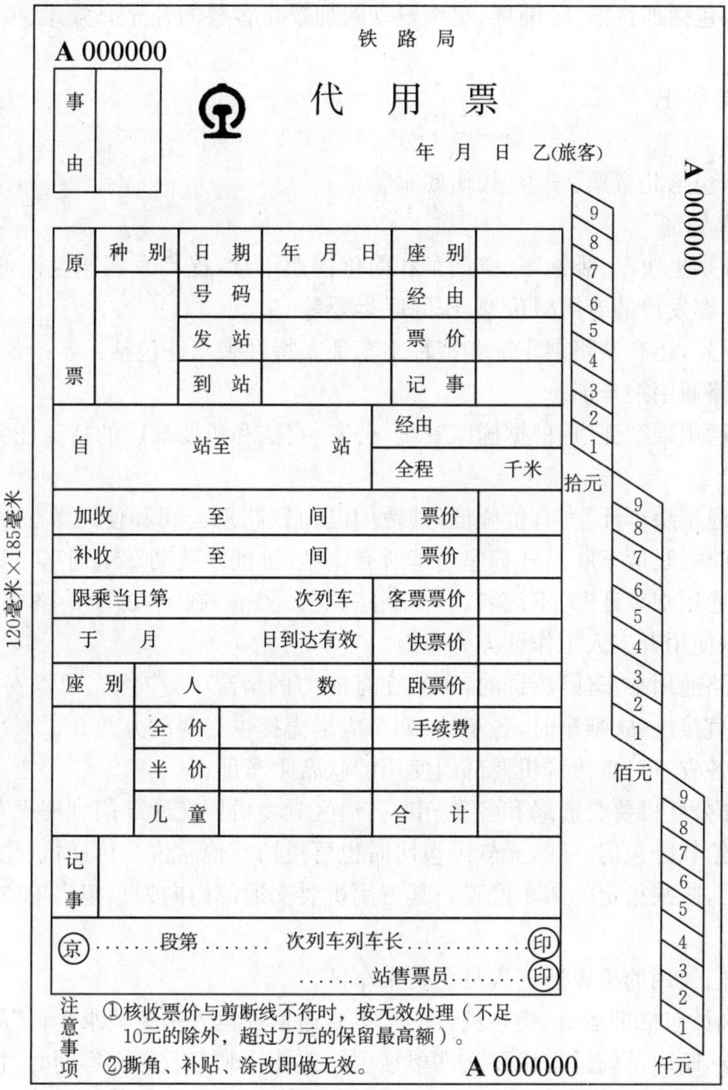


图 2-3 代用票样张

(2)铁路电子客票，是以电子数据形式体现乘车日期、乘车站、到站、车次、席别、票价和有效期等铁路旅客运输合同内容，以承运人接受的可识别特定载体作为有效乘车凭证，是纸质车票的替代形式。

(3)铁路乘车卡，是指承运人接受并在指定范围内使用，在旅客进出站时由自动检票机(闸机)自动识读并记录乘车日期、乘车站、到站、车次、席别和票价等信息，到站后扣付票款的电子卡片式凭证。目前，铁路乘车卡包括中铁银通支付有限公司发行的中铁银通卡和中国工商银行股份有限公司发行的广深牡丹信用卡。

2. 按中转换乘方式分

(1)直达票，从发站至到站不需中转换乘的车票。

(2)通票，从发站至到站需中转换乘的车票。

3. 按性质用途分

(1)客票，包括软座、硬座客票。

(2)附加票,包括加快票、卧铺票、空调票。附加票是客票的补充部分,除免费儿童外,不能单独使用。

4. 按价格类别分

(1)全价票。

(2)减价票,包括儿童票、学生票、伤残军警票。

5. 其他乘车凭证

为便利旅客乘坐快车、卧铺车、空调车和简化售票手续,提高发售速度而使用的各种联合票以及为某些旅客发售的专用减价票、国际联运票等。

除上述车票外,还有铁路乘车证和特种乘车证。特种乘车证包括:

(1)全国铁路通用乘车证。

"全国铁路通用乘车证"是根据国家安全、公安、司法和机要部门的特殊任务的需要所制定的特种乘车证。

"全国铁路通用乘车证"为有价凭证,其费用已由铁路总公司和使用单位统一结清。持证可乘坐除国际列车、联运车厢以外普速列车所有座席、卧铺以及动车组列车二等座。

"全国铁路通用乘车证"为不记名式,由铁路总公司统一制定,加盖铁路总公司印章,使用时必须同时出示使用者本人工作证方为有效。

持"全国铁路通用乘车证"签证时,车站在有能力的情况下,应优先予以安排。持"全国铁路通用乘车证"直接进站、乘车时,各车站、列车应尽力提供必要的方便。

(2)中央和各省、市、自治区机要部门使用的软席乘车证。

中共中央办公厅机要交通局和各省、市、自治区党委机要交通部门利用火车传递机要文件时,铁路局应拨给软卧包房一间,无软卧包房时也可拨给其他席位。传递机要文件的人员应持有"软席乘车证",限乘指定的乘车位置。其费用机要交通部门向列车担当单位(即票额所属铁路局)定期结算。

(3)邮政部门使用的机要通信人员免费乘车证。

机要通信人员包括押运员、检察员,持有"机要通信押运人员免费乘车证"只限乘坐邮车及铁路指定的位置,邮政部门运送机要文件单独租用或使用邮车及固定容间时,机要押运员每次列车限两人。

(4)邮局押运人员免费乘车证。

邮政部门挂运专运车厢和使用固定容间以及加挂车、运邮车,均应派员押运。邮局押运员出乘时,应持有列车担当局加盖公章的"押运员免费乘车证",只限乘坐邮车及铁路指定的位置。

(5)邮局视导员免费乘车证。

邮政主管部门及各省、市、自治区邮政局和派押邮局视导人员凭当地铁路局盖章的"邮局火车邮局视导员免费乘车证",随车检查所辖各线邮运工作,只限乘坐邮车及铁路指定的位置。

(6)口岸站的海关、边防军、银行使用的往返免费乘车书面证明。

国境站海关、边防军及银行办理进出国境站旅客、行李查验及兑换货币等工作,在停车时间内来不及完成上述工作时,国境站根据海关、边防军、银行的要求,可填发国境站与最近停车站之间往返免费乘车书面证明。在国内区段随车工作,并准利用乘务员房间,工作完了后随最近列车返回国境站,将免费乘车证明交车站注销。

(7)外宾乘车证。

为促进中外铁路友好交往与合作，加强中国铁路对外宣传，展现中国铁路良好形象，方便受邀外宾乘坐铁路旅客列车而制定的一种乘车证。此乘车证可在国铁(含国铁控股的合资铁路)及委托国铁运营或与国铁办理直通运输的合资铁路、地方铁路使用，并可乘坐除国际列车、对港直通车以外的其他各种旅客列车。乘坐普速列车时，可使用软、硬席和卧铺；乘坐动车组列车时，可使用一、二等座和卧铺，但不包含普速列车的高级软卧及动车组列车的特等座、商务座和高级软卧。

乘车前，外宾应持护照或外籍人士在华居留证件，连同外宾乘车证在车站办理签证，如使用卧铺时，以开始乘坐本次列车开车时刻计算，从 22:00 至次日 7:00 之间，在车上过夜 6 h(含 6 h)或连续乘车 12 h(含 12 h)以上的，才准予免费使用卧铺。

此乘车证分为全年定期(1 月 1 日至 12 月 31 日，并可延期使用至次年 1 月 15 日)与临时定期(最长 3 个月)两种。全年定期或临时定期均可填发常驻地至全国各站，或常驻地至某铁路局管内各站(最多 3 个铁路局)。此证用后不收回，赠送外宾留念。

陪同人员持外宾乘车证乘车时，需携带铁路工作证、居民身份证供站车查验；无外宾陪同任务时，不得单独使用，否则按无票处理。

(8)中国铁路免费乘车证。

为了加强对铁路运输企业执行国家政策法令的监督，国务院铁路主管部门邀请的其他政府部门和新闻单位检查铁路工作时，凭“中国铁路免费乘车证”可乘除国际列车以外各种等级、席别的列车。“中国铁路免费乘车证”由国务院铁路主管部门制发和管理。

(9)用于到外站装卸作业及抢险的调度命令。

事故救援与抢险救灾，由于时间紧迫来不及填发乘车证，可凭调度命令乘车，一次乘车有效。装卸工(包括外委装卸)到外站装卸车，按货运有关部门规定可使用调度命令乘车。

(10)动车组餐饮、保洁专用添乘证及便乘单。

①餐饮、保洁企业为了加强对现场服务质量的监督，登乘列车检查时，应持有“动车组餐饮、保洁专用添乘证”，供站车查验。该证由铁路总公司运输局填发，仅限登乘本公司担当的列车。

②遇特殊情况需要餐饮、保洁人员便乘接车时，应由铁路局客运处填发“餐饮、保洁人员便乘单”乘车。持“餐饮、保洁人员便乘单”乘车的人员不得与旅客争座位。

## 第三节　售票与购票

### 一、车票的发售方法

售票是一项细致的工作，既要有较快的速度，又要保证票、款准确，同时还要解答旅客问询。因此，售票员应有熟练的售票技术和良好的工作态度。

#### (一)计算机票的发售

为适应铁路改革与发展的需要，原铁道部于 1995 年首先在全路主要干线和大站率先实现计算机售票，继而建立一个覆盖全国铁路的计算机售票网络，实现客票管理和发售工作现代化，提高铁路客运经营水平和服务质量。

1. 售票的作业程序

(1)执行“六字”售票法(窗口售票)

一问：问清旅客乘车日期、车次、发到站、席别、票种、张数、证件类型、支付方式等。

二输:输入旅客乘车日期、车次、发到站、席别、票种、张数和有效身份证信息。如涉及优惠票或残疾人票额时,还应要求旅客提供相应减价凭证及规定证件的原件等。

三收:收取旅客购票款,认真清点确认无假钞,将旅客购票款置于桌面上(如使用银行卡支付时,收取带有"银联"标志的银行卡,确认真伪,按 CTRL+4,进入银行卡支付界面)。

四做:将旅客购票款数输入计算机,并根据计算机找零显示,点清找零款,打印软纸车票(刷卡支付时,POS 机自动打印两联"消费凭条",商户存根联交旅客签字确认后由售票员收回,核对无误后,打印软纸车票)。

五核:一是核对票面信息是否清晰齐全、上下票号是否一致,旅客证件号码、票价是否正确,发现票面信息不清、上下票号不一致或证件号码有误,应禁止售出予以作废,并加盖"废"字章;二是复核找零款与票价之和是否与旅客购票款相符。

六交:将车票、找零款及购票时使用的证件(银行卡、持卡人存根联消费凭条)交给旅客,唱收唱付,并且将购票款(商户存根联)放入售票抽屉归类存放。

(2)执行"五字"取票法(电话订票)

一接:接过旅客订票证件,确认真伪。进入电话订票取票界面,读取二代身份证订票信息(或输入旅客订票证件号码及订票单号,读取旅客订票信息)。

二收、三做、四核、五交:关于收、做、核、交的含义同前。

(3)执行"三字"换票法(互联网购票换票)

一接:接过乘车人证件原件,确认真伪。进入互联网界面,读取二代身份证订票信息(或输入旅客购票证件号码及订票单号,读取旅客购票信息)。

二核:核对票面信息,无误后,打印车票(按规定收取异地票手续费或客票销售服务费)。

三交:将车票及证件交给旅客,并唱收唱付。

2. 退票的作业程序

执行"五字"退票法:

一看:看清票面日期、车次、发到站、票价、有效期限、有效身份证原件(复印件)与票面信息是否一致,如是银行卡支付的车票,还应提示旅客出示原购票时使用的银行卡(票款退还至原银行卡内)。

二输:选择退票理由,将清票面信息通过二维码扫描器或将车票左下方 21 位码手工输入,并选择现金或 POS 机退票方式输入计算机。

三核:确认票面内容和计算机显示一致后,按确认键,并注意核对退票理由,核清净退款额。

四盖:在票面上加盖"退"字章,收回已退车票,并将所退车票按序存放。

五交:复核退票款和退票手续费之和是否与旅客车票票价相符,应退票票款、退票报销凭证(银行卡、持卡人存根联消费凭条)以及证件原件(复印件)一起交给旅客,并唱收唱付。

3. 签证的作业程序

(1)执行"七字"始发签证(改签)法

一看:接过原票,看清票面信息及支付方式,审核原票是否有效,是否符合改签条件。

二问:问清旅客需改签的日期、车次、席别。

三输:扫描原票或手工输入车票左下方 21 位码,还原票面信息,确认无误后,输入改签的日期、车次、席别等信息。

四收:按系统提示退还或补收新旧车票票价差额,补收时,唱收旅客差额票款,认真清点及鉴别,金额输入计算机内。如使用银行卡支付的,补收差额时,使用原卡或新卡支付新票票款,原票款退回原卡;需退款时,刷原卡办理退款。

五做:打印车票。

六核:一是核对票面信息是否清晰齐全、上下票号是否一致,如有问题作废处理,并加盖"废"字章(使用银行卡支付购买的车票,始发签证后新票不能作废,只能办理退票手续);二是复核票价差额与新票价之和是否与原票票款相符。

七交:将新票及余(退)款(银行卡、持卡人存根联消费凭条)唱报交给旅客,原票(商户存根联)收回保管。

(2)执行"七字"中转签证法

一接:接过车票,审核原票票种、发到站、有效期限、有无涂改。

二问:问清旅客中转签证的乘车日期、车次、到站、席别。

三输:扫描原票或手工输入车票左下方21位码,还原票面信息,确认无误后,输入中转签证的日期、车次、席别。

四做:按系统提示核收票价差额,正确办理银行卡支付业务,打印补差价的软纸票。

五核:一是核对补差价软纸票票面信息,发现废票时及时作废,并加盖"废"字章;二是复核找零款与补差价软纸票票价之和是否与旅客付的票款相符。

六交:将旅客原票、找零款(银行卡、持卡人存根联消费凭条)及补差价软纸票交给旅客,并唱收唱付。将补差价的票款(商务存根联)放入售票抽屉归类存放。

七嘱:告诉旅客补差价软纸票随同原票乘车有效,请妥善保管。

(3)执行"四字"铁路乘车证签证法

一接:接过旅客乘车证、工作证和出差证,审核证件、日期、发到站、经由、有效期。

二问:问清签证日期、车次。

三做:输入签证的日期、车次、乘车证号码等信息,唱收签证费(或补收的票款),制票打印,核对票号和票面其他信息。

四交:将乘车证、证件、签证票及找零款交给旅客。

4. 交接班的作业程序

(1)交班作业,遵循先封款后结账的制度,执行"五字"交班法,做好对岗交接。

①"五字"交班法。

一关:关窗停止售票,并将关窗停售信息提前15min以上向旅客公告。

二点:清点票款、票据,留好备用金。

三填:将售票款录入计算机,填写解款单,整理废票、退票、始发改签原票、持卡人存根联,使用客票系统"交班"功能退出售票和退票程序,并按操作程序关机(先关闭售票计算机,再关闭制票机、显示器、POS机、二维条码扫描器、二代身份证识读器、学生优惠卡识读器等其他设备)。

四封:将票款和解款单装入封袋,施封并签章。

五交:将票款及相关票据一同交给进款员签收。

②对岗交接。

a. 检查岗位设备、备品情况,各类物品定位摆放,作业区域环境卫生整洁。

b. 票据、现金、设备情况及未了事项在交接簿上记录签字。

c. 参加班后小结会,汇报当班工作情况。

(2)接班作业,按照班前准备、对岗交接、上岗作业的程序进行。

①班前准备。

a. 穿着统一制服,佩戴职务标志和胸卡,淡妆上岗(女),仪容整洁。

b. 提前到岗,按时参加点名,听取班计划,接受上级命令、指示,掌握列车运行、客流情况,明确作业关键和重点事项。

②对岗交接

a. 检查售票设备、备品、资料和岗位卫生情况。

b. 票卷、票据、备用金交接。检查票卷、异地售票手续费单据等储存是否足够一日以上用量,不够的,立即填写票据请领单请领票据;核对制票机中票卷起号与客票系统内票号是否相符;检查备用票据起止号、备用金是否正确,确认无误后,在交接簿上签字盖章确认。

③上岗作业

a. 组织窗口旅客有序排队购票。

b. 按程序进入操作系统,输入工号、口令、日期、班次,正确无误后,准备售票。

c. 按标准处理窗口种类售票业务。

(二)代用票的发售

代用票是根据需要临时填发的票据。其样张如图 2-3 所示。

1. 使用范围

(1)车站计算机设备故障等特殊情况时。

(2)办理包车和旅游专列。

(3)办理旅行变更。

(4)办理旅客丢失车票补票。

(5)办理误售、误购车票补收差价。

(6)承运人误撕车票重新补办车票。

(7)在列车内补收票价、杂费时。

2. 代用票填写规定

(1)代用客票、加快票、卧铺票、空调票、动车票、团体票、包车票和旅游列车票时:

①事由栏可按规定的略语填写(同时办理两种以上内容时,应分别填写事由)。

代客票“客”;代普通加快票“普快”;代快速加快票“快速”;代特别加快票“特快”;代客快联合票“客快”;代客快速联合票“客快速”;代客特快联合票“客特快”;代卧铺票“卧”;代客快卧联合票“客快卧”;代客快速卧联合票“客快速卧”;代客特快卧联合票“客特快卧”;代空调票“空调”;代动车票“动车”;代团体票“团体”;办理包车票“包车”;办理旅游列车票“旅游列车”。

②原票栏,不用填写,划斜线抹消。

③人数栏,应按实际收费人数,分开价别用大写数字填写,不用栏用“#”符号抹消。办理包车票时,如实际乘车人数不足车辆定员数时,填记定员人数(即收费人数)。

④票价栏,按收费种别,分别在适当栏内填写。其他费用应在空白栏内注明收费种别和款额,卧铺栏前加“上、中、下”字样,加快栏前加“普、快速、特”等字样。

⑤记事栏,办理包车票时,应注明包车的车种、车号和定员数。办理团体旅客票时,应注明团体旅客证的起止号码。代用学生、伤残军警减价票时,应注明㊫、㊋字样。票价超过万元时,填写大写合计票价数,以及其他需要记载的事项。

(2)办理变更径路、变更座席,变更卧铺、越站乘车、旅客分乘、误售误购、误撕车票、退加快票、退卧铺票、改乘高等级列车时:

①事由栏略语填写规定:变更座别“变座”;变更铺别(包括软座变硬卧)“变铺”;变更径路“变径”;越站乘车“越站”;旅客分乘“分乘”;误售、误购“误售”“误购”;误撕车票“误撕”;退加快票“退快”;退卧铺票“退卧”;改乘高等级列车补收票价差额“补价”。

②原票栏,根据原票转记。

③乘车区间栏,填记变更的发到站名、经由等有关事项。越站时填写越站区间。

④票价栏,对变径、变座、变铺及改乘高等级列车发生补费时,应填写在补收区间票价栏内,其他则填记在相应的票价栏,不用的票价栏划斜线。软座变硬卧发生补费时,应在空白栏列出应退软硬座差价,以“一”号注明,卧铺票价栏列明硬卧上、中、下铺票价,核收手续费,票价合计栏填写冲抵后补收款额。发生退款时,在空白栏注明应退款种别和款额,合计栏用“一”号注明退款款额。

⑤记事栏,在列车上发生退款时,应注明“到站净退款×元”。软座变硬卧时,应注明“软座变硬卧×铺”。原票在原票栏转记并收回时,应注明“原票收回”字样。

(3)对无客票、无加快票、乘车日期和车次不符、越席乘车、车票中途过期、不符合减价规定、儿童超高、丢失车票、持站台票来不及下车等填发时:

①事由栏略语填写规定:无客票“无票”;无普通加快票“无快”;无快速加快票“无快速”;无特别加快票“无特快”;乘车日期、车次、径路不符“不符”;越席乘车“越席”;不符合减价规定“减价不符”;有效期终了“过期”;丢失车票“丢失”;儿童超高“超高”;持站台票送人来不及下车“送人”。

②原票栏,除无票乘车、丢失车票、无加快票以及儿童超过 1.2 m 时,不填记原票栏外,其他情况按原票转记。

③乘车区间栏,填记补票区间的发、到站名。

④票价栏,对无票等情况加收的票款,应填写在加收区间票价栏内,其他核收的费用,按收费种别,填记在适当的票价栏内。

⑤记事栏,原票收回时,应注明“原票收回”字样,以及其他需记载的事项。

发售代用票时,乙页应按票价合计栏的款额,在“款额剪断线”的相当款额右侧剪断,将实收款额留在本页交给旅客,剩余部分附在丙页上报(如发生退款时,“款额剪断线”全部剪下,随丙页上报)。收回原票换发代用票时,应将原票随丙页上报。

总之,站、车发售代用票时,字体要清楚、不潦草、不写自造简化字、不涂改、项目填写齐全,不用栏划斜线。发、到站间有两条及其以上径路和发、到站间涉及两条线路时,应填写经由;发、到站均在一条线路上,一般情况下不必填写经由。严禁发售涂改过的代用票,如遇填写错误时,应划“×”作废。

## 二、车票的发售规定

车票由车站或铁路运输企业设立的其他售票处所发售。为了方便旅客,也可委托其他部门代售车票。

车票应在承运人或销售代理人的售票处所购买。在有运输能力的情况下,承运人或销售代理人应按购票人的要求发售车票。承运人可以开办往返票、联程票(指在购票地能够买到换乘地或返回地带有席位、铺位的车票)、定期、不定期、储值、定额等多种售票业务,以便于购票人购票和使用。

承运人应当开办异地售票、电话订票、网上购票等多种订票、售票业务，方便旅客购买和换取车票。

车票票价为旅客购票日的适用票价。承运人调整票价时，已售出的车票不再补收或退还票价差额。

有计算机售票设备的车站，除系统设备故障等特殊情况外，不得发售手工车票。发售车票按以下规定办理：

1. 客票

(1)承运人在发售客票时，应根据购票人指定的到站、座别、径路发售，不得为图方便，使用到站不同而票价相同的客票来互相代替。对于旅客指定的日期和车次，应根据运能和旅客运输组织原则来安排。

(2)发售软座客票最远售至本次列车终点站，这时因为目前软座车的能力有限，还不能完全满足中转旅客的需要。为了方便旅客和充分利用运输能力，白天乘车的旅客，在软卧车有空余包房时，车站可根据列车长预报，发售软座客票。如发站给中途站预留的包房，可利用其发售到最远至预留站的软座客票，但涉及夜间(20:00～次日 7:00)乘车时不得超过 2 h，超过时不得发售软座客票。

(3)旅客在乘车过程中，要求一段乘硬座车，一段乘软座车时，全程发售硬座客票，另收软座区间的软硬座票价差额。该种客票俗称异席票。

(4)发售空调列车车票、动车组列车车票时，最远至本次列车终点站。

(5)发售去边境地区的客票时，应要求旅客出示国务院铁路主管部门、公安部门规定的边境居民证、身份证或中华人民共和国边境管理区通行证(简称边境通行证)等有效证件。

**【例 2-1】** 异席车票的发售。

2016 年 11 月 4 日，在长沙站一旅客欲购当日 2513 次列车(长沙—南宁，新型空调车，挂有软座车厢，经由衡阳)去凭祥的软座客快票，要求购买通票。因长沙至凭祥间无直通列车，需在南宁站中转。所以，长沙至南宁间乘软座，南宁至凭祥间乘硬座。长沙站发售通票。已知：①南宁站为快车始发站；②长沙$\overline{\text{979 km}}$南宁$\overline{\text{220 km}}$凭祥。请发售代用票。

**【解】** (1)处理依据

发售软座客票时最远至本次列车终点站。旅客在乘车区间中，要求一段乘坐硬座车，一段乘坐软座车时，全程发售硬座客票。乘坐软座时，另收软座区间的软、硬座票价差额。

(2)票价计算

①长沙$\overline{\text{衡}}$凭祥 1 199 km

普通硬座票价：59.50 元

普快票价：12.00 元

②长沙$\overline{\text{衡}}$南宁 979 km

新空软座客快票价：182.00 元

普通硬座客快票价：61.00 元

补收票价差：182.00－61.00＝121.00(元)

合　　计：59.50＋12.00＋121.00＝192.50(元)

(3)填制代用票

代用票填写式样如图 2-4 所示。

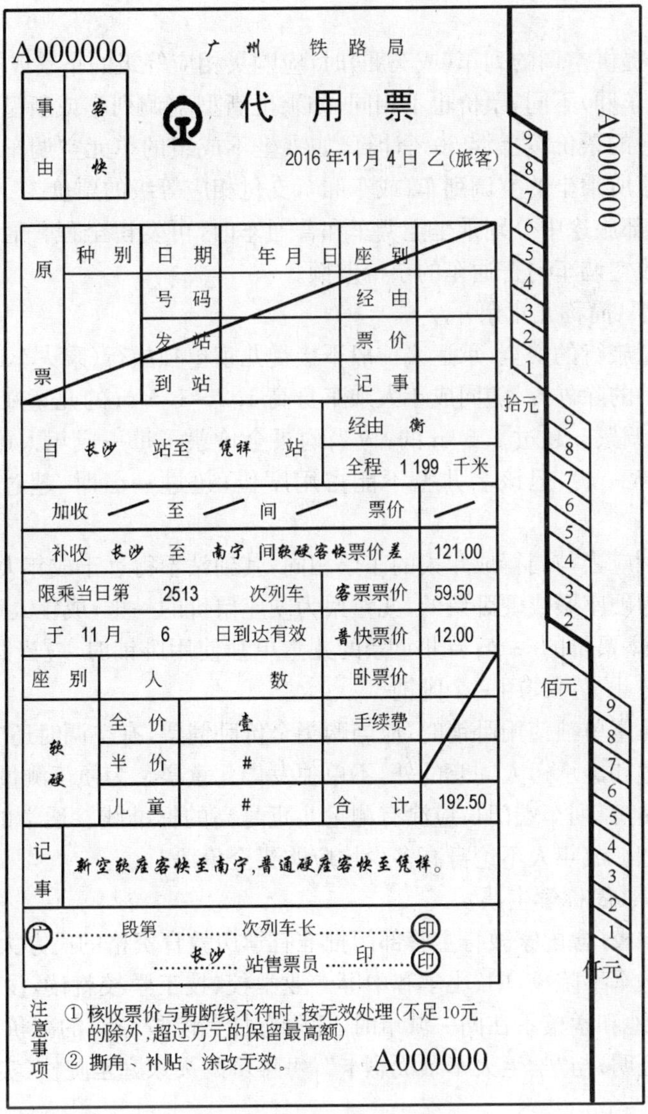
A000000　广州　铁路局
代用票
2016年11月4日　乙(旅客)
事由　客快
原票　种别　日期　年月日　座别　号码　经由　发站　票价　到站　记事
自　长沙　站至　凭祥　站　经由　衡　全程　1 199　千米
加收　—　至　—　间　—　票价　—
补收　长沙　至　南宁　间软硬客快票价差　121.00
限乘当日第　2513　次列车　客票票价　59.50
于　11月　6　日到达有效　普快票价　12.00
座别　人　数　卧票价
软硬　全价　壹　手续费
半价　#
儿童　#　合计　192.50
记事　新空软座客快至南宁，普通硬座客快至凭祥。
广……段第……次列车长……印
长沙……站售票员……印
注意事项　①核收票价与剪断线不符时，按无效处理(不足10元的除外，超过万元的保留最高额)
②撕角、补贴、涂改无效。　A000000
120毫米×185毫米
A000000
9 8 7 6 5 4 3 2 1 拾元
9 8 7 6 5 4 3 2 1 佰元
9 8 7 6 5 4 3 2 1 仟元

图 2-4　代用票填写式样

2. 加快票

(1)旅客凭软座或硬座客票购买加快票。

(2)发售加快票的到站，必须是所乘快车、快速车或特别快车的停车站。

(3)发售需要中转换车的加快票的中转站，必须是有同等级快车始发的车站，还应具备发到站之间全程都应有快车运行，如中间有无快车运行的区段时，则不能发售全程加快票。

(4)新型空调列车的普快、快速、特快的车票，最远只能售至本次列车终点站或换车站。

3. 卧铺票

(1)旅客凭软座或硬座客票(乘快车时还应有加快票)购买卧铺票。身高不足 1.2 m 的儿童单独使用卧铺时，只购买全价卧铺票，如有空调时还应购买半价空调票，但不必购买儿童票。

(2)卧铺票必须与客票的座别、到站相同，但需中转换车的旅客其卧铺票只发售至中转站，为了照顾旅客对卧铺使用的要求,发站给中途站预留的铺位,如旅客的到站是预留站或预留站以近的车站时,可利用其发售到最远至预留站的卧铺票。

4. 空调票

(1)旅客乘坐提供空调的列车(或车厢)时,应购买相应等级的车票或空调票。由于旅客乘坐空调的列车(或车厢)不同,票价也不相同,如乘坐新型空调列车或新型空调成组车列时,该列车(或成组车列)的票价按上浮 50%计算,如乘坐不成组的单元空调车厢,该票价是不上浮的,为此,根据旅客所乘坐的空调列车(或车厢),支付相应等级的票价。

(2)旅客在全部旅途中分别乘坐空调车和普通车时,可发售全程普通车的车票,对乘坐空调车区段另行核收空调车与普通车的票价差额。

5. 儿童减价票(简称儿童票)

为了确保儿童旅行的安全,承运人一般不接受儿童单独旅行(乘火车通学的学生和承运人同意在旅途中监护的除外)。随同成年人乘车身高 1.2~1.5 m 的儿童乘车时,应当购买半价客票、加快票和空调票。超过 1.5 m 的,应当购买全价票。每一成年人旅客可免费携带身高不足 1.2 m 的儿童一名,但该名儿童不能占用席位;超过一名时,超过的人数应当购买儿童票。

儿童票的席别应当与同行成年人的车票相同,其到站不得远于成年人车票的到站。

成年人车票为硬座票或硬卧票的,儿童票为硬座票价的一半;成年人车票为软座票或软卧票的,儿童票为软座票价的一半;持儿童票的儿童单独使用卧铺时,应当购买全价卧铺票。成人带儿童或儿童与儿童可共用一个卧铺。

免费乘车的儿童单独使用卧铺时,应当购买全价卧铺票,有空调时还应购买半价空调票。

除通学的学生和经承运人同意的外,不单独发售儿童票。为便于测量儿童的身高,在售票窗口、检票口、出站口、列车端门口应涂有测量儿童身高的标准线。通学的小学生不论身高多少均按学生票办理。成年人不论身高多少均应购买全价票。

6. 学生减价票(简称学生票)

在普通大专院校(含国家教育主管部门批准有学历教育资格的民办大学、承担研究生教育的科学研究机构),军事院校,中、小学和中等专业学校、技工学校就读,没有工资收入的学生、研究生,家庭居住地和学校不在同一城市时,凭附有加盖院校公章的减价优待证的学生证(小学生凭学校书面证明)与"学生火车票优惠卡",每年可购买家庭至院校(实习地点)之间四次单程的学生票。

(1)乘坐普速列车时,学生票可购买半价的硬座客票、加快票和空调票;乘坐动车组列车时,学生票仅限于购买二等座车票,并且按公布票价的 75%计算。

(2)学生票限定在寒假(12 月 1 日~次年 3 月 31 日)、暑假(6 月 1 日~9 月 30 日)期间购买。当年未使用的次数,不能留作下年使用。

(3)学生从实习地点回家或从家去实习地点,凭附有"减价优待证"的学生证和院校的书面证明,可购买学生票。

(4)学生父母都不在学校所在地,并分两处居住时,由学生选择其中一处,并登记在学生减价优待证上。如学生父母迁居时,根据学生申请,经学校确认,可将学生减价优待证上的乘车区段更改并加盖公章或更换新证。

(5)学生回家后,院校迁移或调整,也可凭院校证明和学生减价优待证,发售从家庭所在地到院校所在地的学生票。

(6)应届毕业生从学校回家,凭学生证或院校书面证明,可购买一次学生票。新生入学凭院校的录取通知书,也可购买一次从接到录取通知书地点至院校的学生票。

(7)在乘降所上车的学生(其减价优待证上注明上车地点为乘降所),可以在列车上售给全程学生票,并在减价优待证相当栏内,由列车长注明"×年×月×日乘××次列车",加盖名章,作为登记一次乘车次数。

(8)华侨学生和港澳台学生按照上述规定同样办理。如回家时,其学生票发售至边境车站。

(9)学生票应按近径路发售,但有直达列车或换车次数少的远径路也可发售。

(10)学生购买联程票或乘车区间涉及动车组列车的,可分段购票。学生票分段发售时,由发售第一段车票的车站在学生优惠卡中划消次数,中转站凭上一段车票售票,不再划消乘车次数。

(11)减价优待证记载的车站是没有快车或直通车停靠的车站时,离该站最近的大站(可以超过减价优待证规定的区间)可以发售学生票。

(12)超过学生减价优待证上记载的区段乘车时,对超过区段按一般旅客办理,核收全价。

(13)符合减价优待条件的学生无票乘车时,除补收票款(含应补的减价票价及加收已乘区间应补票价50%的票款)外,同时应在减价优待证上登记盖章,作为登记一次乘车次数。

(14)下列情况不能发售学生票:

①学校所在地有学生父或母其中一方时。

②学生因休学、复学、转学、退学乘车时。

③学生往返于学校与实习地点以及举办夏令营或其他社会实践活动乘车时。

④学生证未按时办理学校注册的。

⑤学生证优惠乘车区间更改未加盖学校公章的。

⑥没有"学生火车票优惠卡"、"学生火车票优惠卡"不能识别或与学生证记载不一致的。

**【例2-2】** 学生无票乘车的处理。

2016年6月10日,T18次(哈尔滨—北京,新型空调车,哈尔滨客运段担当乘务)列车沈阳北开车后验票发现硬座车一学生无票乘车,持北京至哈尔滨有效的学生证。列车应如何处理?

**【解】** (1)处理依据

符合减价优待条件的学生无票乘车时,除补收票款(含应补的减价票价及加收已乘区间应补票价50%的票款)外,同时应在减价优待证上登记盖章,作为登记一次乘车次数。

(2)票价计算

哈尔滨—北京1 249 km

①应收票价:

新空硬座半价票价:47.00元

新空特快半价票价:18.00元

新空空调半价票价:11.50元

小　计:76.50元

②加收已乘区间50%的票款:

哈尔滨—沈阳北 546 km,新空硬座客特快半价票价:37.50 元

加收票款:37.50×50%=18.75≈19.00(元)

③手续费:2.00 元

合　计:76.50+19.00+2.00=97.50(元)

(3)填制代用票

代用票填写式样如图 2-5 所示。

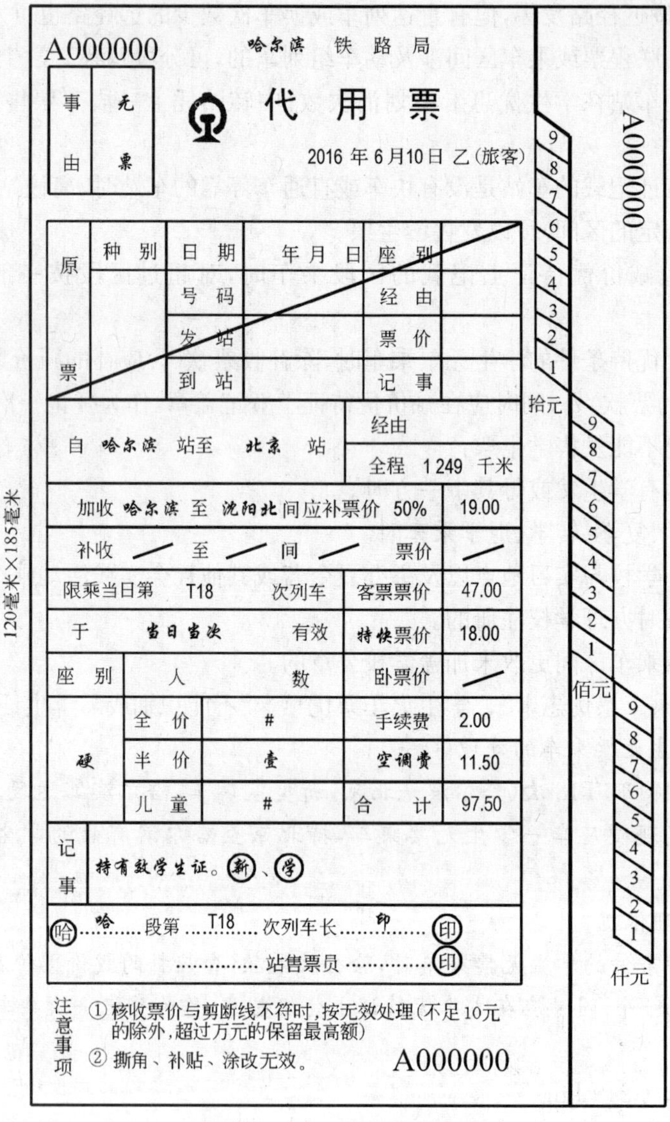

A000000　哈尔滨 铁路局

事由 无票

代 用 票

2016 年 6 月10 日 乙(旅客)

原票：种别；日期 年 月 日；座别；号码；经由；发站；票价；到站；记事

自 哈尔滨 站至 北京 站　经由　全程 1 249 千米

加收 哈尔滨 至 沈阳北 间应补票价 50%　19.00

补收 ／ 至 ／ 间 ／ 票价 ／

限乘当日第 T18 次列车　客票票价 47.00

于 当日当次 有效　特快票价 18.00

座别 硬　人数　卧票价 ／

全价 #　手续费 2.00

半价 壹　空调费 11.50

儿童 #　合计 97.50

记事 持有数学生证。(新)、(学)

(哈) 哈 段第 T18 次列车长 印 (印)

站售票员 (印)

注意事项 ① 核收票价与剪断线不符时,按无效处理(不足 10元的除外,超过万元的保留最高额)
② 撕角、补贴、涂改无效。

A000000

拾元 9 8 7 6 5 4 3 2 1

佰元 9 8 7 6 5 4 3 2 1

仟元 9 8 7 6 5 4 3 2 1

120毫米×185毫米

图 2-5　代用票填写式样

7. 伤残军、警减价票

中国人民解放军和中国人民武装警察部队因伤致残的军人凭“中华人民共和国残疾军人证”及因公致残的人民警察凭“中华人民共和国伤残人民警察证”享受半价的软、硬座客票和附加票。

“中华人民共和国残疾军人证”和“中华人民共和国伤残人民警察证”以中华人民共和国民政部颁布的统一式样为准。现役伤残军人的“中华人民共和国残疾军人证”由中国人民解放军

总后勤部签发;“中华人民共和国伤残人民警察证”和退役伤残军人的“中华人民共和国残疾军人证”由各省、自治区、直辖市民政部门签发。

“中华人民共和国残疾军人证”、“中华人民共和国伤残人民警察证”,铁路运输企业有权进行核对。持有其他抚恤证的人员,如革命工作人员残废证,参战民兵、民工残废证等,均不能享受减价待遇。

上述持用减价票的学生、伤残军人、伤残人民警察乘坐市郊车、棚车时,不再减价。但棚车加快票价应按普通加快票价减成50%核收。

8. 团体旅客票

凡20人以上乘车日期、车次、到站、座别、相同的旅客集体乘车时为团体旅客,即可发售团体旅客票。承运人对团体旅客乘车应优先安排并在计价上给予一定的优惠。其具体规定如下:

(1)满20人时,给予免收1个人票价的优惠,20人以上每增加10人,再免收1个人的票价,但每年春运期间(起止日期以春运文件为准)不予优惠。

(2)优惠时,团体旅客中有分别乘坐座、卧车或成人、儿童同一团体时,按其中票价高的免收。

(3)用计算机发售团体旅客票时,免收的优惠票的票面打印“团优”字样(如图2-6所示),其余票的票面上打印“团”字样。另外,还应填发一张代用票,其事由栏填写“优惠团体”,票价栏用斜线划消,款额剪断线全部剪下,人数栏中全价改“免收”,并写明免收人数,记事栏记载团体旅客的起止票号及团优零票价者的票号。

图2-6　优惠团体车票票样

(4)用代用票发售团体旅客票时,事由栏填写“团体”,人数栏除全价栏外,其中一栏改为免收栏,并写明实收、免收人数,票价栏按实收款额填写,并剪下相应的款额剪断线,记事栏记载团体旅客证的起止号码。如在列车上办理团体旅客票时,免收的旅客也要核收手续费。

**【例2-3】**　团体旅客票。

2016年6月10日,吉林站有团体旅客28人,要求购买当日Z118次列车(吉林—北京,新型空调车,经由长春、锦州、秦皇岛)到北京的车票,要求使用硬座,因计算机发生故障,请发售代用票。

**【解】**　(1)处理依据

20人以上乘车日期、车次、到站、座别相同的旅客可作为团体旅客。满20人时,给予免收1人票价的优惠,20人以上每增加10人,再免收1个人的票价,但每年春运期间不予优惠。团体旅客中有分别乘坐座、卧车或成人、儿童时,按其中票价高的免收。

(2)票价计算

吉林—北京1 131 km

28人,免收1人票价,实收27人票价。

新空硬座票价86.50×27=2 335.50(元)

新空快速票价34.00×27=918.00(元)

新空空调票价21.00×27=567.00(元)

合　计:3 820.50(元)

(3)填制代用票

代用票填写式样如图 2-7 所示。

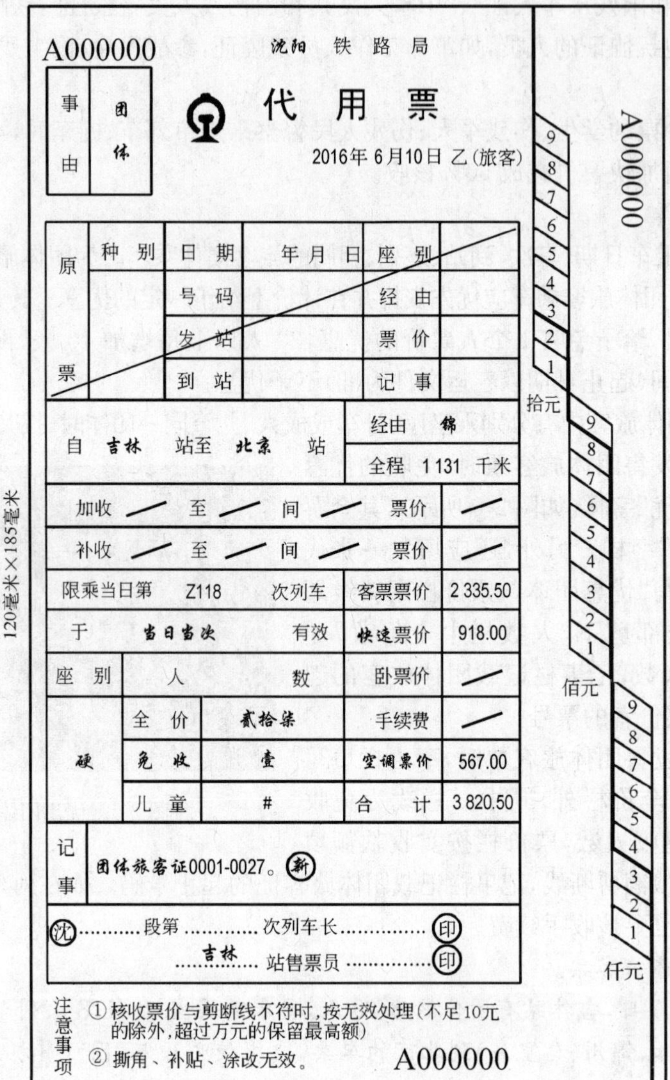


图 2-7　代用票填写式样

9. 站台票

到站台上迎送旅客的人员应当购买站台票,但随同成年人进站身高不足 1.2 m 的儿童除外。站台票当日使用一次有效。对经常进站接送旅客的单位,车站可根据需要发售定期站台票。随同成年人进站身高不足 1.2 m 的儿童及特殊情况经车站同意进站人员可不买站台票。未经车站同意无站台票进站时,加倍补收站台票票款。遇特殊情况,站长可以决定暂停发售站台票。特殊情况是指:

(1)因重要任务,由当地政府组织进站迎送的人员,可不买站台票,也可停售站台票。

(2)发生重大事故,影响线路开通,站内秩序混乱,危及行车和人身安全,可临时停售站台票。

(3)高铁车站不发售站台票,既办理动车又办理普速列车的车站,在办理普速列车时,由站长决定是否发售站台票，但对动车组列车不发售站台票，车站应为行动不便的旅客提供便利。

为了方便进站接送旅客，车站应积极发售站台票。对确有需要的单位，可发售定期站台票。定期站台票可按实际需要分为季票和月票。季度站台票的式样和价格由国务院铁路主管部门统一制定。月度站台票的式样由铁路局自定，价格应不少于每日一次。

## 三、特种方式售票

### （一）实名制售票

1. 实施范围

实名制售票实施范围包括：动车组列车、直通快车以及始发站实行实名制的旅客列车。但免费乘车的儿童及持儿童票乘车的儿童不实行实名制。

2. 有效身份证件种类

有效身份证件种类主要包括对外公告的有效身份证件、内部掌握的扩展有效身份证件等。

（1）对外公告的有效身份证件：居民身份证、临时身份证、户口簿、中华人民共和国旅行证、中国人民解放军军人保障卡、军官证、武警警官证、士兵证、军队学员证、军队文职干部证、军队离退休干部证、按规定可以使用的有效护照、港澳居民来往内地通行证、往来港澳通行证、台湾居民来往大陆通行证、大陆居民往来台湾通行证、港澳台居民居住证、外国人居留证（含外国人永久居留证）、外国人出入境证、外交官证、领事馆证、海员证、外交部开具的外国人身份证明、地方公安机关出入境管理部门开具的护照报失证明、铁路公安部门开具的乘坐旅客列车临时身份证明（以下简称"临时身份证明"）等25种。

（2）身高1.5 m以上16周岁以下的未成年人有效身份证件还包括学生证件。

3. 铁路职工的有效身份证件

铁路职工乘坐动车组列车、办理签证时，铁路全年定期乘车证、铁路通勤乘车证和不带照片的铁路乘车证、各种特种乘车证、铁路专用定期票与工作证同时使用，均视为有效身份证件。

4. 旅客须持有效身份证件购票

购票人可以使用有效身份证件原件或复印件购买车票，也可以持乘车人的有效身份证件原件或复印件替乘车人代购车票。一张有效身份证件同一乘车日期同一车次只能购买一张实名制车票。购买学生票、残疾军人票、使用残疾人专用票额的车票均需乘车人的有效身份证件及规定的证件原件，经核实后，方可购票、乘车。学生票按规定核减次数。

5. 实名制车票办理始发改签、中转签证、退票的证件要求

对实名制车票办理始发改签、中转签证时，无需出示有效身份证件；办理退票时，需核实车票及其票面所载的有效身份证件的一致性，票、证一致的方予办理。

6. 非实名制通票中转签证实名制车票时的办理规定

（1）乘车人本人办理的，凭车票和购票时所使用的有效身份证件原件；无法出示本人有效身份证件原件的，应到车站铁路公安制证口办理临时身份证明。

（2）代乘车人办理的，凭车票和购票时所使用的乘车人有效身份证件原件；没有购票时所使用的乘车人有效身份证件原件的，须凭车票及办理人本人的有效身份证件原件和乘车人购票时所使用的有效身份证件复印件。

车站办理时，对凭购票时所使用的乘车人二代居民身份证（含港澳台居民居住证，下同）原件，应由系统通过身份证件识读设备自动读取身份信息；对二代居民身份证不能自动识读、凭其他有效身份证件、凭乘车人有效身份证复印件和办理人有效身份证件原件的，应人工核实票、证的一致性。

7. 不同订票方式所需证件

电话订票仅受理居民身份证、港澳居民来往内地通行证、台湾居民来往大陆通行证、按规定可使用的有效护照。订票人通过电话订票系统预订实名制车票时,须根据语音提示输入订票人身份证件号码,取票时须凭订票人身份证件(原件)、订单号及实际乘车人身份证件(原件或复印件)到窗口取票。

窗口购票(含代售点)时,购票人使用二代身份证原件购票时,必须由系统通过二代识读设备自动读取身份信息;军人旅客在专窗持"中国人民解放军军人保障卡"购票时,二维码识读设备自动读取身份信息;遇二代居民身份证无法自动识读、识读设备故障或者使用其他有效身份证件购票时,在车站窗口和铁路局授权手工输入有效身份信息的代售点窗口,由售票员录入旅客身份信息。售票员应当认真核实旅客的有效身份证件,制票前应当提示购票人核实有效身份证件信息。

自动售(取)票机仅受理二代居民身份证、港澳台居民居住证、外国人永久居留证、港澳台居民来往内地(大陆)通行证及按规定可以使用的有效护照的购票和取票。

(二)互联网售票(含手机 APP,下同)

1. 基本规定

(1)铁路互联网售票是指通过 12306. cn 网站销售铁路电子客票及改签、退票等业务。

(2)铁路电子客票是以电子数据形式体现的铁路旅客运输合同,与纸质车票具有同等法律效力。

(3)旅客在 12306. cn 网站购买铁路电子客票,以确认交易成功的时间作为铁路旅客运输合同生效的时间,退票以网站确认交易成功的时间作为铁路旅客运输合同终止的时间,改签按照退票、购票处理。

(4)旅客或购票人应当妥善保管铁路电子客票信息及购票时所使用的有效身份证件。

2. 售票规定

在 12306. cn 网站购票后,可凭购票时所使用的乘车人有效身份证件原件到车站售票窗口办理换票、改签、退票等手续;铁路客票代售点受理二代居民身份证换票,但铁路局授权可受理其他有效证件的铁路客票代售点除外。

(1)在 12306. cn 网站购买铁路电子客票时,应当注册并准确提供乘车人的有效身份证件信息。

(2)12306. cn 网站购票可使用的有效身份证件:

①中华人民共和国居民身份证。

②港澳居民来往内地通行证。

③台湾居民来往大陆通行证。

④港澳台居民居住证。

⑤外国人永久居留证。

⑥按规定可使用的有效护照。

(3)购买儿童票的乘车儿童没有办理有效身份证的,应当使用同行成年人的有效身份证件信息。

(4)一张有效身份证件同一乘车日期同一车次只能购买一张车票,但同时购买同行儿童的儿童票除外。

(5)在 12306. cn 网站购买学生票、残疾军人票时,应符合规定的减价优惠(待)条件。学生证应附有"学生火车票优惠卡"。

(6)在 12306. cn 网站购票应当在车票预售期内且不晚于开车前 30 min,并在规定的支付时间内完成网上支付。

(7)网上支付应使用具备网上银行功能的银行卡,并由 12306. cn 网站跳转(链接)至购票人选择的银行网站进行。

(8)12306.cn 网站收到银行网站支付成功的信息后，方确认购票交易；收到银行网站支付失败的信息或超过规定的支付时间未收到银行网站支付成功信息的，取消购票交易。

(9)12306.cn 网站确认购票交易成功后，根据购票人提供的手机、电子邮箱将所购车票信息以短信、电子邮件的方式通知购票人。购票人应及时通知乘车人，并妥善保管有关信息。

3. 换取纸质车票的规定

(1)在 12306.cn 网站购票后，遇以下情形，应当在购票后、开车前换取纸质车票后进站乘车：

①使用二代居民身份证(含港澳台居民居住证，下同)购票但乘车站或下车站不具备二代居民身份证检票条件的。

②使用二代居民身份证购票但进站检票时无法出示二代居民身份证原件或二代居民身份证无法在自动检票机上识读的。

③使用二代居民身份证以外的其他有效身份证件购票的。

④使用同行成年人有效身份证件信息购买儿童票的。

⑤购买学生票、残疾军人票的。

⑥按所购车票的乘车日期、车次在中途站进站乘车的。

(2)旅客换取纸质车票后，不能在 12306.cn 网站办理改签、退票手续，应凭纸质车票办理检票、验票、改签、退票等手续。

(3)换取纸质车票时，按如下规定办理：

①使用二代居民身份证购票的，可凭购票时所使用的乘车人有效二代居民身份证原件到车站售票窗口、铁路客票代售点或车票自动售票机上办理换票手续。

②二代居民身份证无法自动识读或者使用二代居民身份证以外的其他有效身份证件购票的，需出示购票时所使用的乘车人有效身份证件原件和订单号码，到车站售票窗口或铁路运输企业授权的铁路票代售点，由售票员录入证件号码和订单号码并核实后办理换票手续。

③学生票凭购票时所使用的有效身份证件和附有学生火车票优惠卡的学生证(均为原件)到安装有学生火车票优惠卡识别器的车站售票窗口(含自动售票机)或铁路客票代售点办理。

④残疾军人票凭购票时所使用的有效身份证件和“中华人民共和国残疾军人证”、“中华人民共和国伤残人民警察证”(均为原件)到车站售票窗口(含自动售票机)办理。

⑤有效身份证件信息、订单号码等经核实一致的，予以换票；不一致的，不予换票。学生票、残疾军人票同时核对减价优惠(待)凭证。学生票还应该核减优惠乘车次数。

(4)购票后、换票前，有效身份证件丢失的，乘车人本人应到乘车站铁路公安制证口办理临时身份证明，并按换取纸质车票的有关规定，办理换票手续。

办理临时身份证明时，须下列条件之一，并提供一寸照片一张：

①出具所在地公安机关的户籍证明信。

②学生旅客出具所在学校的证明信。

③中国人民解放军、武警部队现役军人持所在部队出具的证明信。

④外籍旅客持当地使领馆出具的证明信。

⑤凭其他有效证件购买车票的旅客持发证部门出具的证明信。

⑥通过其他方式能够证明本人身份的。

旅客提供的证明(信)的内容应包括旅客的姓名、性别、出生年月、籍贯、身份证件号码等信息，与购票所使用的有效身份证件信息一致，并加盖证明单位公章。

车站铁路公安部门办理的临时身份证明一式两联，载明旅客姓名、性别、年龄、有效身份证件类型和号码等内容，一联为公安部门保留，一联供旅客换票、改签、退票、验证检票以及乘车使用,由旅客自行妥善保管,站、车不予收回。

(5)纸质车票票面载明购票时所使用的乘车人有效身份证件号码和姓名,并标记“网”字。

(6)旅客应当妥善保管车票,保持票面信息清晰、可识读,并妥善保护票面身份信息。

4. 使用二代居民身份证进站乘车

(1)在12306.cn网站使用二代居民身份证购票且乘车站和下车站都具备二代居民身份证检票条件的,可凭购票时所使用的乘车人有效二代身份证原件,直接通过车站自动检票机(闸机)办理进、出站检票手续。目前主要是新建的高速铁路能实现旅客持二代居民身份证进出站乘车。

自动检票机(闸机)在识读二代居民身份证时所做的进站、出站记录分别为铁路旅客运输合同运送期间的起、止证明。

(2)旅客在所购车票乘车区间中途出站的,自动检票机验证后予以放行。

(3)列车验票时,应核对旅客所持的二代居民身份证原件及车票等信息;经确认没有旅客车票信息的,应当先行补票。旅客因二代居民身份证丢失、补票后,又找到二代居民身份证的,列车确认后开具客运记录交旅客,旅客持客运记录和二代居民身份证件原件到下车站退票窗口退还后补车票,不收退票费。

客运记录应填写旅客二代居民身份证号码、姓名、席位等有关内容。

(4)到站检票时,确认旅客没有铁路电子客票信息的,应当按规定补票。

(5)旅客乘车后需换取纸质车票的,不晚于自车票所载乘车日期之日起31 d,逾期不予办理,换取的纸质车票仅作报销凭证。

5. 改签和退票规定

(1)铁路电子车票可以在12306.cn网站或车站售票窗口办理改签、退票手续。

(2)旅客在12306.cn网站购票后,尚未换取纸质车票的,可以在12306.cn网站办理铁路电子车票改签、退票手续,但不晚于开车前30 min;已经换取纸质车票的只能在车站办理改签、退票手续。

(3)旅客在车站办理铁路电子车票改签、退票手续的,应当到安装有银行POS机的车站售票窗口进行办理。

以下情形,按下列规定到安装有银行POS机的车票售窗口并比照电子客票换取纸质车票的相关规定办理:

①已经换取纸质车票的,在换票地车站或票面发站办理。

②在具备二代身份证检票条件的乘车站,持二代居民身份证已经办理进站检票手续但未乘车的,经车站确认后按规定办理改签、退票手续。

③乘车站和下车站均具备二代居民身份证检票条件,持二代居民身份证检票乘车,因伤、病或者承运人责任中途下车的,凭列车长出具的客运记录在下车站按规定办理退票手续。

(4)改签后新票票价高于原票、需补收票价差额时,应当使用购票时所使用的银行卡或具备网上银行功能的其他银行卡支付新票全额票款,原票款按发卡银行规定退回原银行卡。

退票或改签后新票票价低于原票的,应退票款按发卡银行规定退回购票时所使用的银行卡。

(5)在车站售票窗口办理铁路电子车票改签可以采取:出具纸质车票后进行改签或不用换票直接在窗口改签程序中办理改签两种方法。

(6)在12306.cn网站办理退票手续后、需要退票费报销凭证的,应当凭购票时所使用的有效身份证件原件在办理退票之日起10 d内(含当日)到车站退票窗口索取。

(三)电话订票

电话订票是指全路使用统一的接入号码——95105105,通过铁路客户服务中心区域级语音平台自助预订车票的一种购票方式，不允许人工接听电话，办理业务。电话订票管理有关事项如下：

1. 电话订、取票的时间和日期

(1)电话订票系统开放时间：6:00～23:00。

(2)电话订票的预订起止日期：只受理第3日(含发车日)至电话订票系统预售期内的车票预订。预售期以当时铁路公告时间为准。

(3)电话订票成功后，应在以下时间内取票：当日12:00前预订的，订单保留至次日12:00；当日12:00后预订的，订单保留至次日24:00。逾期未取票的，订单取消，票额返库。

2. 电话订票的有效身份证件种类

(1)居民身份证。

(2)港澳居民来往内地通行证。

(3)台湾居民来往大陆通行证。

(4)按规定可使用的有效护照。

3. 电话订票其他规定

(1)电话订票一次限订3张车票。

(2)订票时须输入乘车人有效证件号码；多张车票时，应依次输入多个乘车人有效证件号码，其中儿童不需要输入证件号码。

(3)取票时须凭订票单号及订票时使用的乘车人有效证件进行取票。

4. 电话订票取票操作流程

旅客通过电话订票成功后到窗口取票，售票员根据旅客提供的有效身份证件和订单号为旅客打印预订的车票，并收取票款。

(1)读取二代身份证取票：通过Alt＋Y或主菜单进入主界面→Ctrl＋W切换至“取普通票”→读取二代身份证取票(F7)→收款→印票。

(2)输入流水号(订单号)＋证件号码取票：通过Alt＋Y或主菜单进入主界面→Ctrl＋W切换至“取普通票”→输入流水号(订单号)→输入证件号码→收款→印票。

## 第四节 旅客乘车条件

### 一、旅客乘车基本条件

1. 旅客乘什么车买什么票，并须按票面载明的乘车日期、车次、径路、席别乘车，在票面规定的有效期间内抵达到站。旅客也可按车票指定的乘车日期、车次在中途停车站上车，但未乘区段的车票票价不退。

2. 对乘坐卧铺的旅客，列车可以收取车票并予以集中保管。收取车票时，应当换发卧铺证；旅客下车前，凭卧铺证换回车票。为此，卧车列车员应及时收票换发卧铺证，列车开车时应通过广播提示持卧铺票的旅客到卧铺车换票。

为了维护卧铺车的正常秩序，卧铺只能由持票本人使用，同时考虑旅客携带儿童出行的方便，允许成人带儿童或儿童与儿童共用一个卧铺。

3. 持通票的旅票中转换乘时，应当办理中转签证手续。

4. 除特殊情况并经列车长同意外，持低票价席别车票的旅客不能在高票价席别的车厢停留。

### 二、拒绝运送和运输合同的终止

1. 拒绝运送

为了确保广大旅客的人身健康和安全,对烈性传染病患者、精神病患者或健康状况危及他人安全的旅客,站、车可以不予运送。车站发现时应告之铁路规定并对已购的车票按旅客退票的有关规定处理;列车上发现时,列车长编制客运记录交车站处理。必要时,应通知铁路防疫部门处理污染现场。车站应退还已收车票票价与已乘区间车票票价的差额,已乘区间不足起码里程时,按起码里程计算,并核收退票费。

车站发现无人护送的精神病旅客,应严禁乘车;对有人护送的,应通知列车长,协助护送人员防止发生意外。列车内发现无人护送的精神病旅客,列车长应指派专人看护,公安人员应予协助,移交到站或换车站,不得移交中途站;对有人护送的精神病旅客,乘务员应向护送人员介绍安全注意事项,并予以协助。车站对列车交下的无人护送的精神病旅客,由车站客运、公安共同妥善处理。

2. 无票乘车拒绝补票

对无票乘车而又拒绝补票的人员,列车长可责令其下车,并应编制客运记录交县、市所在地车站或三等以上车站处理(其到站近于上述到站时应交到站处理)。车站对列车移交或本站发现的上述人员应追补应收和加收的票款,核收手续费。

3. 终止运输合同

对违反国家法律、法规,在站内、列车内寻衅滋事、扰乱公共秩序的旅客,站、车均可拒绝其上车或责令其下车,列车长编制客运记录交车站,车站工作人员应将站内发现的和列车移交的上述旅客带出站外,情节严重的送交公安部门处理;对未使用至到站的票价不予退还和改签,并在车票背面作相应的记载,运输合同即行终止。

## 第五节　车票的有效期

### 一、车票有效期间的计算

车票是运输合同,任何一种合同都有一定的时效,作为运输合同的车票也不例外,其时效即为有效期间。车票有效期按下列规定计算:

1. 直达票当日当次有效,但下列情形除外:

(1)全程在铁路运输企业管内运行的动车组列车车票有效期由企业自定。

(2)有效期有不同规定的其他票种。

2. 通票的有效期按乘车里程计算:1 000 km 为 2 d,超过 1 000 km 的,每增加1 000 km增加 1 d,不足 1 000 km 的尾数按 1 d 计算;自指定乘车日起至有效期最后一日的 24:00 止。

### 二、车票有效期间的延长

1. 可延长车票的有效期的情况

(1)因列车满员、晚点、停运等原因,使旅客在规定的有效期间内不能抵达到站时,车站可视实际需要延长通票的有效期间。延长日从通票有效期终了的次日起计算。

(2)旅客因病中途下车,恢复旅行时,在通票有效期间内,提出医疗单位证明或经车站证实时，可按实际医疗日数延长有效期，但最多不得超过 10 d。卧铺票不能延长，可办理退票。同行人同样办理。

(3)由于误售、误购、误乘或坐过了站，在原通票有效期不能到达正当到站时，应根据折返站至正当到站间的里程，重新计算通票有效日期。

2. 办理方法

车站在办理延长有效期手续时，应在通票背面注明“因××延长有效期×日”并加盖站名戳。如旅客已托运行李时，还应在行李票上签注“因××改乘×月×日××次车”，加盖站名戳，作为到站提取行李时，计算免费保管日数的凭证。

车站也可加盖、填写“延长通票有效期戳”，式样如图 2-8 所示。

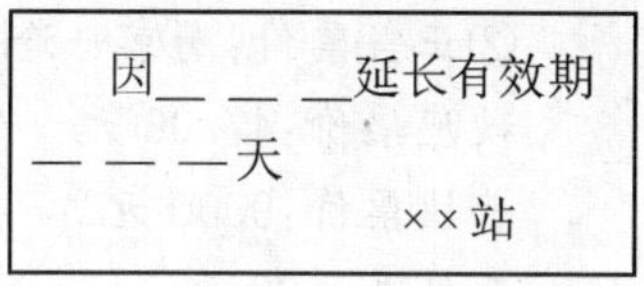


图 2-8　延长通票有效期戳样张

### 三、车票有效期失效的处理

(1)持通票的旅客在乘车途中通票有效期间终了，要求继续乘车时，应自有效期间终了站(如列车正在运行中，则从最近前方停车站)起另行补票，核收手续费。

(2)旅客持用的定期票的有效期在乘车途中终了时，可按有效使用至到站。

## 第六节　误售、误购、误乘、丢失车票的处理

### 一、误售、误购车票的处理

由于站名相似、口音不同等原因，发生误售、误购车票时，车站和列车必须正确处理，使旅客能安全迅速到达旅行目的地。

对误售、误购车票，应按下列规定补收或退还已收票价与正当票价的差额，不收手续费或退票费。

(1)在发站，收回原票，换发新票。

(2)在中途站、原票到站或列车内，应补收票价时，收回原票，换发代用票，补收票价差额，不收手续费；应退还票价时，站、车应编制客运记录，连同原票交给旅客，作为乘车至正当到站退还票价差额(不收退票费)的凭证，并应以最方便的列车将旅客运送至正当到站。

**【例 2-4】** 误售、误购的处理(应补收票价时)。

2016 年 6 月 18 日，常州站组织 1477 次旅客出站时，发现一旅客持南京至常州硬座客快票(票号 A082350)。经查，该旅客实际到站是沧州，由于口音不准误购至常州的车票，现欲乘 1478 次至正当到站(沧州站)，如图 2-9 所示，常州站应如何处理？

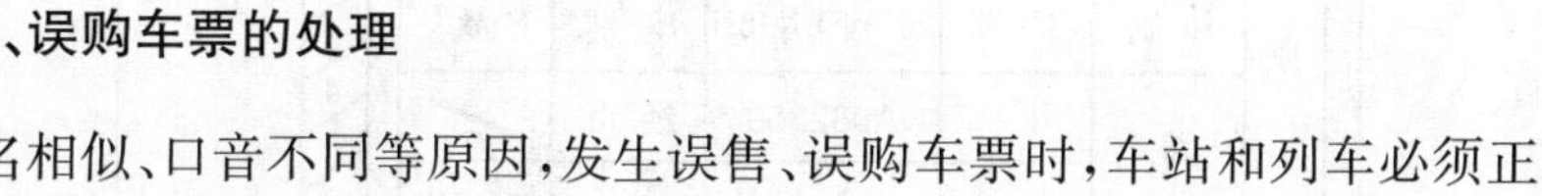


图 2-9　误购车票示意图

**【解】** (1)发生误售、误购时，在发站应收回原票换发新票；在中途站、原票到站或列车内，应补收票价时，收回原票，换发代用票，补收票价差额；应退还票价时，站、车应编制客运记录，连同原票交给旅客，作为乘车至正当到站退还票价差额的凭证，并应以最方便的列车将旅客运送至正当到站。

(2)票价计算。

①已收票价:南京—常州 136 km

硬座票价:8.50 元

普快票价:2.00 元

合计:10.50 元

②正当票价:南京—沧州 898 km

硬座票价:47.00 元

普快票价:9.00 元

合计:56.00 元

③补收票价:56.00－10.50＝45.50(元)

(3)填制代用票。

代用票填写式样如图 2-10 所示。

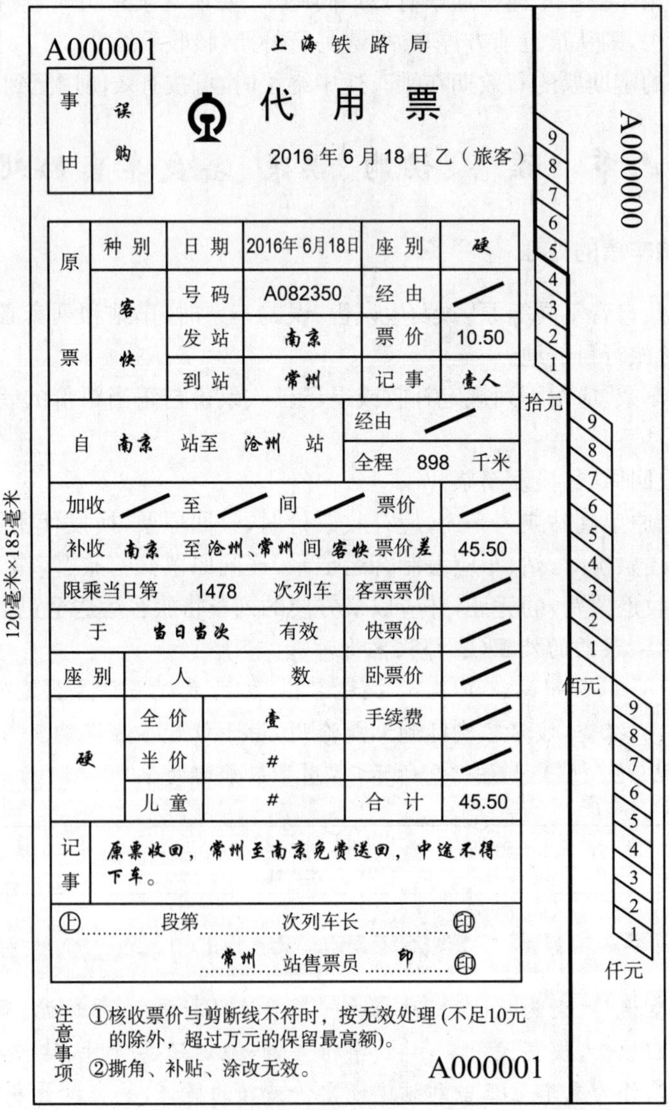

A000001 上海铁路局

代用票

事由：误购

2016年6月18日乙（旅客）

| 原票 | 种别 | 日期 | 2016年6月18日 | 座别 | 硬 |
|---|---|---|---|---|---|
| | 客快 | 号码 | A082350 | 经由 | ／ |
| | | 发站 | 南京 | 票价 | 10.50 |
| | | 到站 | 常州 | 记事 | 壹人 |

自 南京 站至 沧州 站　经由 ／　全程 898 千米

| 加收 ／ 至 ／ 间 ／ | 票价 | ／ |
|---|---|---|
| 补收 南京 至 沧州、常州 间 客快 | 票价差 | 45.50 |
| 限乘当日第 1478 次列车 | 客票票价 | ／ |
| 于 当日当次 有效 | 快票价 | ／ |
| 座别 人 数 | 卧票价 | ／ |
| 硬 全价 壹 | 手续费 | ／ |
| 硬 半价 # | | ／ |
| 硬 儿童 # | 合计 | 45.50 |

记事：原票收回，常州至南京免费送回，中途不得下车。

㊤……段第……次列车长……㊞

常州 站售票员 印 ㊞

注意事项 ①核收票价与剪断线不符时，按无效处理(不足10元的除外，超过万元的保留最高额)。②撕角、补贴、涂改无效。

A000001

A00000

拾元 9 8 7 6 5 4 3 2 1

佰元 9 8 7 6 5 4 3 2 1

仟元 9 8 7 6 5 4 3 2 1

120毫米×185毫米

图 2-10　代用票填写式样

【例 2-5】 误售、误购的处理(应退还票价时)。

2016 年 12 月 4 日,K874/1 次(重庆—湛江,经由贵阳、柳州,新型空调车,南宁客运段担当乘务)列车金城江站开车后验票,发现一旅客持当日金城江至綦江的新空硬座客快速票(票价 112.00 元,票号 B0805439),经询问其实际到站为湛江站(金城江—湛江新空硬座客快速票票价 86.00 元)。各站位置如图 2-11 所示。列车应如何处理?

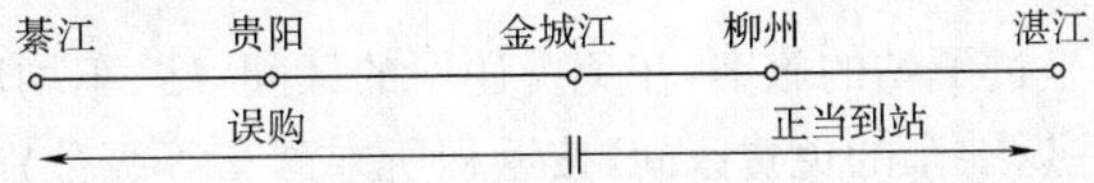


图 2-11 误购车票示意图

【解】 (1)处理依据

发生误售误购,应退还票价时,站、车应编制客运记录,连同原票交给旅客,作为乘车至正当到站退还票价差额的凭证,并应以最方便的列车将旅客运送至正当到站。

(2)编制客运记录,如图 2-12 所示。

列车长编制客运记录连同旅客直送至湛江站。

南京铁路局　　客统—1

客 运 记 录

第 010 号

记录事由:误购车票

该旅客实际到站湛江,车票误购至綦江,新空硬座客快速票,票号 B0805439。凭此记录和原票乘车至湛江,请到站按章退还票价差额。

当日当次有效。

注:
1. 站、车需要编制记录时均适用。
2. 本记录不能作为乘车凭证。

南宁 站段 编制人员 K874/1 次列车长 (印)

站段 签收人员 (印)

2016 年 12 月 4 日编制

40215(客 31)99.7.25.29

图 2-12 客运记录

## 二、误乘的处理

由于旅客没有确认车次或上、下行方向坐错了车,或乘车中坐过了站,统称为误乘。

旅客发生误乘时,列车和车站应认真妥善处理。列车长应编制客运记录交前方停车站,车站应在车票背面注明“误乘”并加盖站名戳,指定最近列车(不办理一般旅客运输的国际列车除外)免费送回误乘站。

误售、误购、误乘或坐过了站的旅客,在免费送回的区间,站、车均应告知旅客不得中途下车。如中途下车时,对往返乘车的免费区间,按返程所乘列车等级分别核收往返区间的票价,核收一次手续费。

由于误售、误购、误乘或坐过了站在原票有效期不能到达到站时,应根据折返站至正当到站间的里程,重新计算车票有效期。

**【例 2-6】** 误购,免费送回、中途下车的处理。

2016 年 12 月 4 日,K874/1 次(重庆—湛江,经由贵阳、柳州,新型空调车,南宁客运段担当乘务)列车金城江站开车后验票,发现一旅客持当日贵阳至湛江的新空硬座客快速票,票号 B080543,经询问其实际到站为綦江站,列车按误购编制客运记录连同该旅客交宜州站,宜州站指定其乘当日 K143 次(南宁—成都,经由柳州、贵阳、重庆、北碚,新型空调车)列车送回綦江(并已告知该旅客在返回时不得中途下车)。但该旅客仍然在返回途中金城江站下车,如图 2-13 所示。金城江站应如何处理?

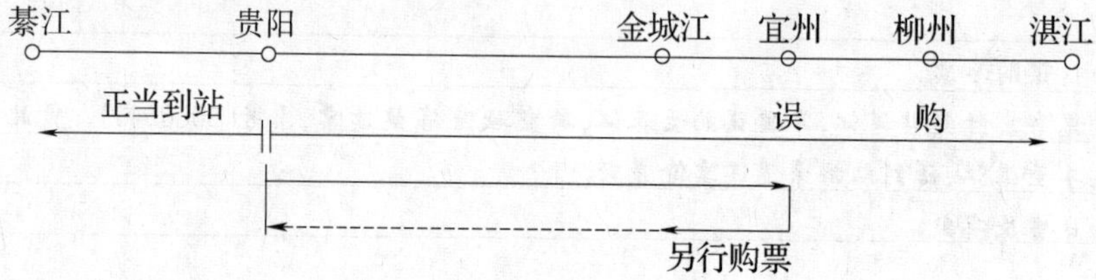


图 2-13 误购免费送回,中途下车示意图

**【解】** (1)处理依据

误售、误购、误乘或坐过了站的旅客,在免费送回区间不得中途下车。如中途下车时,对往返乘车的免费区间,按返程所乘列车等级分别核收往返区间的票价,核收一次手续费。

(2)票价计算

綦江 $\underline{\text{367 km}}$ 贵阳 $\underline{\text{459 km}}$ 金城江 $\underline{\text{72 km}}$ 宜州 $\underline{\text{89 km}}$ 柳州 $\underline{\text{453 km}}$ 湛江

①往程　贵阳—宜州 531 km

新空硬座客快速票价:75.00 元

②返程　宜州—金城江 72 km

新空硬座客快速票价:12.50 元

③手续费:2.00 元

(3)填制客运杂费收据

客运杂费收据填写式样如图 2-14 所示。

丙

南宁铁路局

**客运运价杂费收据**

2016 年 12 月 4 日　　　　（报告用）

| 原票据 | 种别 | 日期 | | 月 日 时到达、通知、变更 |
| --- | --- | --- | --- | --- |
| | | 号码 | | 月 日 时 交 付 |
| | | 发站 | | 核收保管费 日 |
| | | 到站 | | |

| 核收区间 | 核收费用 | | | 款额 |
| --- | --- | --- | --- | --- |
| | 种别 | 件数 | 重量 | |
| 自……站 | 贵阳至宜州客快速票价 | | | 75.00 |
| 至……站 | 宜州至金城江客快速票价 | | | 12.50 |
| | | | 手续费 | 2.00 |
| 经由（ ） | | | | |
| | | | | |
| 座别 硬 人数 壹 | 合计 | | | 89.50 |

| 记事 | 误购，K143 次免费送回，中途下车。（新） |
| --- | --- |
| | 金城江 站经办人 印 印 |

A000000

图 2-14　客运杂费收据填写式样

## 三、丢失车票的处理

车票是有价证券，是旅客的乘车凭证，旅客丢失车票应另行购票。列车上补票时，注明“丢失”，以便找到原票时可凭此退票。

1. 一般规定

(1)旅客在乘车前丢失车票时，应另行购票。

(2)在乘车中丢失车票时，应自丢失站起(不能判明时从列车始发站起)补收票价，核收手续费。

(3)学生丢失车票，可凭学生优待证及优惠卡或学校证明，在发站重新购买学生减价票；在列车上或中途站丢失时，经确认无误后，填发代用票，补收自丢失站起至到站的学生减价票，核收手续费。不再在优待证上加盖有关印章(即不占用使用次数)。

(4)旅客丢失车票另行补票后又找到原票时，在发站按退票处理；在列车上经列车长确认后，编制客运记录，连同原票和后补车票一并交给旅客，作为旅客在到站出站前要求退还后补车票票价的依据。处理站在办理时，填写退票报告，并核收退票费，后补车票及客运记录随退票报告一并上报。

(5)由于站、车工作人员工作失误,造成旅客车票丢失时,站、车均应填写代用票,在记事栏内注明“因××原因丢失”,将款额剪断线全部剪下随丙联上报。

(6)如遇旅客丢失车票,确实无钱买票乘车时,必须经过详细认真的调查了解后,可按国务院有关规定办理,不得以客运记录代替车票乘车。

2. 丢失实名制车票的“挂失补办”流程

(1)旅客在检票进站前丢失实名制车票的补办流程

①丢失车票的旅客,须在车票票面发站停止售票前,到车站售票厅指定窗口办理挂失补办服务。办理时,须提供购票时所使用的有效身份证件原件,同时提供购票地(取票地)车站名称、乘车日期、车次、发到站信息。

但凭驾驶证、居住证、暂住证、中华人民共和国社会保障卡、医疗保险卡购票的,不能作为办理挂失补办手续的有效身份证件。

②确认旅客身份、车票等信息无误后,旅客须按原车票车次、席位、票价重新购买一张新车票。新车票票面与原车票一致,并加注“挂失补”字样。

③“挂失补车票”仅限于乘坐原乘车日期、车次和席位的列车,只能办理一次,且不能改签、变更到站。原车票已经退票的不能挂失;原车票已经改签的,只能对改签后的车票办理挂失;出具“挂失补车票”后,原车票失效,不能作为实名制验票、改签、变更到站、退票和乘车的凭证。“挂失补车票”的退票手续应在票面列车的发站、到站或经停站办理。

④持“挂失补车票”的旅客上车后,须主动向列车工作人员声明,乘坐动车时主动向列车长声明,乘坐普速客车时主动向本车厢列车员声明。列车应核验“挂失补车票”、购票时所使用的有效身份证件原件与旅客一致性。到站前,列车经查验未发现原车票被他人使用,列车长开具客运记录交旅客,与“挂失补车票”一并作为退票的凭证。

⑤持“挂失补车票”的旅客到站后,须主动向出站口车站工作人员声明,并配合车站工作人员查验。

⑥旅客须在到站后 24 h 内办理退票手续。车站售票厅办理时,凭客运记录、“挂失补车票”和购票时所使用的有效身份证件原件退回“挂失补车票”票款,不收退票费,核收 2 元手续费,并收回“挂失补车票”和客运记录。

(2)旅客在列车上丢失实名制车票的补办流程

①旅客乘坐动车组列车在车上丢失实名制车票时,须主动向列车长声明;乘坐普速客车在车上丢失实名制车票时,须主动向本车厢列车员声明。

②列车经查验旅客本人、购票时所使用的有效身份证件原件、购票信息一致,由列车长办理挂失补办服务,仅核收 2 元手续费,票面标注“车票丢失”字样;列车未查询到购票信息的,按规定先办理补票。到站前,列车核验席位使用正常的,开具客运记录交旅客。

③旅客到站后,须主动向出站口车站工作人员声明,并配合车站工作人员查验。列车查询到已购车票的旅客,凭票面标注“车票丢失”字样的车票、客运记录和购票时所使用的有效身份证件原件办理出站检票手续,车站收回客运记录,列车核收的 2 元手续费不予退还。列车未查询到购票信息而补票的旅客,应在到站后 24 h 内,凭客运记录、后补车票和购票时所使用的有效身份证件原件,至退票窗口,车站核实旅客身份信息及乘车日期、车次等原票、后补购票信息

以及有购票记录,已购车票有效后,退还后补车票与原票乘车区间一致部分的票价和列车补票手续费,并核收2元手续费,收回客运记录。

(3)旅客在出站检票前丢失实名制车票的补办流程

①旅客在出站检票前丢失车票的,须主动向车站声明,并配合车站工作人员查验。出站口具备车票信息查询条件的,当场核查购票记录;出站口不具备车票信息查询条件的,由车站协助核查购票记录。

②经核查,有购票记录,已购车票有效,乘车日期、车次相符,票证人一致,实际乘车区间未超过已购车票乘车区间,并且没有出站记录的,办理挂失补办服务,核收2元手续费,票面标注"车票丢失"字样。旅客凭该车票和购票时所使用的有效身份证件原件出站。不符合前述条件的,须按规定补票后出站。

(4)有关说明

①旅客应当妥善保管车票,丢失车票应当依法承担相应的责任。为了避免旅客和铁路经济损失,旅客丢失实名制车票时,应当及时主动向铁路部门声明。

②铁路部门建立丢失车票旅客信息库,对声称丢失车票的旅客,具有以下情形之一的,发站不予办理挂失补办手续,列车和到站按无票处理,并登记其身份信息:

a. 不能提供购票时所使用的有效身份证件原件的。

b. 没有购票记录的。

c. 所购原票已经失效、退票或有出站记录的。

d. 证、人、购票记录不一致的。

e. 乘车日期、车次不符的。

f. 实际乘车区间超过所购车票乘车区间的。

③由于旅客保管车票不当被他人使用,造成铁路经济损失,铁路部门有权追偿。

**【例2-7】** 丢失车票的处理。

2016年3月18日,在牡丹江开往北京的K266次(经由哈尔滨,新型空调车,牡丹江客运段担当乘务)列车正运行在双城堡—扶余间时,一旅客到列车长办公席声明哈尔滨至北京的车票丢失,经列车查证属实。列车应如何处理?

**【解】** (1)处理依据

旅客在乘车中丢失车票时,应自丢失站起(不能判明时从列车始发站起)补收票价,核收手续费。

(2)票价计算

双城堡—北京 1 198 km

新空硬座票价:89.50元

新空快速票价:36.00元

新空空调票价:23.00元

手续费:2.00元

合　计:150.50元

(3)填制代用票

代用票填写式样如图2-15所示。

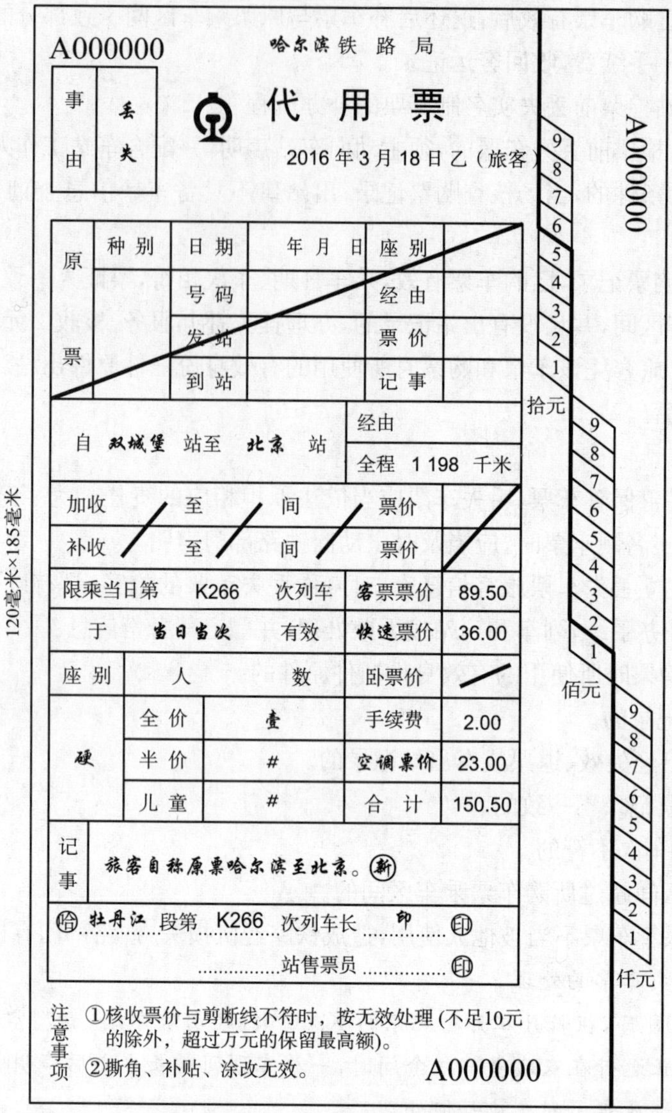


图 2-15　代用票填写式样

## 第七节　车票的检验和违章乘车的处理

### 一、车票的检验

车站对进出站的旅客和人员应当检票，列车对乘车的旅客有权验票。对必须持证购买的优惠票和各种乘车证的旅客应当核对相应的证件。检、验车票应打查验标记。

(一)一般规定

1. 为了维护车站秩序，保证旅客安全，避免旅客上错车、下错站，旅客购票后上车时，必须经检票口进站。车站对进站旅客持用的车票经确认后加剪或打印检票标志，表示旅客旅行的开始，也是铁路旅客运输合同履行的开始。自此时起，铁路应负旅客的旅行和安全的责任。

2. 车站应当在开车前提前停止检票，并在车站营业场所通告停止检票的提前时间。

3. 车站对出站旅客进行检票，主要是防止旅客无票或违章乘车。车站对已使用完毕的计算机票、代用票应撕角后交给旅客；出站人员的站台票应将其副券撕下。

4. 车站工作人员如不慎误撕车票时，应为旅客换发代用票。学生票不给报销凭证，如持学生票者要求报销时，应补收全价票价与学生减价票价的差额，核收手续费。

**【例 2-8】** 误撕车票。

一旅客持 2016 年 6 月 27 日昆明至长沙的新空硬座客快速通票（票号 E030678）乘 K156 次（昆明—南京西，经贵阳、柳州、衡阳、株洲，新型空调车）列车，6 月 28 日因病（有列车长编制的客运记录）在柳州站中途下车治疗时，通票被出站口客运员误撕。柳州站应如何处理？

**【解】** (1)处理依据

车站误撕换车或中途下车旅客的通票时，应收回原票，换发代用票。有效期按原票转记。

(2)计算原票票价

昆明$\underline{\text{1 258 km}}$柳州$\underline{\text{672 km}}$株洲$\underline{\text{52 km}}$长沙

①昆明—长沙 1 982 km

硬座客票票价：91.00 元

②昆明—株洲 1 930 km

新空硬座客快速票价：217.00 元

硬座客票票价：88.00 元

票价差额：217.00－88.00＝129.00(元)

③核收小计：91.00＋129.00＝220.00(元)

(3)填制代用票

代用票填写式样如图 2-16 所示。

(二)实名制车票验证规定

1. 验证检票方式

验证检票方式包括人工查验和系统验证两种。

(1)人工查验：通过人工查验的方式对重点时段，热门方向列车的旅客进行实名制抽验。

(2)系统验证：对指定范围的车站和车次，通过实名制验证检票系统对指定车次旅客逐一进行实名制验证。

2. 实名制查验范围

(1)必检范围：所有进疆、进藏列车和所有直达特快列车、直通特快列车的停靠站都必须对旅客进行逐一的验证，确认票、证、人一致后，方可进站上车。

(2)抽验范围：动车组列车实行整列抽验，车站对始发，经停动车组列车按照列数，整列抽验比例为 20%（小数入整），并动态调整做到全覆盖，即每季度动车组列车要全部循环做过整列抽验。

(3)对普通旅客列车中上座率较高的热门车进行整列抽验，具体车次、车站和抽验时间段由各铁路局自行确定，并进行不定时动态调整。

3. 进站乘车相关规定

旅客须持车票和与票面所载身份信息相符的本人有效身份证件原件，经车站工作人员或闸机进行查验，并打检验标记后，方可进站乘车。票、证、人不一致或无法出示有效身份证件原件的旅客，不得放行。

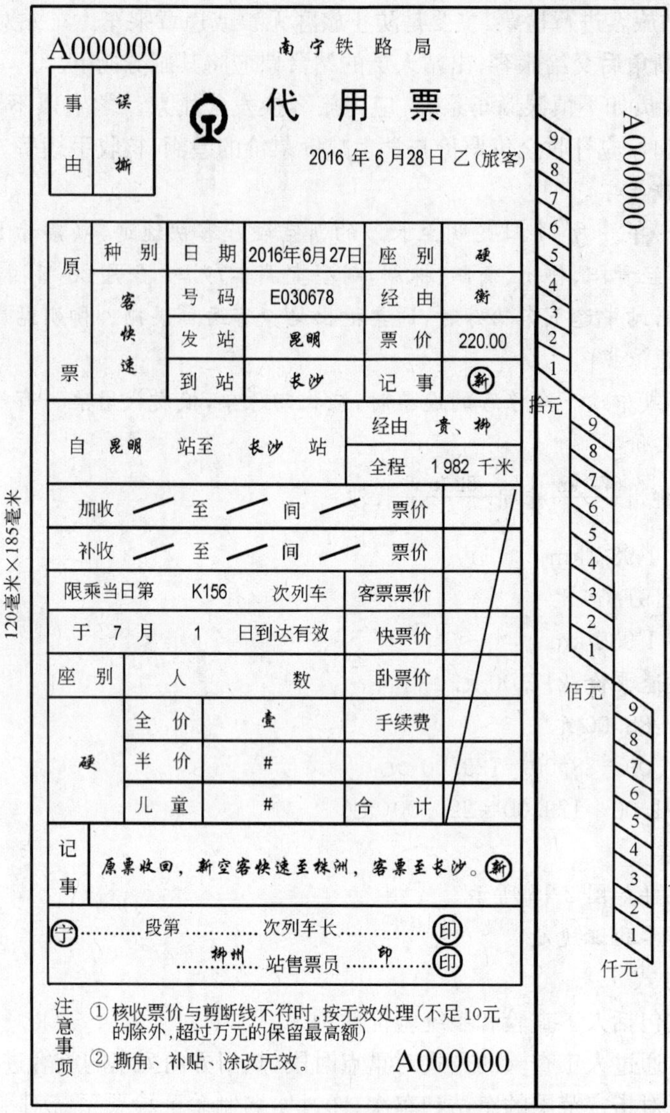
A000000
南宁铁路局
代 用 票
2016 年 6 月28日 乙(旅客)

| 事由 | 误撕 |
|---|---|

| 原票 | 种别 | 日期 | 2016年6月27日 | 座别 | 硬 |
|---|---|---|---|---|---|
| | 客快速 | 号码 | E030678 | 经由 | 衡 |
| | | 发站 | 昆明 | 票价 | 220.00 |
| | | 到站 | 长沙 | 记事 | 新 |

自 昆明 站至 长沙 站 | 经由 贵、柳 | 全程 1 982 千米

加收 ／ 至 ／ 间 ／ 票价

补收 ／ 至 ／ 间 ／ 票价

限乘当日第 K156 次列车 | 客票票价

于 7 月 1 日到达有效 | 快票价

| 座别 | 人 | 数 | 卧票价 |
|---|---|---|---|
| 硬 | 全价 | 壹 | 手续费 |
| | 半价 | # | |
| | 儿童 | # | 合计 |

记事：原票收回，新空客快速至株洲，客票至长沙。新

宁……段第……次列车长……印

柳州……站售票员 印……印

注意事项：① 核收票价与剪断线不符时，按无效处理(不足10元的除外，超过万元的保留最高额)
② 撕角、补贴、涂改无效。

A000000

拾元 9 8 7 6 5 4 3 2 1 佰元 9 8 7 6 5 4 3 2 1 仟元 9 8 7 6 5 4 3 2 1

120毫米×185毫米

图 2-16 代用票填写式样

对持减价优惠(待)的车票及各种乘车证的旅客，还应核对其相应的凭证。

成年人持儿童票的，视为票、证、人不一致。

4. 列车验票的规定

列车车门口验票由列车员负责(动车除外)，列车内的验票工作由列车长负责组织实施，验票应打查验标记。

列车验票时，同时核对旅客、其所持的车票及票面所载的有效身份证件原件。票、证、人不一致的，按无票处理。

对于持用必须凭证购买的减价票和铁路签发的各种乘车证的旅客，列车验票时应检查对照减价凭证和规定的相应证件。

## 二、违章乘车的处理

违章乘车包括不符合乘车条件的乘车和车票未按规定办理签证、检验的乘车。

对不符合乘车条件的旅客、人员，站车均应了解原因，区别不同情况予以处理。

1. 不符合乘车条件的处理

不符合乘车条件的情况是多方面的，由于具体情况不同，处理方法也不同，但归纳起来，可分为两种类型。

(1)属于客观原因，不符合乘车条件的，只补收车票票价或票价差额，核收手续费。

①确因时间仓促来不及买票，对主动补票或经站、车同意上车补票的，补收车票票价(持旅客乘降所发给的补票证上车补票的不收手续费)。

②应买票而未买票的儿童补收儿童票价；超过 1.5 m 持用儿童票乘车时，应补收全价票价与儿童票价的差额。

③旅客持用票价低的车票，经车站和列车同意乘坐票价高的座席、卧铺或高等级列车时，补收乘车区间车票票价差额。

④持站台票送客的人员，已经上车来不及下车并及时声明时，按所乘列车的等级，补收至前方下车站的车票票价。

**【例 2-9】** 儿童超高的处理。

2016 年 12 月 20 日，5506 次(茂名—桂林北，经由黎塘，新型空调车)列车到达贵港站，出站口检票发现一成人旅客持当日茂名至贵港的新空全价硬座客快票 1 张，新空儿童硬座客快票 1 张(票号 E006735、票价 18.50 元)，携带身高 1.6m 的儿童一名。贵港站应如何处理？

**【解】** (1)处理依据

应买票而未买票的儿童补收儿童票；超过 1.5 m 持用儿童票乘车时，应补收全价票价与儿童票价的差额。核收手续费。

(2)票价计算

茂名—贵港 264 km

全价新空硬座客快票价：36.50 元

半价新空硬座客快票价：18.50 元

补收全、半票价差：36.50－18.50＝18.00(元)

手续费：2.00 元

(3)填制客运杂费收据

客运杂费收据填写式样如图 2-17 所示。

(2)属于有意取巧、不履行义务的，除按规定补收票价、核收手续费外，铁路运输企业有权对其身份进行登记，并加收已乘区间应补票价 50％的票款：

①无票乘车时，补收自乘车站(不能判明时自列车始发站)起至到站止的车票票价。持失效车票乘车按无票处理。

②持用伪造或涂改的车票乘车时，除按无票处理外并送交公安部门处理。

③持站台票上车并在开车 20 min 后仍不声明时，按无票处理。

④持用低等级的车票乘坐高等级列车、铺位、座席时，补收所乘区间的票价差额。

⑤旅客持儿童票、学生票、残疾军人票没有规定的减价凭证或不符合减价条件时，按照全价票价补收票价差额。

⑥对持定期客票违章使用，需按往返及天数加收票价时，应按下列公式进行计算核收：

$$加收票价＝单程应收票价\times 2\times 天数$$

其中，单程应收票价按所乘列车等级、区间计算；过期定期票自有效期截止之次日起算，至发现日止；伪造、借用的定期票等自票面载明的有效期起算之日起，至发现日止。

丙

南宁铁路局

**客运运价杂费收据**

2016 年 12 月 20 日　　　　（报告用）

| 原票据 | 种别 | 日期 | 12 月 20 号 | 月　日　时到达、通知、变更 |
| --- | --- | --- | --- | --- |
| | 硬座客快 ㊣ | 号码 | E006735 | 月　日　时交付 |
| | | 发站 | 茂名 | 核收保管费　　日 |
| | | 到站 | 贵港 | |

| 核收区间 | 核收费用：种别 | 件数 | 重量 | 款额 |
| --- | --- | --- | --- | --- |
| 自 茂名 站 | 全、半票价差 | | | 18.00 |
| 至 贵港 站 | 手续费 | | | 2.00 |
| 经由（ / ） | | | | / |
| | | | | / |
| 座别 硬 人数 壹 | | | | / |
| | 合计 | | | 20.00 |

记事：5506 次下车，1.6 m 儿童持儿童票。㊣

贵港 站经办人　　印　　印

A000000

图 2-17　客运杂费收据填写式样

**【例 2-10】** 减价不符的处理。

2016 年 3 月 18 日，K43 次（北京—兰州，新型空调车，兰州客运段担当乘务）列车包头开车后，查验车票时发现一旅客持 3 月 17 日集宁南至银川的新空硬座客快速半价票，票号 A018660，票价 56.00 元，无减价凭证。列车应如何处理？

**【解】** (1)处理依据

旅客持减价票没有规定的减价凭证或不符合减价条件时，补收全价票价与减价票价的差额，核收手续费，并加收已乘区间应补票价 50%的票款。

(2)票价计算

①补收全、半价差额

集宁南—银川 834 km

已收半价新空硬座客快速票价：56.00 元

应收全价新空硬座客快速票价：112.00 元

补收全、半价差额：112.00－56.00＝56.00(元)

②加收已乘区间应补票价 50%的票款

集宁南—包头 323 km

全价新空硬座客快速票价：50.50元

半价新空硬座客快速票价：25.50元

加收票款：(50.50－25.50)×50%＝12.50(元)

③手续费：2.00元

合　　计：70.50元

(3)填制代用票

代用票填写式样如图2-18所示。

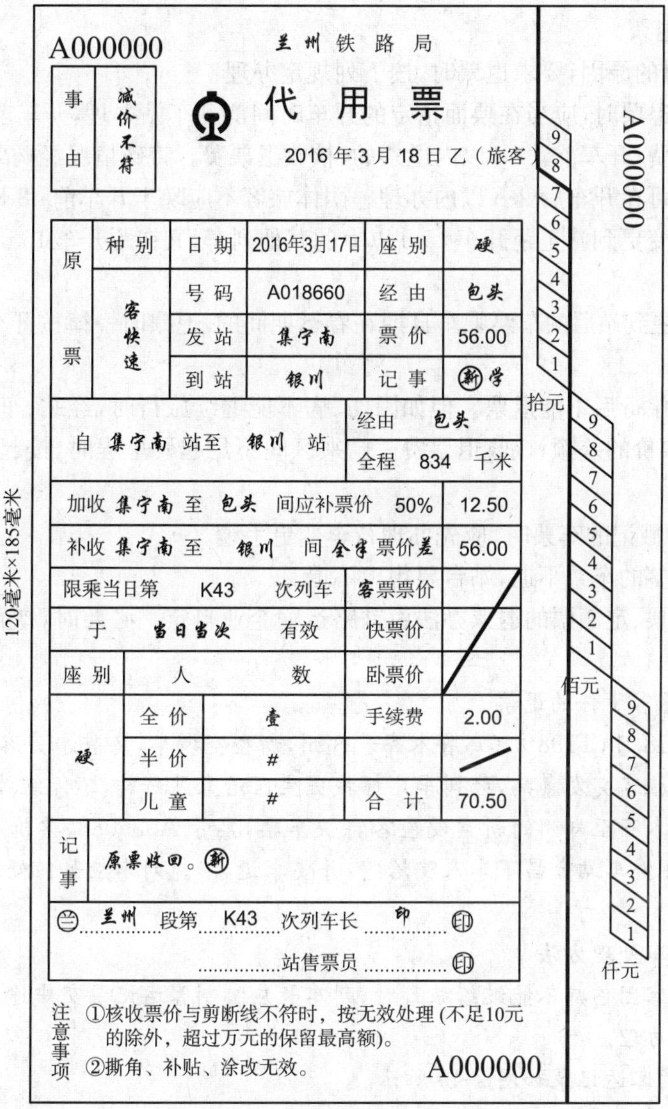


图2-18　代用票填写式样

2. 车票未签证、未检验的处理

对站、车发现车票未签证、未打检验标记的情况只核收手续费，但已使用至到站的除外：

(1)旅客在票面指定的日期、车次开车前乘车的，应补签。

(2)旅客所持车票日期、车次相符但未经车站打检验标记(剪口)的，应补检(剪)。

(3)持通票的旅客中转换乘应签证而未签证的，应补签。

## 第八节　退票和旅行变更

### 一、退　　票

铁路发售车票是按照旅客运输日计划办理的，旅客购票后应按照票面记载的日期、车次、座别、铺别乘车，不应随意退票而打乱铁路旅客运输计划。但为了照顾有特殊情况的旅客，并在经济上不受损失，铁路在一定的条件下仍允许办理退票。

1. 旅客责任退票

由于旅客本身的原因，要求退票时，按下列规定办理：

(1)旅客要求退票时，应当在票面指定的开车时间前到车站办理，开车前 15 d(不含)以上退票的，不收退票费；开车前 15 d 以内退票的，核收退票费。特殊情况经购票地车站或票面乘车站站长同意的，可在开车后 2 h 以内办理。团体旅客不应晚于开车前 48 h 以前办理。

(2)对改签或变更到站至距开车 15 d 以上的其他列车，又在距开车 15 d 前退票时，仍核收 5%退票费。

(3)改签或变更到站后的车票乘车日期在春运期间的，退票时一律按开车时间前不足 24 h 标准核收退票费。

(4)旅客开始旅行后不能退票。但如因伤、病不能继续旅行时，经站、车证实，可退还已收票价与已乘区间票价的差额，核收退票费。已乘区间不足起码里程时，按起码里程计算；同行人同样办理。

(5)退带有㊅戳记的车票时，应先办理行李变更手续。

(6)开车后改签的车票不退，站台票售出不退。

市郊票、定期票、定额票的退票办法由铁路运输企业自定。必要时，铁路运输企业可以临时调整退票办法。

**【例 2-11】** 旅客责任的退票。

2016 年 8 月 18 日，T198 次(乌鲁木齐—郑州，新型空调车，乌鲁木齐客运段担当乘务)列车张掖开车后，一旅客突发急病，经列车广播找医生医治未见好转，不能继续旅行(旅客吴小龙持 8 月 17 日乌鲁木齐至郑州的新空硬座客特快车票，票号 A036088，票价 313.50 元，同行人吴笑天要求在前方停车站金昌下车入院治疗，并要求退票)。列车应如何处理？金昌站又如何处理？

**【解】** (1)列车处理方法

在列车上，旅客因伤病不能继续旅行时，列车长应编制客运记录交中途有医疗条件的车站治疗，同行人同样办理。

列车长编制的客运记录如图 2-19 所示。

(2)金昌站处理方法

旅客开始旅行后不能退票。但因伤病不能继续旅行时，经站、车证实，可退还已收票价与已乘区间票价的差额，核收退票费。同行人同样办理。

①票价计算

已收票价：乌鲁木齐—郑州 3 079 km

乌鲁木齐铁路局 客统—1

客 运 记 录

第 001 号

记录事由：移交急病旅客

金昌站：

8月18日我车张掖站开车后，旅客吴小龙突发急病，经列车广播找医生，医治未见好转，根据旅客及其同行人要求在前方停车站下车入院治疗，并要求退票。现编制记录移交你站，请按章处理。

附：乌鲁木齐至郑州的新空硬座客特快车票2张，票号A036088、A036089。

注：

1. 站、车需要编制记录时均适用。

2. 本记录不能作为乘车凭证。

乌鲁木齐 站段 站段 编制人员 T198次列车长 （印）

签收人员 （印）

2016年8月18日编制

40215(客31)99.7.25.29

图2-19 交金昌站客运记录

新空硬座客特快票价：313.50元(2人票价627.00元)

已乘区间票价：乌鲁木齐—金昌 1 515 km

新空硬座客特快票价：180.50元(2人票价361.00元)

应退还票价差额：313.50－180.50＝133.00(元)(2人应退票款266.00元)

核收退票费：133.00×20%＝26.60≈26.50(元)(2人退票费53.00元)

净退：266.00－53.00＝213.00(元)

②填退票报销凭证如图2-20所示。

兰州铁路局

退票报销凭证 A000000

金昌站 2016年8月18日

| 原　票 | 乌鲁木齐站至郑州站 |
|---|---|
| 已乘区间 | 乌鲁木齐站至金昌站 |
| 已乘区间票价 | 361元 0 角 |
| 退票费 | 53元 |
| 共　计 | 肆佰壹拾肆元零 角 |

80毫米×60毫米

（无经办人名章无效）注：计贰人 经办人×××印

图2-20 退票报销凭证

2. 铁路责任退票

由于铁路责任，如列车超员、列车晚点、卧铺发售重号、车辆故障途中甩车、行车事故等原因致使旅客退票时，按下列规定办理，不收退票费：

(1)在发站,退还全部车票票价(或某种车票的全部票价)。

(2)在途中,如在列车上,应由列车长编制客运记录或换发代用票至到站退款,如在中途站,应退还已收票价与已乘区间票价差额,已乘区间不足起码里程时,退还全部票价。

(3)在到站,凭原票和客运记录或列车长换发的代用票退还已收票价与已使用部分票价差额。未使用部分不足起码里程时,按起码里程计价退还。

(4)空调列车因空调设备故障在运行过程中不能修复时,应退还未使用区间的空调票价。未使用区间不足起码里程,按起码里程计算。

总之,由于旅客原因(包括旅客因伤、病),要求退还车票票价时,核收退票费,已乘区间不足起码里程时,按起码里程计算。因铁路责任退还车票票价时,不收退票费,如已乘区间不足起码里程时,退还全部票价;未使用部分不足起码里程时,按起码里程计价退还。

**【例 2-12】** 铁路责任的退票。

2016 年 10 月 18 日,一旅客持当日 T64 次(徐州—北京,新型空调车,徐州客运段担当乘务)列车徐州至北京的新空硬座客特快卧(下)车票,济南开车后该车厢空调设备故障且不能修复,列车长编制客运记录交北京站。北京站应如何处理?

**【解】** (1)处理依据

空调列车因空调设备故障在运行过程中不能修复时,列车长应使用站车交互系统终端"客运记录"功能的"空调故障"模块向客票系统发送确认退差信息,如遇站车交互系统无信号、手持终端故障、登记失效等特殊情况时,则应编制纸质客运记录,作为旅客到站办理退票的凭证。到站退还未使用区间的空调票价,不收退票费。

(2)票价计算

已收票价区间:徐州—北京 814 km

新空硬席客特快卧(下)票价:196.00 元

未使用空调区间:济南—北京 495 km

应退还新空空调票价:11.00 元

已使用票价:196.00-11.00=185.00(元)

(3)填退票报销凭证

退票报销凭证如图 2-21 所示。

北京 铁路局
退票报销凭证 A000000
北京站 2016年10月18 日

| 原　　票 | 徐州站至北京站 |
|---|---|
| 已乘区间 | 徐州站至北京站 |
| 已乘区间票　　价 | 185 元 0 角 |
| 退 票 费 | ／ 元 |
| 共　　计 | 壹佰捌拾伍元 零 角 |

(无经办人名章无效)　　经办人×××印

80毫米×60毫米

图 2-21　退票报销凭证

3. 线路中断造成旅客退票

(1)在发站(或返回发站)停止旅行时退还全部有效车票票价(包括在列车上补购的车票),但手续费、违章加收部分的票款、携带品超过规定范围补收的费用以及已使用至到站的车票票价不退。

(2)在停止旅行站(或中途站)退票时,退还已收票价与发站至停止旅行站间票价的差额(详见例 6-1),发站至停止旅行站不足起码里程按起码里程计算。

(3)如线路中断系铁路责任造成时,按“铁路责任退票”处理。

## 二、旅行变更的处理

旅客在乘车途中,要求办理旅行变更的情况是经常发生的,由于变更类别很多,办理的时间又比较紧迫,站、车客运工作人员务必从方便旅客出发,积极主动地按规定予以办理。

1. 车票改签

旅客变更乘车日期、车次、席(铺)位时需办理的签证手续称为改签。为便于已持有车票旅客的行程调整,在其他列车有余票时,可以改签发到城市相同的车票。

(1)改签的时间规定

①开车前 48 h(不含)以上,可改签预售期内的其他列车。

②开车前 48 h 以内,可改签开车前的其他列车,也可改签开车后至票面日期当日 24:00 之间的其他列车,不办理票面日期次日及以后的改签。

③开车之后,旅客仍可改签当日其他列车,但只能在票面发站办理改签。

④团体旅客不能晚于开车前 48 h 办理。

(2)改签的操作规定

①在车站售票预售期内且有运输能力的前提下,车站对旅客提出变更要求应给予办理。办理时收回原车票,换发新车票,并在新车票票面注明“始发改签”字样(如图 2-22 所示),在开车后改签的应注明“开车后改签不予退票”字样。

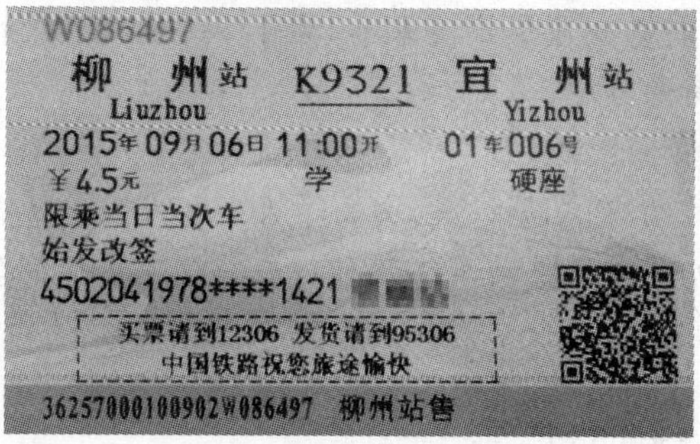


图 2-22 始发改签车票票样

②原车票已托运行李的,在新车票背面注明“原票已托运行李”字样并加盖站名戳。

(3)改签的票价差额规定

①旅客在发站办理改签时,改签后的车次票价高于原票价时,核收票价差额;改签后的车次票价低于原票价时,退还票价差额,但对退还的差额,应核收退票费,并执行现行退票费标准。

②旅客办理中转签证或在列车上办理补签、变更席(铺)位时,签证或变更后的车次、席(铺)位票价高于原票价时,核收票价差额,发售有价签证票;签证或变更后的车次、席(铺)位票价低于原票价时,票价差额部分不予退还。计算机只打印签证号,随原票使用,如图 2-23 所示。

除售票系统设备故障等特殊情况外,不得手工改签车票。

图 2-23　中转签证车票票样

2. 变更等级(含变座、变铺、变列车等级)

(1)旅客要求的变更

旅客要求变更座席、卧铺、列车等级时,由高等级变更为低等级不办理(即不退还变更区间的票价差额),由低等级变更为高等级(含通票旅客在中转站要求换乘动车组列车),应补收变更区间(不足起码里程时,按起码里程计算)的票价差额,核收手续费,对通票有效期间按原票转记。

持用软座票的旅客要求改用硬卧时,补收变更区间的票价差额,核收手续费。

办理变更等级需补收票价差额时,可发售一张补价票,随同原票使用有效。

**【例 2-13】** 变座的处理(旅客要求)。

2016 年 3 月 18 日,T722 次(上海—南京西,新型空调车)列车苏州开车后,一旅客持当日上海至南京西本次列车的新空硬座客特快车票,票号 A036088,票价 46.50 元,要求自苏州开始使用软座至到站,列车同意办理。

**【解】** (1)处理依据

旅客要求变更座席、卧铺、列车等级时,由高等级变更为低等级不办理,由低等级变更为高等级(含通票旅客在中转站要求换乘动车组列车),应补收变更区间的票价差额,核收手续费,通票有效期间按原票转记。

(2)票价计算

变座区间:苏州—南京西 223 km

新空硬座票价:22.50 元

新空软座票价:41.50 元

补收软硬座票价差:41.50－22.50＝19.00(元)

手续费:2.00 元

合　计:21.00 元

(3)填制代用票

代用票填写式样如图 2-24 所示。

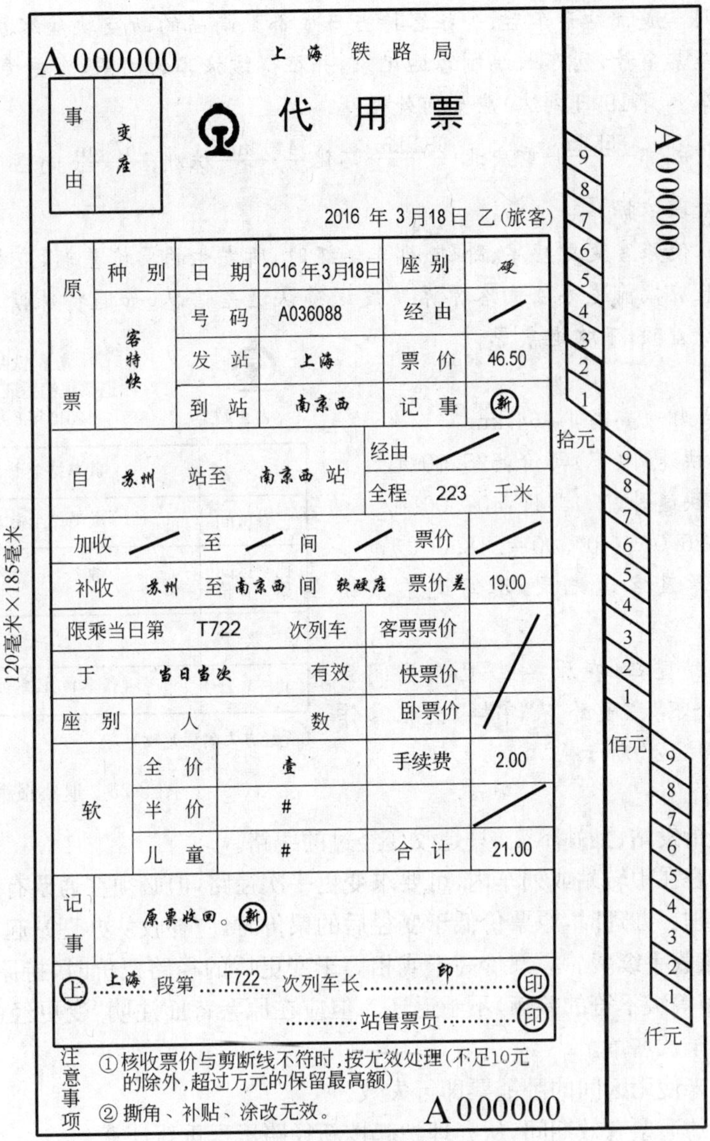
A 000000　上海 铁路局

代用票

事由：变座

2016 年 3月18日 乙(旅客)

| 原票 | 种别 | 日期 | 2016年3月18日 | 座别 | 硬 |
|---|---|---|---|---|---|
| | 客特快 | 号码 | A036088 | 经由 | / |
| | | 发站 | 上海 | 票价 | 46.50 |
| | | 到站 | 南京西 | 记事 | 新 |

| 自 苏州 站至 南京西 站 | 经由 / |
|---|---|
| | 全程 223 千米 |

| 加收 / 至 / 间 / | 票价 | / |
|---|---|---|
| 补收 苏州 至 南京西 间 软硬座 | 票价差 | 19.00 |
| 限乘当日第 T722 次列车 | 客票票价 | / |
| 于 当日当次 有效 | 快票价 | |
| 座别 人 数 | 卧票价 | |

| 软 | 全价 | 壹 | 手续费 | 2.00 |
|---|---|---|---|---|
| | 半价 | # | | / |
| | 儿童 | # | 合计 | 21.00 |

记事：原票收回。新

上 上海 段第 T722 次列车长 印 印

站售票员 印

注意事项：①核收票价与剪断线不符时，按无效处理(不足10元的除外，超过万元的保留最高额)　②撕角、补贴、涂改无效。

A 000000



图 2-24　代用票填写式样

(2)铁路责任的变更

所谓铁路责任多指列车满员、晚点、售票重号、途中甩车或停运等原因，使旅客不能按票面记载的日期、车次、座别、铺别乘车时，站、车应妥善安排。重新安排的列车、座席、铺位高于原票等级时，超过部分票价不予补收；低于原票等级时，应退还票价差额，不收退票费。

对于铁路责任的变更，致使退还票价差额时还应注意以下几点：

(1)已乘区间不足起码里程时，退还全程票价差额。

(2)变更区间不足起码里程时，按起码里程计退。

(3)已乘区间、变更区间均不足起码里程时，按已乘区间不足起码里程计退。

**【例 2-14】**　变铺的处理(铁路责任)。

2016 年 8 月 18 日，K788/5 次(成都—南昌，经由重庆北、怀化、株洲，新型空调车，成都客运段担当乘务)列车成都站开车后,一旅客持当日成都至南昌的新空软座客快速卧(下)车票,票号A085777,车票重号,列车长编制客运记录,并征得该旅客的同意,变更使用硬卧下铺至南昌。南昌站(列车8月19日到达)应如何处理?

成都 $\overline{555\ \text{km}}$ 重庆北 $\overline{602\ \text{km}}$ 怀化 $\overline{440\ \text{km}}$ 株洲 $\overline{367\ \text{km}}$ 南昌

**【解】** (1)处理依据

因铁路责任,使旅客变更座席、卧铺、列车等级时,所发生的票价差额,应补收的不补收;应退款时,由列车长应按前述办法向客票系统发送确认退差信息,如遇特殊情况则编制客运记录,到站退还票价差额,不收退票费。

(2)票价计算

变更区间:成都—南昌 1 964 km

新空软座客快速卧(下)票价:625.00 元

新空硬座客快速卧(下)票价:407.00 元

退票价差:625.00−407.00=218.00(元)

(3)收回原票及客运记录,填写退票报销凭证

填写退票报销凭证(在原票栏、已乘区间栏内分别注明“软卧下”、“硬卧下”字样)交旅客作为报销凭证,如图2-25所示。

南昌站

南昌铁路局
退票报销凭证 A000000
2016年8月19日

| 原　　票 | 成都站至南昌站软卧下 |
|---|---|
| 已乘区间 | 成都站至南昌站硬卧下 |
| 已乘区间票　　价 | 407 元 0 角 |
| 退 票 费 | 元 |
| 共　　计 | 肆佰零柒元零角 |

(无经办人名章无效)　　经办人×××印

80毫米×60毫米

图2-25　退票报销凭证

3. 变更径路

变更径路是指发站、到站不变,只是改变经过的线路。

持通票的旅客在中转站或列车内,可要求变更一次径路,但必须在通票有效期间内能够到达原到站方可办理。办理时,原票价低于变径后的票价时,应补收从办理站起算的新旧径路里程的票价差额,核收手续费。原票价高于或相等于变更后的径路票价时,持原票乘车有效,差额部分(包括列车等级不符的差额)不予退还。但应在原票背面注明“变更经由××站”,并加盖站名戳记或列车长名章。

变更径路后未使用区间的卧铺票即行失效。

变更径路后的通票有效期间,从办理站起按新径路里程重新计算。

变径同时变座时,先变径后变座。

**【例2-15】** 变径的处理。

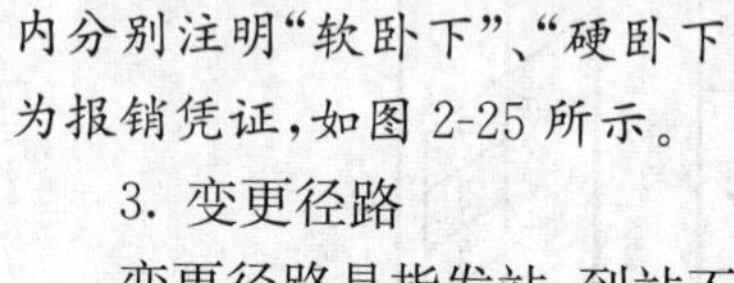


图2-26　桂林—昆明线路示意图

2016年6月3日,一旅客持当日桂林经由南宁至昆明的新空硬座客快速通票,票号E089820,票价138.50元,在柳州站因病(有客运记录)中途下车治疗,恢复旅行时,要求改乘当日K155次列车(南京西—昆明,经由柳州、贵阳,如图2-26所示,新型空调车)去昆明。柳州站应如何办理?

**【解】** (1)处理依据

持通票的旅客在中转站或列车内要求变更径路时,必须在通票有效期间内能够到达原到站方可办理。办理时,原票价低于变径后的票价时,应补收从办理站起算的新旧径路里程的票价差额,核收手续费,并从办理站起按新径路里程重新计算通票有效期间。

(2)票价计算

变径票价

原径路:柳州—南宁—昆明 1 083 km

新空硬座客快速票价:138.50 元

新径路:柳州—贵阳—昆明 1 258 km

新空硬座客快速票价:156.50 元

补收变径票价差:156.50 — 138.50=18.00(元)

手续费:2.00 元

合　计:20.00 元

(3)填制代用票

代用票填写式样如图 2-27 所示。

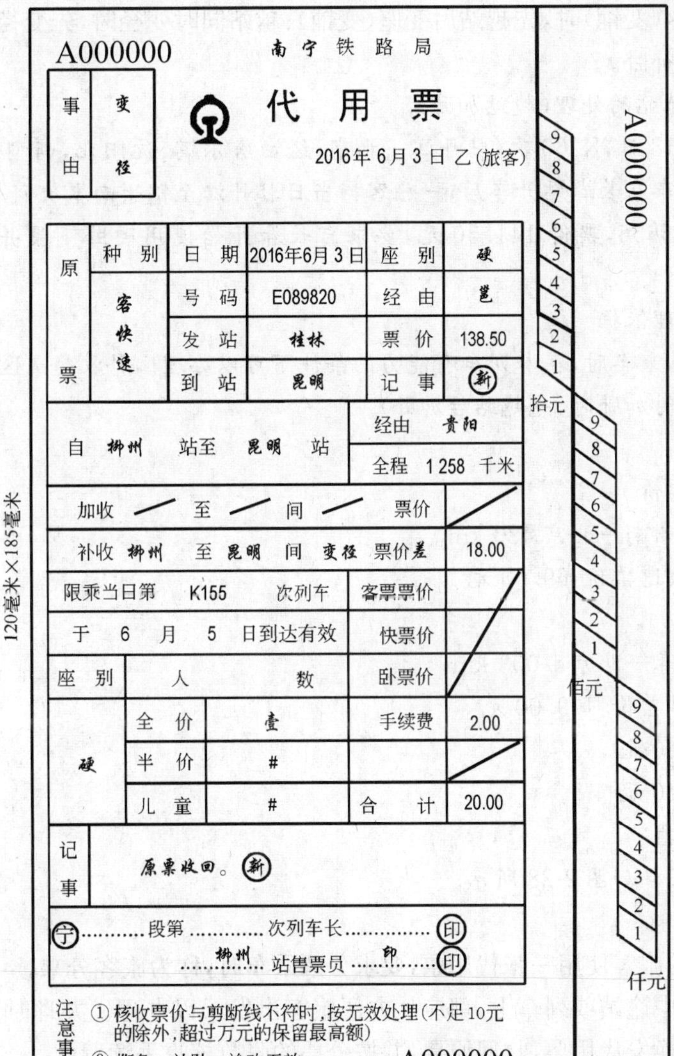


图 2-27 代用票填写式样

4. 越站乘车

越站乘车是指旅客原票到站即将到达,由于旅行计划的变更,要求超越原票到站至新到站的乘车。

旅客要求越站乘车,必须在原票到站前提出,在本列车有能力的条件下,方可办理。

遇下列情况不能办理越站乘车:

(1)在列车严重超员的情况下,团体旅客越站乘车,车内会更加拥挤时。

(2)乘坐卧铺的旅客买的是给中途站预留的卧铺时。

(3)乘坐的是回转车,途中需要甩车时。

越站乘车意味着另一旅行计划的开始,所以办理手续时,应换发代用票,或者列车补票机另行发售越站票,补收越乘区间的票价(不足起码里程按起码里程计算),并核收手续费,但最远不能超过本次列车的终点站。

越站同时变座(变铺)时,先越站后变座(变铺);越站同时变径时,先变径后越站;越站同时补卧时,先越站后补卧。

**【例 2-16】** 越站的处理(越站加卧)。

2016 年 3 月 18 日,K266 次(牡丹江—北京,经由哈尔滨、沈阳北,新型空调车,牡丹江客运段担当乘务)列车在长春站开车后,一旅客持当日牡丹江至锦州南本次列车的新空硬座客快速车票,票号 A085656,票价 141.50 元,要求自长春开始使用硬卧下铺并越站至北京。列车同意办理。

**【解】** (1)处理依据

旅客要求越站乘车时,在本列车有能力的条件下可以办理。补收越乘区段的票价,并核收手续费。(越站同时加卧时,先越站后加卧)。

(2)票价计算

①越站区间票价

越站区间:锦州南—北京 480 km

新空硬座客快速票价:69.00 元

②加卧票价

加卧区间:长春—北京 1 003 km

新空硬卧下铺票价:109.00 元

③手续费:5.00 元

合　计:183.00 元

(3)填制代用票

代用票填写式样如图 2-28 所示。

5. 旅客分乘

凡两名以上的旅客使用一张代用票,要求分票乘车时,称为旅客分乘。

无论在发站、中途站或列车上,都应从方便旅客出发予以办理。办理时,应按照旅客提出分票乘车的张数,换发代用票,收回原票,并按分票的张数核收手续费。

换发的第一张代用票原票栏转记原票,在记事栏注明“原票收回,与代用票××号分乘”(如分乘为若干张时,应将若干张代用票号均填上)。原票附在代用票报告页上报。

换发的其余各张代用票,原票栏仅填种别、日期和号码,在记事栏注明“原票附在代用票×

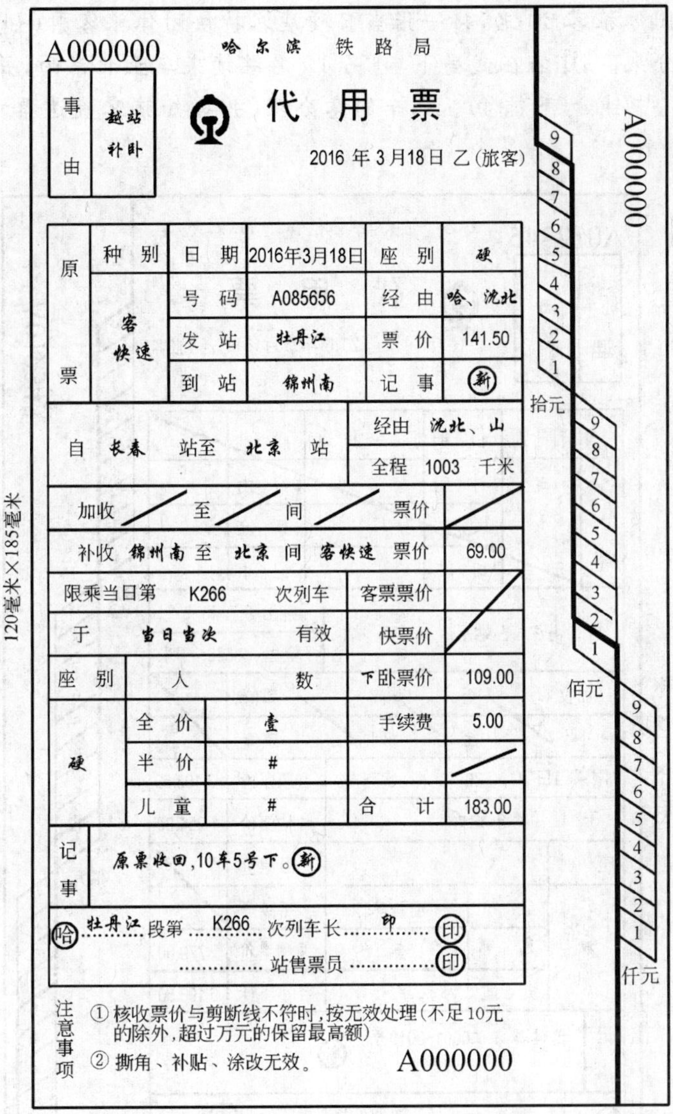

A000000 哈尔滨 铁路局

代 用 票

2016 年 3月18日 乙(旅客)

| 事由 | 越站 补卧 |
|---|---|

| 原票 | 种 别 | 日 期 | 2016年3月18日 | 座 别 | 硬 |
|---|---|---|---|---|---|
| | 客快速 | 号 码 | A085656 | 经 由 | 哈、沈北 |
| | | 发 站 | 牡丹江 | 票 价 | 141.50 |
| | | 到 站 | 锦州南 | 记 事 | 新 |

| 自 长春 站至 北京 站 | 经由 沈北、山 |
|---|---|
| | 全程 1003 千米 |
| 加收 / 至 / 间 / 票价 | |
| 补收 锦州南 至 北京 间 客快速 票价 | 69.00 |
| 限乘当日第 K266 次列车 客票票价 | |
| 于 当日当次 有效 快票价 | |

| 座别 | 人 数 | | 下卧票价 | 109.00 |
|---|---|---|---|---|
| 硬 | 全 价 | 壹 | 手续费 | 5.00 |
| | 半 价 | # | | |
| | 儿 童 | # | 合 计 | 183.00 |

记事：原票收回,10车5号下。新

哈 牡丹江 段第 K266 次列车长 印 印

站售票员 印

注意事项：① 核收票价与剪断线不符时,按无效处理(不足10元的除外,超过万元的保留最高额) ② 撕角、补贴、涂改无效。 A000000

A000000 拾元 佰元 仟元

120毫米×185毫米

图 2-28 代用票填写式样

×号报告页”。

换发的每张代用票人数栏,填写分乘后的人数;票价栏只填写手续费 2.00 元;在记事栏内均注明实际人数及总票价。

原团体旅客证的号码,按分乘后的人数,除持票本人外,记载在记事栏内。换发两张代用票时,应收回一张团体旅客证,分三批时,应收回两张,以下类推。收回的团体旅客证,随同换发的第一张代用票报告页上报。

若分乘同时变座时,先分乘后变座;分乘同时变径时,先分乘后变径;分乘同时越站时,先分乘后越站。此时则按变更人数核收手续费。

若分乘同时退票时,先分乘后退票,并核收退票费。

**【例 2-17】** 旅客分乘的处理。

2016 年 3 月 18 日,Z6 次(南宁—北京西,新型空调车,南宁客运段担当乘务)列车,从南宁至北京西团体旅客20名，持一张当日硬座客特快团体旅客票(如图2-29所示)，车至武昌站前要求分乘。10名在武昌下车；另10名继续乘车至北京西，并要求自武昌站起使用硬卧(上铺3，中铺3，下铺4)。列车同意办理(并告知旅客直达票中途车来，车票失效)。

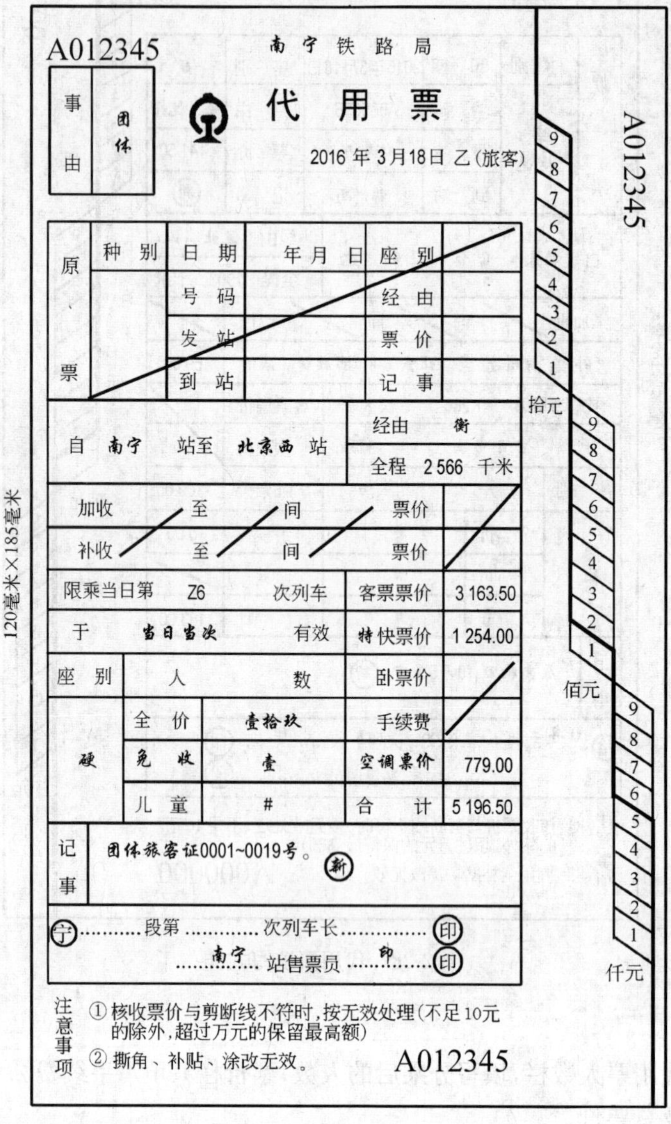


图 2-29 代用票填写式样

【解】 (1)处理依据

旅客要求分票乘车时，应收回原票，换发代用票，并按分票的张数核收手续费。(分乘同时补卧时，先分乘后补卧。分乘与其他旅行变更同时发生时，此时则按变更人数核收手续费)。

(2)票价计算

①第一张代用票

分乘，手续费2.00元

②第二张代用票

分乘加卧，加卧区间：武昌—北京西 1 225 km

新空硬卧上铺票价：109.00×3＝327.00(元)

新空硬卧中铺票价：118.00×3＝354.00(元)

新空硬卧下铺票价：127.00×4＝508.00(元)

10 人手续费：5.00×10＝50.00(元)

合　　计：1 239.00 元

(3)填制代用票

代用票填写式样如图 2-30、图 2-31 所示。

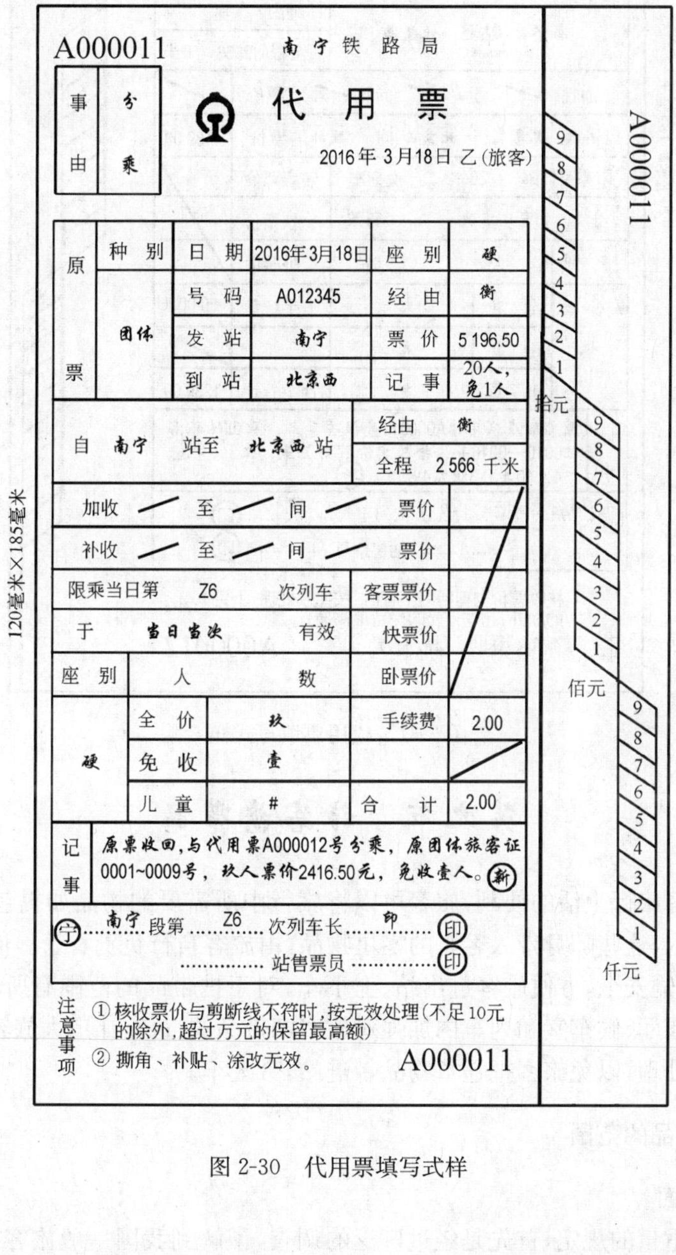

A000011　南宁铁路局

事由：分乘

代用票

2016年 3月18日 乙(旅客)

| 原票 | 种别 | 日期 | 2016年3月18日 | 座别 | 硬 |
| --- | --- | --- | --- | --- | --- |
| | 团体 | 号码 | A012345 | 经由 | 衡 |
| | | 发站 | 南宁 | 票价 | 5 196.50 |
| | | 到站 | 北京西 | 记事 | 20人，免1人 |

自 南宁 站至 北京西 站　经由 衡　全程 2 566 千米

加收 ／ 至 ／ 间 ／ 票价

补收 ／ 至 ／ 间 ／ 票价

限乘当日第 Z6 次列车　客票票价

于 当日当次 有效　快票价

座别　人数　卧票价

| 硬 | 全价 | 玖 | 手续费 | 2.00 |
| --- | --- | --- | --- | --- |
| | 免收 | 壹 | | |
| | 儿童 | # | 合计 | 2.00 |

记事：原票收回，与代用票A000012号分乘，原团体旅客证0001~0009号，玖人票价2416.50元，免收壹人。(新)

(宁) 南宁 段第 Z6 次列车长 印 (印)

站售票员 (印)

注意事项　① 核收票价与剪断线不符时，按无效处理(不足10元的除外，超过万元的保留最高额)

② 撕角、补贴、涂改无效。　A000011

A000011

9 8 7 6 5 4 3 2 1 拾元

9 8 7 6 5 4 3 2 1 佰元

9 8 7 6 5 4 3 2 1 仟元

120毫米×185毫米

图 2-30　代用票填写式样

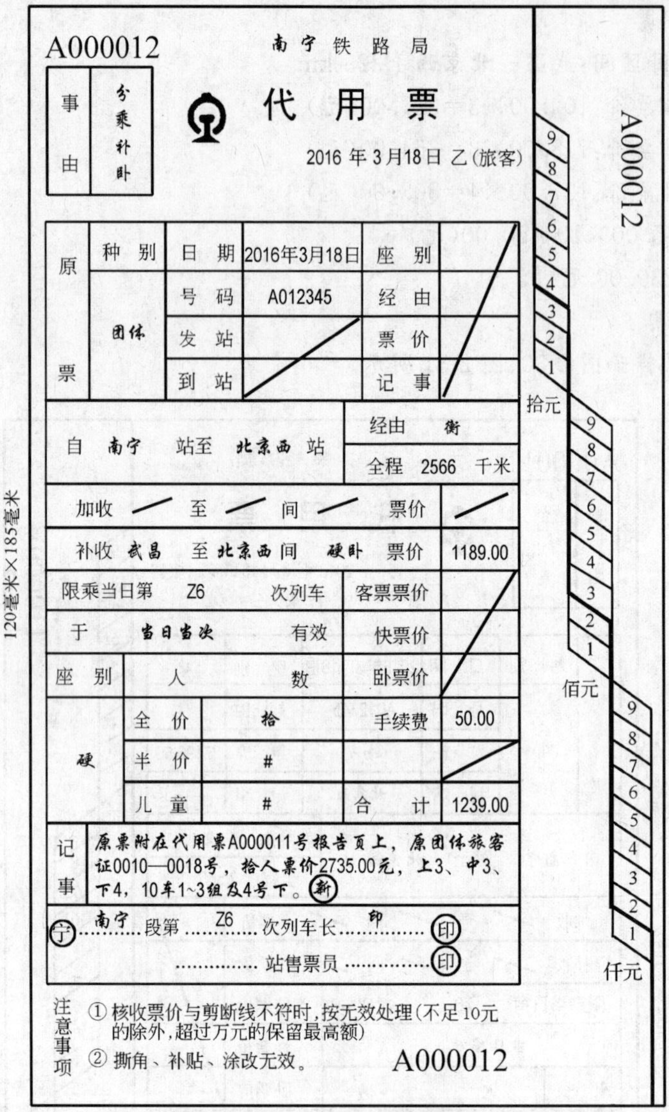

A000012　　南宁铁路局

事由：分乘补卧

代用票

2016 年 3月18日 乙(旅客)

| 原票 | 种别 | 日期 | 2016年3月18日 | 座别 | |
|---|---|---|---|---|---|
| | 团体 | 号码 | A012345 | 经由 | |
| | | 发站 | | 票价 | |
| | | 到站 | | 记事 | |

自 南宁 站至 北京西 站　经由 衡　全程 2566 千米

加收 — 至 — 间 — 票价 —

补收 武昌 至 北京西 间 硬卧 票价 1189.00

限乘当日第 Z6 次列车　客票票价

于 当日当次 有效　快票价

| 座别 | 人 | 数 | 卧票价 | |
|---|---|---|---|---|
| 硬 | 全价 | 拾 | 手续费 | 50.00 |
| | 半价 | # | | |
| | 儿童 | # | 合计 | 1239.00 |

记事：原票附在代用票A000011号报告页上，原团体旅客证0010—0018号，拾人票价2735.00元，上3、中3、下4，10车1~3组及4号下。新

宁 南宁 段第 Z6 次列车长 印 印

站售票员 印

注意事项：① 核收票价与剪断线不符时，按无效处理(不足10元的除外，超过万元的保留最高额)
② 撕角、补贴、涂改无效。　A000012

A000012　9 8 7 6 5 4 3 2 1 拾元　9 8 7 6 5 4 3 2 1 佰元　9 8 7 6 5 4 3 2 1 仟元

120毫米×185毫米

图 2-31　代用票填写式样

## 第九节　旅客携带品

为了照顾旅客旅行生活的便利，旅客可以将旅行中所需要的物品如提包、背包、行李袋等带入乘坐的客车内，这些随身带入客车的零星物品，由旅客自行负责看管。但为了维护站车的良好秩序，确保运输安全，方便旅客进出站、上下车，对于携带品的范围有所限制。同时，铁路运输企业要在售票厅、候车室和列车内加强对旅客携带品的宣传，让广大旅客知道携带品的范围及超过范围的处理，以免旅客把违章物品带进站，带上车。

### 一、旅客携带品的范围

1. 在重量方面

携带品免费重量的规定，首先是经过广泛的调查，了解到我国一般旅客正常旅行时，随身携带的生活用品往往不超过 20 kg，此限量是充分满足了广大旅客需要的；其次，考虑客车车厢的正常负载和旅客乘降的方便，保证旅客列车的安全正点运行；同时，还参照了国际上的有关规定等因素而制定的。

携带品免费重量：成人 20 kg，儿童（包括免费儿童）10 kg，外交人员（持有外交护照者）35 kg。

2. 在体积方面

携带品外部尺寸所规定的数值，是根据客车摆放携带品的行李架和座位下所有空间的总容积，按照客车定员，求算出每一旅客平均占有的容积，然后分解为长、宽、高的尺寸加总而得出的。

携带品的外部尺寸，每件长、宽、高相加之和不得超过 160 cm，对杆状物品（如扁担、标杆、塔尺等）不得超过 200 cm，但乘坐动车组列车不得超过 130 cm。

残疾人旅行时代步的折叠式轮椅可免费携带，其重量和体积不计入上述范围。

3. 在物品方面

为贯彻国家法令法规，保证旅客生命财产安全和车内公共卫生，有些物品是不准带进车站和列车内的；但为方便旅客的旅行，并在保证安全和卫生的条件下，有些物品则可以限量携带。

(1)不准带进车站和列车内的物品

①国家禁止或限制运输的物品。

②法律、法规、规章中规定的危险品、弹药和承运人不能判明性质的化工产品。

③动物（导盲犬除外）及妨碍公共卫生（包括传染性和有恶臭等异味）的物品。

④能够损坏或污染车辆的物品。

⑤超重、超大物品。

另外，管制器具，可能危及旅客人身安全的菜刀、斧子等利器、钝器，警棍、电击器等器具以及可能干扰列车信号的强磁化物也禁止携带。

(2)可限量携带的物品

①普通打火机 2 个，安全火柴 2 小盒。

②不超过 20 mL 的指甲油、去光剂、染发剂；不超过 120 mL 的冷烫精、摩丝、发胶、杀虫剂、空气清新剂等自喷压力容器。

③军人、武警、公安人员、民兵、射击运动员凭法规规定的持枪证明佩带的枪支子弹（但应严格执行抢弹分隔管理）。

④初生雏 20 只。

## 二、旅客违章携带物品的处理

1. 携带超重、超大物品的处理

(1)旅客携带品超过免费重量或超过规定的外部尺寸时，在发站禁止进站上车。应动员旅客到行包房办理托运手续。

(2)在列车内或下车站发现时，对超过免费重量的物品，其超重部分应补收四类包裹运费。

(3)对不可分拆的整件超重、超大物品，应按该件全部重量补收四类包裹运费。

所谓不可分拆的整件物品是指物品携带当时分拆不开的或分拆后即失去原来的使用价值，如整件电视机超重时，就不能视为可分拆。反之，临时捆绑或拼拢在一起的物品，也不应视为不可分拆的整件物品。

【例 2-18】 携带品超重的处理(可分拆物品)。

2016 年 10 月 27 日柳州站组织 1561 次(武昌—湛江,经由衡阳,新型空调车)旅客出站时,发现一旅客持郑州至湛江的通票,携带品 2 件,总重37 kg(一件重 20 kg,另一件重 17 kg),柳州站应如何处理?

郑州 $\underline{\overset{536\ km}{\qquad\qquad}}$ 武昌 $\underline{\overset{1\ 086\ km}{\qquad\qquad}}$ 柳州 $\underline{\overset{453\ km}{\qquad\qquad}}$ 湛江

【解】 (1)处理依据

旅客携带物品,超过免费重量时,其超重部分,应补收上车站至下车站四类包裹运费。补收运费时,最远不得超过本次列车的始发站和终点站。

(2)费用计算

武昌—柳州 1 086 km

携带品超重 17 kg,按四类包裹运费计费。

补收 17 kg 四类包裹运费:17 kg×1.820 元/kg=30.940 元≈30.90 元

(3)填制客运杂费收据

客运杂费收据填写式样如图 2-32 所示。

丙

南宁铁路局

**客运运价杂费收据**

2016 年 10 月 27 日 (报告用)

| 原票据 | 种别 | 日期 | | 月 日 时到达、通知、变更 |
|---|---|---|---|---|
| | | 号码 | | 月 日 时 交 付 |
| | | 发站 | | 核收保管费 日 |
| | | 到站 | | |

| 核收区间 | 核收费用 种别 | 件数 | 重量 | 款额 |
|---|---|---|---|---|
| 自 武昌 站 | 四类包裹 | 1 | 17 | 30.90 |
| 至 柳州 站 | | | | |
| 经由( 衡 ) | | | | |
| 座别 人数 壹 | | | | |
| | 合计 | | | 30.90 |

记事 携带品超重。

柳州 站经办人 印 印

A000000

图 2-32 客运杂费收据填写式样

【例 2-19】 携带品超重的处理(不可分拆物品)。

2016 年 10 月 27 日,K158 次列车(湛江—北京西,经由衡阳,新型空调车,南宁客运段担当乘务),长沙开车后验票发现,一成人旅客持衡阳至石家庄的新空硬座客快速票,携带小型电动机一台重 25 kg。列车应如何处理。

$$\text{湛江}\xrightarrow{536\ \text{km}}\text{柳州}\xrightarrow{538\ \text{km}}\text{衡阳}\xrightarrow{1\ 496\ \text{km}}\text{石家庄}$$

【解】 (1)处理依据

在列车内或下车站发现旅客违章携带时,对不可分拆的整件超重物品,按该件全部重量补收上车站至下车站四类包裹运费。

(2)费用计算

衡阳—石家庄 1 496 km

携带品(小型电动机)1 件重 25 kg,按四类包裹运费计费。

补收 25 kg 四类包裹运费:25 kg×2.373 元/kg=59.325 元≈59.30 元

(3)填制客运杂费收据

客运杂费收据填写式样如图 2-33 所示。

丙

南宁铁路局

**客运运价杂费收据**

2016 年 10 月 26 日 (报告用)

| 原票据 | 种别 | 日期 | 月 日 时到达、通知、变更 |
|---|---|---|---|
| | | 号码 | 月 日 时 交 付 |
| | | 发站 | 核收保管费 日 |
| | | 到站 | |

| 核收区间 | 核收费用 种别 | 件数 | 重量 | 款额 |
|---|---|---|---|---|
| 自 衡阳 站 | 四类包裹 | 1 | 25 | 59.30 |
| 至 石家庄 站 | | | | |
| 经由( ) | | | | |
| 座别 人数 壹 | | | | |
| | 合计 | | | 59.30 |

记事:携带不可分拆的整件超重物品。

K158 次 站经办人 印 印

A000000

图 2-33 客运杂费收据填写式样

2. 携带动物的处理

动物(含猫、狗、猴等宠物)不准携带,应办理托运,如发现携带上车,应按该件全部重量补收上车站至下车站四类包裹运费。对于旅客已带入车内的宠物,除按上述规定补收运费外,并应放置在列车通过台处,由携带者自己照看并做好保洁工作,宠物发生意外或伤害其他旅客时,由携带者负责。

**【例 2-20】** 携带动物的处理。

2016 年 10 月 26 日,K119 次列车(西安—兰州,新型空调车,兰州客运段担当乘务)西安开车后验票发现,一成人旅客持西安至兰州的新空硬座客快速票,携带旅行包 1 个重 10 kg、纸箱 1 只(内装宠物狗 2 只)重 8 kg。列车应如何处理?

**【解】** (1)处理依据

在列车内或下车站发现旅客违章携带动物(含猫、狗、猴等宠物)时,应按该件全部重量补收上车站至下车站四类包裹运费。

对于旅客已带入车内的宠物,除按上述规定补收运费外,并应放置在列车通过台处,由携带者自己照看并做好保洁工作,宠物发生意外或伤害其他旅客时,由携带者负责。

(2)费用计算

西安—兰州 676 km

携带品 1 件(宠物狗 2 只)重 8 kg,按四类包裹运费计费。

补收 8 kg 四类包裹运费:8 kg×1.180 元/kg=9.44 元≈9.40 元

(3)填制客运杂费收据

客运杂费收据填写式样如图 2-34 所示。

3. 携带危险品、禁限运品、妨碍卫生物品、污损品的处理

在列车内发现危险品和国家禁止或限制运输的物品以及妨碍公共卫生、污损车辆的物品,均按该件全部重量加倍补收乘车站至下车站四类包裹运费。危险品交最近的前方停车站处理,必要时移交公安部门处理。对有必要就地销毁的危险品应就地销毁,使之不能危害旅客,同时,承运人不承担任何赔偿责任。没收危险品时,应向被没收人出具书面证明。

**【例 2-21】** 携带危险品的处理。

2016 年 11 月 13 日,K851 次(贵阳—湛江,经柳州、黎塘)列车到达陆川站,出站检票时发现一旅客持 11 月 12 日遵义至湛江新空硬座客快速通票(列车长编有客运记录,注明因病中途下车治疗),携带旅行包一只重 10 kg 和纸箱一只重 10 kg(内装酒精)。陆川站应如何处理?

遵义 —155 km— 贵阳 —620 km— 柳州 —135 km— 黎塘 —179 km— 陆川 —139 km— 湛江

**【解】** (1)处理依据

在下车站,发现旅客违章携带危险品时,应按该件全部重量加倍补收乘车站至下车站四类包裹运费。补收运费时,最远不得超过本次列车的始发站和终点站。必要时把危险品移交公安部门处理。没收危险品时,应向被没收人出具书面证明。

(2)费用计算

贵阳—陆川 934 km

加倍补收 10 kg 四类包裹运费:10 kg×1.622 元/kg×2=32.44 元≈32.40 元

丙

兰州铁路局

**客运运价杂费收据**

2016年10月26日 （报告用）

<table>
<tr><td rowspan="4">原票据</td><td>种 别</td><td>日期</td><td></td><td colspan="3">月 日 时到达、通知、变更</td></tr>
<tr><td></td><td>号码</td><td></td><td colspan="3">月 日 时 交 付</td></tr>
<tr><td></td><td>发站</td><td></td><td colspan="3" rowspan="2">核收保管费 日</td></tr>
<tr><td></td><td>到站</td><td></td></tr>
</table>

<table>
<tr><td rowspan="2">核 收 区 间</td><td colspan="3">核 收 费 用</td><td rowspan="2">款 额</td></tr>
<tr><td>种别</td><td>件数</td><td>重量</td></tr>
<tr><td>自 西安 站</td><td>四类包裹</td><td>1</td><td>8</td><td>9.40</td></tr>
<tr><td>至 兰州 站</td><td></td><td></td><td></td><td></td></tr>
<tr><td>经由（ ）</td><td></td><td></td><td></td><td></td></tr>
<tr><td>座别 人数 壹</td><td></td><td></td><td></td><td></td></tr>
<tr><td></td><td colspan="3">合 计</td><td>9.40</td></tr>
<tr><td>记事</td><td colspan="4">携带动物。</td></tr>
<tr><td colspan="5">K119次 站经办人 印 印</td></tr>
</table>

A000000

图 2-34 客运杂费收据填写式样

(3)填制客运杂费收据

客运杂费收据填写式样如图 2-35 所示。

4. 携带低值品的处理

如超重、超大的部分物品价值低于应补收的运费时，可按物品本身价值的 50% 核收运费。

**【例 2-22】** 携带品超重的处理(低值物品)。

2016 年 8 月 1 日柳州站组织 K315 次(西安—南宁，经由郑州、衡阳)旅客出站时，发现一旅客持乌鲁木齐到柳州的车票，携带旅行包一只重 20 kg 和纸箱一只重 20 kg(内装哈密瓜)。柳州站应如何处理(哈密瓜价格为：1.20 元/kg)？

乌鲁木齐 —2 568 km— 西安 —2 133 km— 柳州 —255 km— 南宁

**【解】** (1)处理依据

旅客携带物品，超过免费重量时，其超重部分，应补收四类包裹运费。如旅客携带超重、超大的物品价值低于运费时，可按物品价值的 50% 核收运费。补收运费时，不得超过本次列车的始发和终点站。

丙

南宁铁路局

客运运价杂费收据

2016 年 11 月 13 日 （报告用）

| 原票据 | 种别 | 日期 | | 月 日 时到达、通知、变更 |
| --- | --- | --- | --- | --- |
| | | 号码 | | 月 日 时交 付 |
| | | 发站 | | 核收保管费 日 |
| | | 到站 | | |

| 核收区间 | 核收费用 | | | 款额 |
| --- | --- | --- | --- | --- |
| | 种别 | 件数 | 重量 | |
| 自 贵阳 站 | 加倍四类 | 1 | 10 | 32.40 |
| 至 陆川 站 | | | | |
| 经由（ 柳、黎 ） | | | | |
| 座别 人数 壹 | | | | |
| | 合计 | | | 32.40 |

| 记事 | 纸箱一只重 10 kg(内装酒精)。 |
| --- | --- |

陆川 站经办人 印 印

A000000

图 2-35 客运杂费收据填写式样

(2)费用计算

西安—柳州 2 133 km

携带品超重 20 kg,按四类包裹计费。

20 kg 四类包裹运费:20 kg×3.207 元/kg=64.140 元≈64.10 元

20 kg 哈密瓜的价值:20 kg×1.20 元/kg=24.00 元

应补运费 64.10 元>物品本身价值 24.00 元,可按 24.00 元×50%=12.00 元,核收运费。

(3)填制客运杂费收据

客运杂费收据填写式样如图 2-36 所示。

5. 其他说明

(1)补收运费时,最远不得超过本次列车的始发站和终点站。

对违章携带的物品补收运费时,一律填写“客运运价杂费收据”,注明日期、发到站、车次、事由、件数和重量。

(2)残疾人旅行时代步的折叠式轮椅可免费携带,并不计入上述(重量与体积)范围。

(3)旅客旅行中携带的少量水果、点心、文件袋、照相机、半导体收音机及随身穿着的衣服等零星细小物品,根据惯例,可不计算在免费重量之内,同时考虑到给予车站在处理问题时有一定的灵活性,为此规定:对携带品超重不足 5 kg 时,可免收运费。

丙

南宁铁路局

**客运运价杂费收据**

2016年8月1日　　　　　　　　　　　　（报告用）

<table>
<tr><td rowspan="4">原票据</td><td>种 别</td><td>日期</td><td></td><td colspan="4">月 日 时到达、通知、变更</td></tr>
<tr><td></td><td>号码</td><td></td><td colspan="4">月 日 时交 付</td></tr>
<tr><td></td><td>发站</td><td></td><td colspan="4" rowspan="2">核收保管费 日</td></tr>
<tr><td></td><td>到站</td><td></td></tr>
<tr><td colspan="4" rowspan="2">核 收 区 间</td><td colspan="3">核 收 费 用</td><td rowspan="2">款 额</td></tr>
<tr><td>种别</td><td>件数</td><td>重量</td></tr>
<tr><td colspan="4">自 西安 站</td><td>四类包裹</td><td>1</td><td>20</td><td>12.00</td></tr>
<tr><td colspan="4">至 柳州 站</td><td></td><td></td><td></td><td></td></tr>
<tr><td colspan="4">经由（ 郑、衡 ）</td><td></td><td></td><td></td><td></td></tr>
<tr><td colspan="4">座别 人数 壹</td><td></td><td></td><td></td><td></td></tr>
<tr><td colspan="4"></td><td colspan="3">合 计</td><td>12.00</td></tr>
<tr><td>记事</td><td colspan="7">低值品，按20 kg哈密瓜本身价值的50%核收。</td></tr>
<tr><td colspan="8">柳州 站经办人 印 印</td></tr>
</table>

A000000

图 2-36　客运杂费收据填写式样

## 三、旅客携带品的暂存

旅客携带品暂存处是为旅客临时保管物品的地方，是车站为旅客服务的重要项目之一，做好这项工作将给旅客带来很大方便。因此，规定三等以上客流量较大的车站均需设置旅客携带品暂存处，其他车站可由服务处或行包办理处兼办携带品暂存业务。

携带品存放范围，以允许旅客随身携带的物品的范围为限，暂存品必须包装良好，箱袋必须加锁，并适于保管。贵重物品、重要文件、骨灰、尖端、精密产品、易腐物品和各种动物等，不予存放。携带品的暂存范围和暂存处的工作时间、收费标准等，应在暂存处的明显处所公告旅客。

办理暂存手续时，必须填写暂存票（暂存票式样如图 2-37 所示），注明品名、包装、日期、件数等。提取时还应注明提取日期、寄存日数和核收款额，并在暂存票乙页上加盖戳记后交给旅客。暂存票应按顺号装订，保管一年。

## 四、旅客遗失物品的处置

1. 旅客遗失物品的保管

由于旅客乘降车匆忙而遗留在站、车内的携带品（简称旅客遗失物品），应千方百计地设法

<table>
<tr><td colspan="4">××铁路局××站</td></tr>
<tr><td colspan="4">暂　存　票　　A000000</td></tr>
<tr><td>品名包装</td><td></td><td>暂存货位</td><td></td></tr>
<tr><td>暂存时间</td><td>年　月　日</td><td>领取日期</td><td>年　月　日</td></tr>
<tr><td>暂存日数</td><td>日</td><td>暂存费</td><td>元</td></tr>
<tr><td>记事</td><td></td><td>经办人</td><td></td></tr>
</table>

图 2-37　暂存票式样

归还原主。如旅客已经下车,列车长应同有关人员进行清点和登记,并应编制客运记录一式两份(一份随遗失物品交站,一份由车站签字后存查),注明品名、件数等,移交旅客下车站。不能判明时,移交当次列车的终点站。

车站对本站发现或列车移交的遗失物品,应在遗失物品登记簿上详细登记,注明日期、地点、移交车次、品名、包装及内含物品、数量、重量、交物人、经办人和处理结果等内容。

2. 旅客遗失物品的招领

主要客运站应设置旅客遗失物品招领处。失物招领处对旅客遗失物品必须加强管理,定期查点,妥善保管,正确交付。失主来领取时,应查验身份证,核对时间、地点、车次、品名、件数,确认无误后,由失主签收,并记录身份证号码。

拾到现金时,应填写“客运运价杂费收据“上交,并在登记簿上注明“客运运价杂费收据”号码,当失主来领取时,开具车站退款证明书办理退款。

3. 旅客遗失物品的转运

遗失物品需要通过铁路向失主所在站转送时,内附清单、物品加封,填写客运记录和行李、包裹交接证,交列车行李员签收。遗失物品在 5 kg 以内的免费转送,超过 5kg 时,到站应按品类及重量补收包裹运费,并填发“客运运价杂费收据”。

遗失物品中的危险品、国家禁止或限制运输的物品、机要文件应立即移交公安机关或有关部门处理,不办理转送。

鲜活易腐物品、妨碍卫生、污损车辆的物品和食品也不办理转送。

## 复习思考题

1. 铁路旅客运输合同的含义及凭证是什么?
2. 旅客、承运人的基本权利和义务有哪些?
3. 车票有何作用? 其分类情况如何?
4. 车票票面主要应载明哪些内容?
5. 发售硬座和软座客票有哪些规定?
6. 发售加快票和卧铺票有哪些规定?
7. 什么是团体旅客? 发售团体旅客票有何规定?
8. 旅客乘车条件是什么? 如何办理车票改签?
9. 车票有效期是怎样确定的? 什么情况下可延长车票有效期? 车票有效期失效如何处理?

10. 旅客发生误购(误售)车票、误乘列车及丢失车票时,应如何处理?

11. 车票的查验是怎样规定的? 发现违章乘车又如何处理?

12. 退票和旅行变更如何办理?

13. 试说明购买儿童票的规定。

14. 购买学生票的条件是什么? 学生票的票种有哪些?

15. 持学生证使用软席和硬卧有哪些规定?

16. 享受伤残军人票的条件及票种是什么?

17. 旅客持软座客票,向列车长要求变更为硬卧,可否办理? 为什么(结合票价率比例关系说明)?

18. 某旅客持减价票在旅行途中提出变座、补卧,列车长在办理时发现其减价不符,同时,该票中途过期,但该旅客仍要求乘车至目的地,应如何处理(说明处理顺序)?

19. 旅客携带品的范围是怎么规定的? 超过规定范围违章携带时如何处理?

20. 旅客携带品的暂存有哪些规定? 旅客遗留携带品(即遗失物品)如何处置?

# 第三章

# 行李、包裹运输

## 第一节 行李、包裹运输合同

### 一、行李、包裹运输合同

铁路行李、包裹运输合同是指承运人与托运人、收货人之间明确行李、包裹运输权利、义务关系的协议。

其中,托运人是指委托承运人运输行李或小件货物并与其签有行李包裹运输合同的人;收货人即凭有效领取凭证领收行李、包裹的人。

办理行李及包裹运输,托运人与承运人之间必须签订运输合同。行李、包裹运输合同自承运人接收行李、包裹并填制行李票、包裹票、中国铁路小件货物快运运单时起成立,至行李、包裹运至到站、到达地或托运人指定地点交付收货人止为履行完毕。

行李、包裹运输合同的基本凭证是行李票、包裹票;快运包裹运输合同的基本凭证是中国铁路小件货物快运单和中铁快运托运单。

行李票、包裹票、快运运单主要应当载明下列内容:

1. 发站和到站;发送地和到达地。
2. 托运人、收货人的姓名、地址、联系电话、邮政编码。
3. 行李和包裹的品名、包装、件数、重量。
4. 运费、快运包干费。
5. 声明价格。
6. 承运日期、运到期限、承运站站名戳、承运快运机构名戳及经办人员名章。

### 二、托运人的基本权利和义务

1. 权利

(1)要求承运人将行李、包裹按期、完好地运至目的地。

(2)行李、包裹灭失、损坏、变质、污染时要求赔偿。

2. 义务

(1)缴纳运输费用,完整、准确填写托运单,遵守国家有关法令及铁路规章制度,维护铁路运输安全。

(2)因自身过错给承运人或其他托运人、收货人造成损失时应负赔偿责任。

### 三、承运人的基本权利和义务

1. 权利

(1)按规定收取运输费用,要求托运的物品符合国家政策法令和铁路规章制度。对托运的物品进行安全检查，对不符合运输条件的物品拒绝承运。

(2)因托运人，收货人的责任给他人或承运人造成损失时向责任人要求赔偿。

2. 义务

(1)为托运人提供方便、快捷的运输条件，将行李、包裹安全、及时、准确地运送到目的地。

(2)行李、包裹从承运后至交付前，发生灭失、损失、变质、污染时，负赔偿责任。

### 四、行李、包裹的运输组织

对行李、包裹的运输，承运人应采取送货上门、多式联运、快运等到多种方式，以满足托运人不同的需求。车站行包房应为旅客提供填单、打包等必需服务。

行李、包裹的运送，应根据流量和流向，按照先行李后包裹、先中转后始发、先重点后一般和长短途列车分工的原则，及时、安全、准确、合理、均衡地组织运输。为此，行李应随旅客所乘列车装运或提前装运，做到行李随人走、人到行李到。包裹应按其类别顺序及性质统筹安排运输，并尽量以直达列车或中转次数少的列车装运。对抢险救灾物资、急救药品、零星支农物资应优先安排装运。

## 第二节　行李的范围

### 一、行李范围

行李是指旅客由于旅行而导致的生活上一定限度的必需品，并且凭车票办理托运。

行李运输随同旅客运输而产生，与旅客运输是不可分割的，旅客不购票乘车，就不可能产生行李运输。

行李包括以下物品：

1. 旅客自用被褥、衣服、个人阅读的书籍。

2. 残疾人用车(每张车票限 1 辆并不带汽油)。

3. 其他旅行必需品。

4. 凭地、市级以上文化行政部门证明和“营业演出许可证”办理托运的文艺团体演出器材。

### 二、行李中不得夹带的物品

行李中不得夹带货币、证券、珍贵文物、金银珠宝、档案材料等贵重物品和国家禁止、限制运输的物品、危险品。

其中，货币含各种纸币和金属辅币；证券含股票、彩券、国库卷及具有支付、清偿功能的票据等；珍贵文物是指具有一定年代的有收藏、研究或观赏价值的物品；档案材料是指人事、技术档案、组织关系、户口簿或户籍关系、各种证件、证书、合同、契约等；危险品是指国务院铁路主管部门公布的《危险货物品名表》内的品名，对其性质有怀疑的物品也按危险品处理。

### 三、行李的重量与体积

行李每件的最大重量为 50 kg。长度、体积以适于装入行李车为限，但体积最小不得小于 0.01 $m^3$。遇特殊情况超过 50 kg 时，由客调批准。跨局运输时，与有关铁路局协商后办理。

## 第三节 包裹的范围

### 一、普通包裹范围

包裹是指适合在旅客列车的行李车内运输的小件货物。由于运输速度较快,故俗称“快件”。

作为包裹运输的物品,其性质、形状、体积和重量,必须适合旅客列车运输,并在优先保证行李运输的条件下,才可办理包裹运输。

包裹运输,根据党的方针政策和国家的政治经济任务,物品本身的价值,物品的性质和使用目的以及运输条件和能力,包裹共分为四类,如表 3-1 所示。

表 3-1 包裹分类表

| 类别 | 具体内容 |
| --- | --- |
| 一类 | 报纸类——自发刊日起 5 日以内的报纸<br>政宣品——中央、省级政府(含国务院各部委和解放军各大军区)宣传用非卖品;新闻图片<br>课本类——中、小学生课本,不含各种教学参考书及辅导读物(但全国政协工作用书可按一类包裹) |
| 二类 | 抢险救灾物资——凭各级政府机关证明托运<br>书刊——应有国家规定的统一书刊号的各种刊物、著作、工具书以及内部发行的规章等<br>鲜冻食用品——鲜或冻的鱼介类、肉、蛋、奶类、果蔬类 |
| 三类 | 不属于一、二、四类包裹的物品 |
| 四类 | 一级运输包装的放射性同位素,油样箱,摩托车<br>泡沫塑料及其制品<br>其他国务院铁路主管部门指定的需要特殊运输条件的物品 |

注:报纸应有国务院或省级新闻出版管理部门的统一刊号(CN××—××××);宣传用非卖品是指宣传国家政策、法律、法规的挂图、图片和图板等。

对于鲜冻的食用品,因品名繁多,有的应按二类包裹办理,有的则按三类包裹办理,为了正确判明包裹类别,现对不易判明的二类包裹列表说明,如表 3-2 所示。

表 3-2 不易判明的二类包裹品名表

| 品名 | 可按二类包裹办理 | 不按二类包裹办理 |
| --- | --- | --- |
| 鲜和冻的鱼介类 | 螺丝、蛤蜊、海参包括为防腐而煮过的和加少量盐的虾蟹 | 咸的、卤的、干的鱼、虾、海蜇、海参 |
| 鲜和冻的肉类 | 包括食用动物的五脏、头蹄和未经炼制的脂油 | 咸、腌制、熏的、熟的肉类 |
| 肠 衣 | 包括为防腐加少量盐的牛、羊、猪的小肠、肠衣、胎盘 | |
| 蔬菜类 | 藕、荸荠、芋头、土豆、豆芽、红薯、豆腐干、豆腐、姜、葱、蒜、洋葱、鲜笋 | 干辣椒、花椒、粉条、粉皮、海带或腌、干菜 |
| 瓜果类 | 鲜的枣、荔枝、木瓜、桂圆(龙眼)、橄榄、佛手、百合、鲜菱、甘蔗 | 干果、蜜饯、如松子、核桃、椰子、白果、瓜子、花生、栗子、果脯等 |
| 乳 类 | 鲜、冻牛、马、羊乳,酸牛乳、奶酪 | 炼乳、奶粉、奶油、黄油 |
| 蛋 类 | 家禽、野禽的鲜蛋 | 咸、熟蛋、松花蛋(变蛋),糟蛋 |

包裹每件体积、重量与行李相同。四类包裹中国务院铁路主管部门指定的需要特殊运输条件的物品,应经调度命令或上级书面运输命令批准。

铁路运输企业可制定管内包裹运输的范围。

## 二、快运包裹

快运包裹是铁路运输的一种方式，业务全称为“小件货物特快专递运输服务”，简称中铁快运，注册商标为“CRE 中铁快运”，业务性质为运输服务业。

快运包裹以铁路为主要运输工具，配合航空、公路、海运开展综合运输，辅以汽车运输实行门到门服务，同时根据国家主管部门批准的国际货物运输代理经营权，开展国际运输，以满足顾客不同的需求。

快运包裹外部尺寸长宽高之和不得小于 0.6 m，货物外部的最大尺寸应不超过长 3 m、宽 1.5 m、高 1.8 m，超过时应先与中转机构或到达机构协商，同意后方能办理，并根据快运包裹的外部尺寸及重量选择合适的运输工具。每件最大重量一般不得超过 50 kg，超过时按超重快运包裹办理。

## 三、不能按包裹托运的物品

1. 尸体、尸骨、骨灰、灵柩及妨碍公共卫生(含传染性和有恶臭异味的)、易于污染、损坏车辆或其他货物的物品。

2. 可能攻击、伤害人的动物，如蛇、猛兽、猛禽、蝎子、蜈蚣、蜂和每头超过 20 kg 的活动物(警犬和运输命令指定运输的动物除外)。

3. 国务院及国务院铁路主管部门颁发的有关危险品管理规定中规定的危险品、弹药以及承运人不能判明性质的化工产品。

4. 需要提供冷藏、保温或加温运输条件的物品

5. 国家禁止运输的物品和不适于装入行李车的物品。

从上可知：妨碍公共卫生和安全的、污损车辆的、国家禁止运输的物品不能托运，具体的品名是会发展，出现更多物品的。国家禁止和限制运输的物品以国务院及各部委颁发的文件为准。

常见危险品品名如下：

(1)爆炸品类，包括雷管、传爆助爆管、导爆索、导火索、火帽、引信、炸药、烟火制品(礼花、鞭炮、摔、拉炮等)、点火绳、发令纸等。

(2)压缩气体和液化气体类，包括甲烷、乙烷、(压缩、液化的)丙烷、丁烷、打火机、微型煤气炉用储气罐、气体杀虫剂等。

(3)易燃液体类，包括汽油、酒精、去光水、引擎开导液、鸡眼水、染皮鞋水、打字蜡纸改正液、强力胶、汽车门窗胶、橡胶水、脱漆剂、环氧树脂、油漆、皮革光亮剂、显影剂、印刷油墨、煤油、樟脑油、松节油、松香水、擦铜水、钮扣磨光剂、油画上光油、刹车油、防冻水、柴油等。

(4)易燃固体类，包括红磷、硫磺、火补胶等。

(5)自燃物品类，包括黄磷、油布等。

(6)遇湿易燃物品类，包括金属钠、镁铝粉等。

(7)氧化剂和有机过氧化物类，包括过氧化氢(双氧水)、硝酸铵、氯酸钾等。

(8)毒害物品，包括氰化物、砷、赛力散、灭鼠安(含各类鼠药)、敌百虫等杀虫剂、灭草松、敌稗等灭草剂等。

(9)放射性物品类，包括夜光粉、发光剂、放射性同位素等。

(10)腐蚀品类，包括硫酸、硝酸、盐酸、苛性钠等。

(11)管制刀具，包括匕首、三棱刀(包括机械加工用的三棱刮刀)、带有自锁装置的弹簧刀(跳刀)以及其他相类似的单刃、双刃、三棱尖刀等。

## 第四节　行李、包裹的托运和承运

### 一、托　　运

旅客或托运人向车站要求运输行李或包裹称为托运。

旅客或托运人托运行李、包裹时,应主动提供便于检查的条件,准确填写托运单(如图 3-1 所示),并对托运单上所填写事项的真实性负完全责任。

中铁快运股份有限公司

**托　运　单**　(甲联)

(黑框内由托运人填写)　　20 ___ 年 ___ 月 ___ 日

| 到站: | | | | 经由: | | 承运人确认事项 | | | |
|---|---|---|---|---|---|---|---|---|---|
| 持票旅客请填写 | 客票票号: | | | 人数: | | 票号: | | | |
| | 车次 | | | 客票到站: | | | | | |
| 货物名称 | 包装种类 | 件数 | 重量(kg) | 体积(长×宽×高) | 声明价格(保价) | 件数 | 重量(kg) | 行李 | 包装 |
| | | | | | | | | □ | □ |
| | | | | | | | | □ | □ |
| | | | | | | | | □ | □ |
| 合　计 | | | | | | | | □ | □ |

| 选择填写 | 付款方式 | 现金□　支票□　协议□　到付□ | 包　装　费 | 元 |
|---|---|---|---|---|
| | 取货方式 | 凭原件提取□　凭传真件提取□ | 取　货　费 | 元 |
| | 服务要求 | 送货上门□货需包装□仓储保管□代发传真□ | 代收送货费 | 元 |
| 发送地 | | | | |
| 到达地 | | | | |

| 托运人 | 名称: | |
|---|---|---|
| | 地址: | |
| | 邮编: | 电话: |
| | 传真电话: | 电子邮件: |
| 收货人 | 名称: | |
| | 地址: | |
| | 邮编: | 电话: |
| | 传真电话: | 电子邮件: |

| 托运人记事: | 承运人记事: |
|---|---|
| 取货员(章): | 安检员(章): |

托运人注意:在填写托运单前,请详细阅读乙联背面"客户须知",并在下面签字。

托运人:________　　　　营业部(章)

图 3-1　行李、包裹、快运包裹托运单

旅客托运行李时，还必须提出有效的车票，在乘车区间内，可从任何营业站托运至另一营业站，每张车票只能托运一次（残疾人用车不限次数）。

快运包裹托运由托运人提出，并在托运单上加盖"快运"戳记，并根据托运人的要求，提供到托运人指定地点接取货物的有偿服务、到达付款、协议付款等服务方式。

发送地指接取货物的指定地点，到达地指送达交付货物的指定地点。

为加强运输和物资管理，保障社会治安，保护人民健康，贯彻运输政策，对某些物品的运输需实行必要的限制。托运下列包裹时，托运人必须提出有关单位的运输证明：

1. 托运宣传非卖品，应提出省级以上政府机关（含国务院各部委和解放军大军区）的书面证明。

2. 托运金银珠宝、货币、证券应提供中国人民银行的正式文件或当地铁路公安局或公安处的免检证明。

3. 托运枪支应提出运往地市（县）公安局的运输证明。

4. 托运警犬应提出公安部门或武警部队的书面证明；国家法律保护的野生动物应提出国家林业主管部门的运输证明。

5. 托运免检物品应提出当地铁路公安局、公安处的免检证明。

6. 托运国家限制运输的物品应提供主管部门的运输证明。如麻醉药品和第一类精神药品应提出所在地省、自治区、直辖市药品监督管理部门的运输证明，并且运输证明副本随货件同行，以备查验，至到站交收货单位。

7. 托运动、植物时应提出动、植物检疫证明。办理时，将检疫证明的二联附在运输报单上以便运输过程中查验。

8. 托运运输等级Ⅰ级的放射性同位素时，应提出经铁路卫生防疫部门核查签发的"铁路运输放射性物质包装件表面污染及辐射水平检查证明书"，一式两份，一份随运输报单至到站交收货人，一份发站留存。

9. 托运油样箱时，必须使用铁路规定的专用油样箱并提出国务院铁路主管部门签发的油样箱使用证。到站后由收货人直接到行李车提取。

10. 其他承运人认为应提供证明的物品。

旅客或托运人托运的行李、包裹分为保价和不保价运输两种形式。按哪种运输方式运输由旅客或托运人自行选择，并在托运单上注明。保价运输必须声明价格，可分件声明价格，也可按一批全部件数声明总价格（多顺号时，票据打印在第一项，手工填写可用大括号表示）。但按一批办理的不能只声明其中一部分。如分件声明价格时，应将每件的声明价格和重量分别写明，在每件货签和包装上必须写明总件数之几的字样。

车站承运保价运输的行包时，应检查声明价格，并核实是否与实际价格相符。如拒绝检查时，承运人可以拒绝按保价运输承运。

按保价运输的行李、包裹，铁路除核收正当运杂费外，另按声明价格的百分比（行李按0.5%，包裹按1%）核收保价费。一段按行李，一段按包裹托运时，全程按行李核收保价费。

按保价运输的行李、包裹，发生运输变更时，保价费不补不退。因承运人责任造成的取消托运时，保价费全部退还。

对单件保价千元以上的物品必须施封，施封用品费用由保价安全费列支。

## 二、承　　运

旅客或托运人托运行李、包裹时，应主动提供便于检查的条件，准确填写托运单，并对托运单上所填写事项的真实性负完全责任。

(一)验货、检斤

车站在受理时,必须对下列项目认真检查核对:

1. 物品名称、件数是否与托运单记载相符,物品状态是否完好,有否夹带危险品及国家禁止或限制运输的物品。

2. 包装是否符合运输要求。

3. 货签、安全标志是否齐全,填写是否正确。

检查完毕,认为符合运输条件时,即可办理承运手续,正确检斤。承运加水、加冰的物品或途中喂养动物的饲料应单独检斤,作为到站因此产生减量或重量消失的依据。

承运运输等级Ⅰ级的放射性同位素时,应审核"铁路运输放射性物质包装件表面污染及辐射水平检查证明书",其包装件外表面最大辐射水平不超过 0.005 mSv/h,包装件外表面放射性污染及其内容物的放射性活度均不得超过《铁路危险货物运输管理规则》第 45 条表 1 与表 2 规定的限值。一批或一辆行李车内装载的件数不得超过 20 件,每件重量不得超过 50 kg,并不得与感光材料、油样箱以及活动物配装,与饮食品、药品等的配装需要隔开 2 m 以上的距离。

(二)填制票据

1. 票据种类

车站在办理承运手续时应正确填写行李、包裹票及中国铁路小件货物快运运单,如图 3-2、图 3-3、图 3-4 所示。

中铁快运股份有限公司

A000000

**行　李　票**

甲
(报　告)

20　年　月　日

到__________站　　经由__________站

旅客乘坐　月　日　次车　客票号

| 旅客姓名 | | | | | 共　人电　话: | |
|---|---|---|---|---|---|---|
| 住　址 | | | | | 邮政编码: | |
| 顺号 | 包装种类 | 件数 | 实际重量 | 声明价格 | 运价里程 | 千米 |
| | | | | | 运到期限 | 日 |
| | | | | | 计重费量　规重 | 千克 |
| | | | | | 超重 | 千克 |
| | | | | | 运　费 | 元 |
| | | | | | 保价费 | 元 |
| | | | | | | 元 |
| | | | | | 合　计 | 元 |
| | | | | | 月　日　次列车到达 | |
| 合　计 | | | | | 月　日　交　付 | |
| 记事 | | | | | 营业部经办人 | ㊞ |

X000000000000000000000　　(上分)行李票号码:A000000

图 3-2　行李票

中铁快运股份有限公司

**包 裹 票**

甲

（报 告）

A000000

20 年 月 日

到__________站 经由__________站

| 托运人 | 单位姓名： | 电 话： |
|---|---|---|
| | 详细地址： | 邮政编码： |
| 收货人 | 单位姓名： | 电 话： |
| | 详细地址： | 邮政编码： |

| 顺号 | 品 名 | 包装种类 | 件数 | 实际重量 | 声明价格 | 运价里程 | 千米 |
|---|---|---|---|---|---|---|---|
| | | | | | | 运到期限 | 日 |
| | | | | | | 计费重量 | 千克 |
| | | | | | | 运 费 | 元 |
| | | | | | | 保价费 | 元 |
| | | | | | | | 元 |
| | | | | | | 合 计 | 元 |
| | | | | | | 月 日 | 次列车到达 |
| | | | | | | 月 日 | 时 通 知 |
| 合 计 | | | | | | 月 日 | 交 付 |

| 记事 | |
|---|---|
| | ..........营业部经办人..........㊞ |

B0000000000000000000000

（上分）包裹票号码：A000000

图 3-3 包裹票

行李、包裹票、小件货物快运运单一式五页。甲页为上报页（红色），上报用。乙页为运输报单（黑色），随车走，到站交收货人，叫报单页。凭印签领取或不能提出领货凭证丙页时，乙页上报，不交收货人。丙页为旅客页（绿色），交托运人作为领货凭证，交付时收回上报，丁页为报销页（红色，快运运单丁页为黄纸黑色），交托运人作为报销凭证。戊页为存查页（褐色），发站作为存根，按日整理，存查保管。

带运包裹时运输报单（乙页）交旅客，领货凭证（丙页）随甲页上报。

承运行李时，应在车票背面加盖㊔字戳记。

2. 行李、包裹票的填写规定

（1）行李票的车次和经由栏按车票实际径路填写，旅客指定径路时，按指定径路填写。计费重量栏按行李运价计费的重量写在“规重”栏内，加倍计费的重量写在“超重”栏内。

（2）行李、包裹票各栏应按行李、包裹托运单填记情况详细填写。涉及费用、物品的空栏手写时应斜线从左下角到右上角抹消，打印的不用抹。

（3）分件声明价格时，按顺序号逐栏填写声明价格。

中铁快运股份有限公司

**中国铁路小件货物快运运单**　　0000000　　K000000000000000000000

甲联：上报

| 发送地: | 承运时间:　年　月　日 | | | | | 到达地:　　发站:　　到站: | | | |
|---|---|---|---|---|---|---|---|---|---|
| 托运人 | 单位(姓名):<br>地址:<br>电话:　　传真: | | | | | 收货人 | 单位(姓名):<br>地址:<br>邮政编码:　　电话: | | |
| 品　名 | 包装种类 | 件数 | 重量(kg) | 体积($m^3$) | 声明价格 | 快运包干费: | 元 | 运价里程: | km |
| | | | | | | 超重附加费: | 元 | 运到期限: | 天 |
| | | | | | | 保价费: | 元 | 计费重量: | kg |
| | | | | | | | 元 | | 元 |
| | | | | | | | 元 | | 元 |
| 合　计 | | | | | | | 元 | | |
| 托运人签章: | | | | | | 费用总计: | | ￥______ | 元 |
| 收货人有效证件号码(或单位公章): | | | | | | 交付时间:　月　日　时　分 | | 领货人签章 | |
| 记事 | | | | | | 领货人有效证件号码: | | | |
| | | | | | | 承运人签章 | | 到达通知记录 | 到达记录 |

图 3-4　中国铁路小件货物快运运单

(4)行李、包裹票“保价费”栏下面空格栏内可填写“杂费计”,“杂费计”含装卸车费、包装费、货签费、搬运费等项,同时在记事栏内将上述发生的收费项目及金额分项注明,如杂费明细:货签费××元,装卸车费××元。

(5)记事栏应注明的内容有:

①旅客指定径路时,注明“旅客指定经由××站”。

②承运超过车票到站的行李时,注明“车票到站××站”。

③对加冰、加水或附饲料的包裹,应注明“加冰”、“加水”或“附饲料”字样,以此作为到站产生减量的依据。

④承运需要提出证明文件的物品时,应注明文件的名称、号码、填发日期和填发单位等有关事项,并将运输证明文件附在包裹票运输报单上,以便途中、到站查验。

⑤承运自行押运或带运的包裹时,应注明“自押”或“带运”字样,并注明“押运人×名”。

⑥承运自行车、助力机动车、摩托车时,应注明牌名、车牌号码、车型、新或旧等车况,并分别注明有无铃、锁和灯等零件。

⑦承运经客调或部令批准的超重、超大物品时,应注明“×月×日经部令×号(客调×号命令)批准”。

⑧承运凭书面证明免费托运的铁路砝码和衡器配件时,应注明“衡器检修、免费”字样,收回书面证明报铁路局。

⑨承运中国铁路文工团开具的证明办理免费运送的演出服装、道具、布景时,也比照⑧办理。

⑩其他应记载的事项,如:凭传真提货、杂费明细等。

3. 小件货物快运运单与包裹票主要不同栏的填写要求

(1)发送地、到达地应当填写货物实际接收和交付的地点。

(2)对每立方米重量不足 167 kg 的轻泡货物需要填写体积。

(3)快运包干费和超重附加费按规定费率计费或按协议价格(低于标准)填写。

总之,行李、包裹票、小件货物快运运单必须认真逐项填写,使用规范文字不得潦草,加盖规定名章,不准签字代替。在承运行李时,应在车票背面加盖㊔字戳记。

**【例 3-1】** 行李托运和承运。

旅客张小伟持 2016 年 9 月 1 日乌鲁木齐至西安的 T70 次列车(乌鲁木齐—北京西)新空调硬座客特快车票(票号:E030143),托运行李 2 件(内装衣服及个人阅读书籍)总重 68 kg,声明价格1 800元,要求托运到西安。请指导该旅客填写提交托运单,并办理承运手续。

**【解】** (1)衣服、个人阅读书籍凭车票按行李办理。该旅客填写的托运单如图 3-5 所示。

(2)检查验货、检斤确认,填写托运单上的承运人确认事项。

(3)计算运杂费等

乌鲁木齐—西安 2 568 km,行李运价基数 1.092 元/kg

规重 50 kg,按行李运价计费　1.092×50=54.60(元)

超重 18 kg,按行李运价加倍计费　1.092×18×2=39.312≈39.30(元)

合计　54.60+39.30=93.90(元)

(4)计算保价费。

1 800.00×0.5%=9.00(元)

中铁快运股份有限公司

**托 运 单** (甲联)

(黑框内由托运人填写) 20 16 年 9 月 1 日

| 到站:西安 | | | 经由: | | | 承运人确认事项 | | | |
|---|---|---|---|---|---|---|---|---|---|
| 持票旅客请填写 | 客票票号:E030143 | | | 人数:1 | | 票号: | | | |
| | 车次:T70 | | | 客票到站:西安 | | | | | |
| 货物名称 | 包装种类 | 件数 | 重量(kg) | 体积(长×宽×高) | 声明价格(保价) | 件数 | 重量(kg) | 行李 | 包裹 |
| 衣服、书 | 纸箱 | 2 | | | 1 800.00 | 2 | 68 | ✓ | |
| | | | | | | | | | |
| | | | | | | | | | |
| 合 计 | | 2 | | | 1 800.00 | 2 | 68 | | |
| 选择填写 | 付款方式 | 现金☑ 支票□ 协议□ 到付□ | | | | 包装费 | | | 元 |
| | 取货方式 | 凭原件提取☑ 凭传真件提取□ | | | | 取货费 | | | 元 |
| | 服务方式 | 送货上门□货需包装□仓储保管□代发传真□ | | | | 代收送货费 | | | 元 |
| 发送地 | | | | | | | | | |
| 到达地 | | | | | | | | | |
| 托运人 | 名称:张小伟 | | | | | | | | |
| | 地址:乌鲁木齐中央街128号 | | | | | | | | |
| | 邮编:830000 | | | 电话:3437822 | | | | | |
| | 传真电话: | | | 电子邮件: | | | | | |
| 收货人 | 名称:张小伟 | | | | | | | | |
| | 地址: | | | | | | | | |
| | 邮编: | | | 电话: | | | | | |
| | 传真电话: | | | 电子邮件: | | | | | |
| 托运人记事: | | | | 承运人记事: | | | | | |
| 取货员(章): | | | | 安检员(章): | | | | | |

托运人注意:在填写托运单前,请详细阅读乙联背面"客户须知",并在下面签字。

托运人:张小伟 营业部(章)

图 3-5 托运单

(5)运到期限。

$$T=3+(2\ 568-600)/600=6.28\approx 7(\mathrm{d})$$

(6)装卸车费:每件 4.00 元,共 8.00 元。

货签费:每件 2 个,每个 0.25 元,共 1.00 元。

(7)填行李票。

行李票填写如图 3-6 所示。

(8)收费,把票据丙、丁页交给托运人。

中铁快运股份有限公司

No:E063166

行 李 票

乙

(运输报单)

2016 年 9 月 1 日

到 西安 站　　经由 兰州 站

旅客乘坐 9 月 1 日 T70 次车　　客票号 E030143

| 旅客姓名 | 张小伟 | | | 共 1 人电 话: 3437822 | | |
|---|---|---|---|---|---|---|
| 住 址 | 乌鲁木齐中央街128号 | | | 邮政编码: 830000 | | |
| 顺号 | 包装种类 | 件数 | 实际重量 | 声明价格 | 运价里程 | 2 568 km |
| | | | | | 运到期限 | 7 日 |
| 1 | 纸箱 | 2 | 68 | 1 800.00 | 计费重量 规重 | 50 千克 |
| | | | | | 计费重量 超重 | 18 千克 |
| | | | | | 运 费 | 93.90 元 |
| | | | | | 保价费 | 9.00 元 |
| | | | | | 杂费计 | 9.00 元 |
| | | | | | 合 计 | 111.90 元 |
| | | | | | 月 日 | 次列车到达 |
| 合 计 | | 2 | 68 | 1 800.00 | 月 日 | 交 付 |

记事　杂费明细：装车费8.00元，货签费1.00元

乌鲁木齐站行李员　　　　印

X0000000000000000000000　　(乌分)行李票号码: No:E063166

图 3-6 行李票

## 第五节 保 价 运 输

旅客或托运人托运的行李、包裹分为保价和不保价运输两种形式。按哪种运输方式运输由旅客或托运人自行选择，并在托运单上注明。保价运输必须声明价格，可分件声明价格，也可按一批全部件数声明总价格(多顺号时，票据打印在第一项，手工填写可用大括号)。但按一批办理的不能只声明其中一部分。如分件声明价格时，应将每件的声明价格和重量分别写明(此时要分别检斤)，在每件货签和包装上必须写明总件数之几的字样。车站承运保价运输的行包时，应检查声明价格，并核实是否与实际价格相符。如拒绝检查时，承运人可以拒绝按保价运输承运。

按保价运输的行李、包裹，铁路除核收正当运杂费外，另按声明价格的百分比(行李按0.5%，包裹按1%)核收保价费。一段按行李，一段按包裹托运时，全程按行李核收保价费。按保价运输的行李、包裹，发生运输变更时，保价费不补不退。因承运人责任造成的取消托运时，保价费全部退还。

对单件保价千元以上的物品必须施封,施封用品费用由保价安全费列支。

**【例 3-2】** 托运保价包裹。

2016 年 8 月 1 日,托运人张伟达在柳州站托运到南宁站包裹三件,每件声明价格不同,提交的托运单如图 3-7 所示。试办理之。

中铁快运股份有限公司

托 运 单 （乙联）

（黑框内由托运人填写） 2016 年8 月1 日

| 到站：南宁 | | | 经由： | | | 承运人确认事项 | | | |
|---|---|---|---|---|---|---|---|---|---|
| 持票旅客请填写 | 客票票号： | | 人数： | | | 票号： | | | |
| | 车次 | | 客票到站： | | | | | | |
| 货物名称 | 包装种类 | 件数 | 重量（kg） | 体积（长×宽×高） | 声明价格（保价） | 件数 | 重量（kg） | 行李 | 包裹 |
| 服装 | 纸箱 | 1 | | | 900 | 1 | 20 | | ✓ |
| 文具 | 纸箱 | 1 | | | 200 | 1 | 25 | | ✓ |
| 食品 | 纸箱 | 1 | | | 300 | 1 | 32 | | ✓ |
| 合 计 | | 3 | | | 1 400 | 3 | 77 | | |
| 选择填写 付款方式 | 现金☑ 支票☐ 协议☐ 到付☐ | | | | | 包 装 费 | | 元 | |
| 选择填写 取货方式 | 凭原件提取☑ 凭传真件提取☐ | | | | | 取 货 费 | | 元 | |
| 选择填写 服务方式 | 送货上门☐货需包装☐仓储保管☐代发传真☐ | | | | | 代收送货费 | | 元 | |
| 发送地 | | | | | | | | | |
| 到达地 | | | | | | | | | |
| 托运人 | 名称：张伟达 | | | | | | | | |
| | 地址：柳州市柳石路85号 | | | | | | | | |
| | 邮编：545004 | | | 电话：3437822 | | | | | |
| | 传真电话： | | | 电子邮件： | | | | | |
| 收货人 | 名称：王栋 | | | | | | | | |
| | 地址：南宁市华西路58号 | | | | | | | | |
| | 邮编：530001 | | | 电话：3232456 | | | | | |
| | 传真电话： | | | 电子邮件： | | | | | |
| 托运人记事： | | | | 承运人记事： | | | | | |
| 取货员（章）： | | | | 安检员（章）： | | | | | |

托运人注意：在填写托运单前，请详细阅读乙联背面“客户须知”，并在下面签字。

托运人：张伟达 营业部（章）

图 3-7 托运单填写式样

**【解】** (1)检查验货、检斤确认，填写托运单上的承运人确认事项。服装、文具、食品都属三类包裹，互不抵触，不违反营业限制，可一批运输。

(2)计算运杂费等。

柳州—南宁 255 km　三类包裹运价基数 0.372 元/kg

77 kg 运费：0.372×77＝28.644≈28.60(元)

(3)运到期限：400 km 以内为 3 d。

(4)装卸车费：每件 4.00 元，共 12.00 元。

　货签费：每件 2 个，每个 0.25 元，共 1.50 元。

(5)保价费：1 400×1％＝14.00(元)。

(6)填制包裹票，如图 3-8 所示。

(7)收费，把票据丙、丁页交给托运人。

中铁快运股份有限公司

**包　裹　票**

乙

(运输报单)

No:E063166

2016 年 8 月 1 日

到 南宁 站　　经由 ＿＿＿＿ 站

| 发货人 | 单位姓名：张伟达 | 电　话：3437822 |
|---|---|---|
| | 详细地址：柳州市柳石路85号 | 邮政编码：545004 |
| 收货人 | 单位姓名：王栋 | 电　话：3232456 |
| | 详细地址：南宁市华西路58号 | 邮政编码：530001 |

| 顺号 | 品　名 | 包装种类 | 件数 | 实际重量 | 声明价格 | | |
|---|---|---|---|---|---|---|---|
| | | | | | | 运价里程 | 255 km |
| | | | | | | 运到期限 | 3　日 |
| 1 | 服装 | 纸箱 | 3-1 | 20 | 900 | 计费重量 | 77 kg |
| 2 | 文具 | 纸箱 | 3-2 | 25 | 200 | 运　费 | 28.60 元 |
| 3 | 食品 | 纸箱 | 3-3 | 32 | 300 | 保价费 | 14.00 元 |
| | | | | | | 杂费计 | 13.50 元 |
| | | | | | | 合　计 | 56.10 元 |
| | | | | | | 月　日 | 次列车到达 |
| | | | | | | 月　日 | 时　通　知 |
| 合　计 | | | 3 | 77 | 1 400 | 月　日 | 交　　付 |

记事：杂费明细：装卸车费12.00元，货签费1.50元

柳州 站行李员 印 ㊞

B000000000000000000000

(宁分)包裹票号码：No:E063166

图 3-8　包裹票

## 第六节　包装和货签

旅客或托运人托运的行李、包裹的包装必须完整牢固,要适合运输,不能有开口、破裂、短缺等现象。其包装的材料和方法应符合国家或运输行业规定的包装标准。包装不符合要求时,应动员其改善包装。托运人拒绝改善包装的,车站可以拒绝承运。常见包装方法如图 3-9 所示。

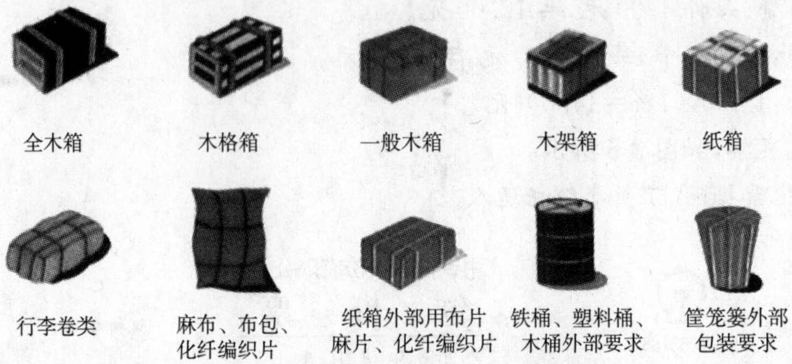


图 3-9　行李、包裹铁路运输包装标准图

每件物品应在两端各拴挂(或粘贴)一个符合国务院铁路主管部门规定的技术标准货签(如图 3-10 所示),不符合标准的货签不得使用。货签中填注的内容与行李、包裹托运单及行李、包裹票有关内容相符,不得省略和使用代码、代号。货签上的行李、包裹票号栏应用号码机或号码戳打印,其他各栏填写时应整洁、清晰,使用规范的文字。如分件保价的物品还应在件数栏注明"总件数之几"字样。

包裹货签

到站:

收货人:

发站:

托运人:

承运日期:

| 品名 | 件数:　　　之 |
|---|---|

票号:

服务项目标志

图 3-10　包裹货签

托运易碎品、流质物品或一级运输包装的放射性同位素时,应在包装表面明处贴上"小心轻放"、"向上"、"一级放射性物品"等相应的安全标志。常见标志如图 3-11 所示。

图 3-11 常见安全标志式样

承运后、交付前发现包装破损、松散时，承运人应负责及时整修并承担整修费用。修整后编制客运记录，详细记载破损原因、状况和整修后状态，并在行李、包裹运输报单的记事栏内注明“××站整修”，加盖站名戳。整修费用列入车站运营成本。

## 第七节 包裹的押运

车站承运金银珠宝、货币、证券、文物、枪支、鱼苗、蚕种和途中需饲养的动物等，要求托运人派人押运。对运输距离在 200 km 以内、不需要饲养的家禽、家畜，托运人提出不派人押运时，也可以办理托运。车站应向托运人说明并要求其在托运单上注明“不派人押运，途中逃逸、死亡由托运人自负”。

押运的包裹应装行李车，由押运人自行看管，车站负责装车和卸车。押运人应购买车票并对所押物品的安全负责。一批包裹原则上限派一名押运人，押运人凭“铁路包裹运输押运证”和旅客列车全价硬座车票登乘行李车押运，押运证由托运人向承运行包房申请办理。

列车行李员对登乘行李车押运人应指定押运位置，保管好押运人随身携带的火种(下车时归还)，查验押运人车票及押运证，在乘务日志记事栏内登记押运人姓名、性别、身份证号码、联系电话、包裹票编号、押运证编号、包裹装卸车站等信息，并向押运人告知安全注意事项和押运管理要求。

1. 严格遵守铁路规定，服从铁路工作人员指挥，负责所押货物安全。

2. 凭证押运，不得饮酒，不得擅离职守。

3. 严禁携带易燃易爆等危险品进站上车，严禁在仓库和列车内吸烟、弄火、使用电器，随身携带的火种交列车行李员保管。

4. 不得移动、翻动仓库和行李车内的物品，不得靠近放射性物品，不准打开车门乘凉，不准在货垛高处坐卧、停留，杜绝人身意外伤害事故。

5. 密切关注行包动态，对危及货物和列车安全的情况，要立即报告铁路工作人员。

## 第八节 运到期限

### 一、行李、包裹的运到期限计算

行李、包裹运到期限系指在铁路现有技术设备条件和运输组织水平下，将行李、包裹运送一定距离所需要的时间。行李、包裹运到期限的长短以及能否按规定的运到期限运到目的地,在一定程度上反应了整个铁路运输组织的管理水平和工作质量。因此,铁路自承运后,应迅速组织装运,站、车之间应严格执行运到期限。

行李、包裹的运到期限,按运价里程计算。从承运日起,行李 600 km 以内为 3 d,601 km 以上每增加 600 km 增加 1 d,不足 600 km 的尾数也按 1 d 计算;包裹 400 km 以内为 3 d,401 km以上每增加 400 km 增加 1 d,不足 400 km 的尾数也按 1 d 计算。一段按行李、一段按包裹计价时,全程按行李计算运到期限。

快运包裹以铁路为主要运输工具运送时,其运到期限按承诺的运到期限或以铁路客运运价里程计算。从承运次日起,国内主要城市间有直达旅客列车运送的快运包裹为 3 d,3 500 km以上为 4 d;其他城市间需中转运送的快运包裹 1 000 km 以内为 3 d,超过 1 000 km 时,每增加 800 km 增加 1 d,不足 800 km 按 1 d 计算。

一批货物内有超过 50 kg 不足 100 kg 的超重快运包裹增加 1 d;100 kg 以上的快运包裹增加 2 d。按该批单件最重货物计算增加天数。

由于不可抗力(如自然灾害)或非铁路责任(如疫情、战争、执法机关扣留等)所发生的停留时间,应加算在运到期限内,由停留的车站或列车行李员在行李、包裹票背面注明"因…原因停留×天",并加盖站名戳或规定的行李员名章。

### 二、行李、包裹运到逾期的处理

1. 支付逾期违约金

行李、包裹应在规定的运到期限内运至到站。如实际运到日数超过规定的运到期限时,到站应按所收运费的百分比(最高额不得超过运费的 30%,见表 3-3),向旅客或收货人支付运到逾期违约金。

其计算公式如下:

$$C=F\psi$$

式中 $C$——运到逾期违约金额(尾数四舍五入,保留至角);

$F$——运费;

$\psi$——违约金比率,以 5% 为计算单位,尾数按 2 舍 3 入、7 退 8 进处理(12%≈10%、13%≈15%、7%≈5%、8%≈10%),其计算公式为:

$$\psi=d_{逾期}/d_{运期}\times 30\%$$

其中 $d_{逾期}$——逾期日数,

$d_{运期}$——运到期限。

快运包裹超过规定的运到期限运到时,经营人应按逾期天数每日向收货人支付包干费(包括超重附加费、转运费、到付运费)3%的违约金,但违约金最高不超过包干费 30%。违约金不足 1 角的尾数按四舍五入处理。

一批中的行李、包裹部分逾期时,按逾期部分的运费、包干费比例支付运到逾期违约金。

旅客或收货人要求支付运到逾期违约金时,应自到达次日起 10 d 内提出,并提出行李、包裹票、小件货物快运运单(行李、包裹票、小件货物快运运单丢失或包裹票、小件货物快运运单未到时,应提出保证单位书面证明和所有权证明)。支付运到逾期违约金时,应填写车站退款证明书,以站进款支付。

表 3-3　运到逾期违约金计算表

| 违约金比率(%)<br>运到期限(d) \ 逾期日数(d) | 1 | 2 | 3 | 4 | 5 | 6 | 7 | 8 | 9 | 10 以上 |
|---|---|---|---|---|---|---|---|---|---|---|
| 3 | 10 | 20 | 30 | | | | | | | |
| 4 | 5 | 15 | 20 | 30 | | | | | | |
| 5 | 5 | 10 | 20 | 25 | 30 | | | | | |
| 6 | 5 | 10 | 15 | 20 | 25 | 30 | | | | |
| 7 | 5 | 10 | 10 | 15 | 20 | 25 | 30 | | | |
| 8 | 5 | 5 | 10 | 15 | 20 | 20 | 25 | 30 | | |
| 9 | 5 | 5 | 10 | 15 | 15 | 20 | 25 | 25 | 30 | |
| 10 以上 | 5 | 5 | 10 | 10 | 15 | 20 | 20 | 25 | 25 | 30 |

行李、包裹运输变更(包括因误售、误购车票以致误运而造成的行李运输变更),致使行李、包裹逾期到达,铁路不支付运到逾期违约金。

**【例 3-3】** 逾期处理。

在例 3-2 中的包裹 2016 年 8 月 6 日到达南宁站,当日通知,收货人次日提取,要求支付逾期违约金。请办理支付违约金手续。

**【解】** 从原包裹票(如图 3-8 所示)可知,运到期限 3 d,8 月 1 日承运,8 月 3 日为最迟运到日,运费 28.60 元。

8 月 6 日到达,逾期 3 d,查运到逾期违约金计算表,应支付比率 30%。

违约金:28.60×30%=8.58≈8.60(元)

填写车站退款证明书(如图 3-12 所示),并将原包裹票和车站退款证明书丙联,一并随当日票据上报。

中国铁路总公司　　　　　　　　　　　　　　　　　　　　财收—16

车站退款证明书

南宁铁 路 局　　　　　　　　　　　　　　　　　　编号 A　No:032145

填发日期 2016 年 8 月 7 日

<table>
<tr><td>票据种类</td><td>票据号码</td><td colspan="2">填发日期</td><td colspan="2">发站</td><td>到站</td><td rowspan="2">单<br>位</td><td colspan="2">名称及地址</td><td colspan="3"></td></tr>
<tr><td>包裹票</td><td>E063166</td><td colspan="2">2016.8.1</td><td colspan="2">柳州</td><td>南宁</td><td colspan="2">开户银行<br>及账号</td><td colspan="3"></td></tr>
<tr><td rowspan="2">原<br>记<br>载</td><td>品名</td><td>件数</td><td>包装</td><td>实重</td><td>计重</td><td>运价号</td><td>运价率</td><td>运费</td><td>违约金</td><td></td><td>合计</td></tr>
<tr><td>服装、文具、食品</td><td>3</td><td>纸箱</td><td>77</td><td>77</td><td>三类</td><td></td><td>28.60</td><td></td><td></td><td>28.60</td></tr>
<tr><td>订正</td><td></td><td></td><td></td><td></td><td></td><td></td><td></td><td></td><td></td><td></td><td></td></tr>
<tr><td colspan="6" rowspan="6">记事:<br>6 号到,逾期 3 天,查运到逾期违约金计算表,支付比率 30%。违约金:28.60×30%=8.58≈8.60(元)</td><td colspan="3">应补收</td><td></td><td></td><td></td></tr>
<tr><td colspan="3">应退还</td><td>8.60</td><td></td><td>8.60</td></tr>
<tr><td colspan="3">净退(大写)</td><td colspan="3">捌元陆角零分</td></tr>
<tr><td colspan="6">上述退款已于　8　月　7　日以 现金/支票 如数退讫,</td></tr>
<tr><td colspan="6">丙联已随　8　月　上　旬　　财收 8 报局收入稽查中心。</td></tr>
<tr><td colspan="6">经办人:　印</td></tr>
</table>

甲联:(车站存查)

填发单位　印　(公章)　　填发人　印　　付款人　印

图 3-12　车站退款证明书

2. 行李转运

旅客要求将逾期的行李运到新到站时，铁路可凭新车票运送，但不再支付运到逾期违约金。铁路在办理时，新行李票按原行李票转记，运费栏划斜线抹消，记事栏注明“逾期到达，免费转运”。

行李未到，当时又未超过运到期限，旅客需继续旅行并凭新购车票办理转运至新到站的手续，交付运费后行李逾期到达原到站，车站应编制客运记录，随同运输报单一并送交新到站，作为退还已收转运区间运费的凭证，但保价费不退。

如旅客换乘其他交通工具时，车站一般不代办行李的转运手续，但特殊情况代为办理时，费用由旅客预先支付。

包裹逾期到达，仅支付运到逾期违约金，不办理免费转运。

3. 提赔

行李、包裹超过运到期限 30 d(快运包裹 20 d)以上仍未到达时，收货人可以认为货件已灭失而向经营人提出赔偿。

## 第九节　到达保管、通知和查询

### 一、到达通知

行李随旅客所乘坐的列车运至到站，旅客即可提取，包裹由托运人在发站办理托运后，应立即告知收货人按时提取。同时，车站为确保正常运输及加速仓库的周转，包裹到达后，还应及时(最迟不得超过次日 12:00)用电话、发短信等方式通知收货人迅速提取。

### 二、仓库保管

行李从运到日起，包裹从发出通知日起免费保管 3 d。超过免费保管期限领取时，按超过日数核收保管费，出具保管费收据或填发客运运价杂费收据。遇特殊情况，车站站长有权减收保管费。

对于因铁路责任或不可抗力等原因而办理了延长车票有效期间手续的旅客，对其托运的行李也应按车票的延期日数延长免费保管的天数。

在规定的免费保管期限内应在票面指定的到站行李房保管，不得易地保管。超过免费保管期限，行李房仓库没有能力时，包裹可以易地保管，转移包裹的费用由铁路负责。

### 三、查　　询

行李、包裹逾期未到，旅客或收货人前来领取时，除车站应向有关站进行查询外，并应在行李、包裹票背面加盖行包逾期戳注明时间。同时还应记录旅客、收货人姓名、住址、邮政编码、电话号码等，以便行李、包裹到达后及时发出通知，并从通知日起免费保管 10 d。

## 第十节　装卸和交付

### 一、装　　卸

除带运包裹由旅客自行装卸外，由行李房收货地点至行李车以及从行李车至行李房交付地点的行李、包裹装卸工作由承运人负责。

将行李包裹从行李房的收货地点至装上行李车为装车；从行李车卸下至规定的交付地点为卸车，各为一次作业，装卸车费由发站统一核收。

## 二、交　付

交付工作是行李、包裹运输过程中最后一道工序，为此，行李包裹运至到站后，到站应立即做好交付的准备工作。

1. 行包交付

旅客或收货人凭行李、包裹票的领取凭证领取行李、包裹。铁路向收货人办理交付时，应认真核对票货，确认票据号码、发站、到站、托运人、收货人、品名、件数、重量、包装无误后在运输报单上加盖“交付讫”戳予以交付，同时收回领取凭证。

如将领取凭证丢失，必须提出本人身份证、物品清单和担保人的担保书，承运人对上述单、证和担保人的担保资格认可后，由旅客或收货人签收办理交付。如收货人提不出担保人的担保书，可以出具押金自行担保。押金数额应与行李、包裹的价值相当，抵押时间由车站与旅客或收货人协商确定。车站收取押金时应向旅客或收货人出具书面证明。

旅客或收货人在声明领取凭证丢失前，如行李、包裹已被冒领，承运人不承担责任。

经当事人双方约定，包裹也可使用领取凭证的传真件领取，凭传真领取包裹按下列规定办理：

(1)凡要求使用包裹传真件提取包裹的发货人，应向发站提出申请。发货人为个人的，应在托运单上注明，由车站确认后受理；发货人为单位的，必须与车站签定协议。

(2)发站在办理承运时，必须在包裹票记事栏各联中注明“凭传真件提货”字样，凡计算机打印的包裹票，该字样也必须由计算机打印。

(3)到站在办理交付时，应首先确认包裹票上有“凭传真件提货”字样，对于收货人为个人的，凭传真件、收货人身份证、身份证复印件领取；对于收货人为单位的，凭收货人单位介绍信、提货人身份证、身份证复印件领取，传真件、介绍信和身份证复印件留存。

超过车票到站托运，一段按行李，一段按包裹托运的旅客行李也可凭传真件领取。

收货人要求凭印鉴领取包裹时，应与车站签订协议并将印鉴式样备案，而且不得再凭包裹票的领取凭证领取。车站应建立凭书面证明和印鉴领取包裹的登记簿。交付时，收货人应在登记簿上签字并加盖印鉴。对凭印鉴和传真领取的均不再给运输报单。

旅客或收货人领取行李、包裹时，如发现短少或有异状，车站必须复查重量，必要时可开包检查，如构成行李、包裹事故，车站应编制事故记录交旅客或收货人作为要求赔偿的依据。

**【例 3-4】** 行包交付。

柳州站 2016 年 8 月 1 日 K537 次到达的，由上海南 7 月 31 日发来的配件，包裹票记载为 65 箱，纸箱包装，重量 1 250 kg，实际到达 60 箱，重量 1 000 kg，收货人和平路 100 号张伟，总体保价，记事栏注明凭传真件(如图 3-13 所示)提取。收货人于 8 月 3 日来领取。请说明从到达至交付的作业过程。

**【解】** (1)入库保管，到达登记，录入电脑。

(2)于 8 月 2 日 12:00 前电话通知，并记录。

(3)领取收费换票。

请收货人出示包裹票领取页传真件、收货人身份证、身份证复印件，核对正确后将包裹票传真件、身份证复印件留存。

搬运费：视实际发生收取(如帮货主装上汽车，则要收取每件 2 元，共 120 元)。

中铁快运股份有限公司　　乙

**包 裹 票**　(运输报单)

No:E076806　　2016 年 7月 31 日

到 柳州 站　　经由 株、衡 站

| | | | |
|---|---|---|---|
| 发货人 | 单位姓名：宏达汽配公司 | 电　话：24657812 | |
| | 详细地址：上海中山路23号 | 邮政编码： | |
| 收货人 | 单位姓名：张伟 | 电　话：2341567 | |
| | 详细地址：柳州市和平路100号 | 邮政编码：545007 | |

| 顺号 | 品名 | 包装种类 | 件数 | 实际重量 | 声明价格 | | |
|---|---|---|---|---|---|---|---|
| | | | | | | 运价里程 | 1 797 km |
| | | | | | | 运到期限 | 7　日 |
| 1 | 配件 | 纸箱 | 65 | 1 250 | 7 000.00 | 计费重量 | 1 250 千克 |
| | | | | | | 运　费 | 2 600.00 元 |
| | | | | | | 保价费 | 70.00 元 |
| | | | | | | 杂费计 | 357.50 元 |
| | | | | | | 合　计 | 3 027.50 元 |
| | | | | | | 月　日 | 次列车到达 |
| | | | | | | 月　日 | 时　通知 |
| | 合计 | | 65 | 1 250 | 7 000.00 | 月　日 | 交　付 |

记事　杂费明细：装卸车费260.00元，搬运费65.00，货签费32.50元，凭传真件提取。

上海南　站行李员　印

No:E076806

图 3-13　包裹票

保管费:本例中及时领取,在免费保管期限内,未产生。

填写客运杂费收据(略)收款。

提货口领货,运输报单留存(传真件领货不给运输报单)。

另给收货人出具尚未到达的 5 件货物的客运记录(如图 3-14 所示),记录应注明发到站、日期、品名、票号、件数、重量,已领取及待领取的品名、件数和重量等,凭此记录领取后到的 5 件货物。

2. 快运包裹的交付

在设有快运机构的到达地,按下列规定办理交付手续:

(1)收货人是单位时,凭收货单位介绍信和经办人有效证件领取。收货人是个人时,凭收货人有效证件领取;须代领时,凭收货人有效证件(或复印件)及代领人的有效证件领取。交付人员验证后在快运单丁联上填写有效证件号码和交付时间,并由领货人签字。

(2)送货上门时,收货人是单位,可在快运运单丁联上加盖公章并由经办人签字后交付;收货人是个人,送货地点是私人住宅时,可凭收货人或其家属有效证件并签字后交付;送货地点为单位时,凭收货人有效证件并签字或加盖公章并由代领人签字后交付。办理交付手续时由领货人在快运单丁联上填写交付时间。

南宁铁路局　　　　客统—1

**客　运　记　录**

第 101 号

记录事由：包裹部分到达

张伟：

上海南 7 月 31 日发柳州站配件 65 箱，包裹票号 E076806 记载为 65 箱，纸箱包装，重量 1 250 kg，现已交付 60 件，1 000 kg，另外 5 件 250 kg 待到达后凭此记录领取。

注：
1. 站、车需要编制记录时均适用。
2. 本记录不能作为乘车凭证。

柳州 站 段　编制人员　李毓　（印）

站 段　签收人员　　（印）

2016 年 8 月 3 日编制

40215(客 31)99.7.25.29

图 3-14　客运记录

(3)收货人栏同时记载单位名称和个人姓名时，符合以上任何一种手续均可交付。

(4)收货人要求凭印鉴领取快运包裹时，可与经营人签定协议并将印鉴式样备案。交付时加盖印鉴即可。

在未设快运机构的到达地，与普通包裹同样办理交付手续。

## 第十一节　变 更 运 输

旅客或托运人交由铁路运输的行李、包裹，由于某种原因要求取消托运和变更到站的情况时有发生。运输变更有一定条件限制。例如，行李应随人走，凭车票托运，在变更到站时，仅限办理运回原发站和中止旅行站。再如鲜活物品因本身易于变质、死亡及受运输条件的限制，除装运前取消托运外，不办理其他变更，并且运输变更仅限办理一次。

行李、包裹的运输变更，根据装运前后的情况分别办理。

1. 装运前取消托运

行李、包裹在发站办完托运手续至装车前，旅客或托运人要求取消托运时，车站应收回行李、包裹票注销，注明"取消托运"字样。办理时，以车站退款证明书办理退款，收回的行李、包裹票报销联随车站退款证明书上报。核收因取消托运发生的各项杂费(如保管费、变更手续费等)，另填发客运运价杂费收据(简称为"客杂")，并将"客杂"号码及核收的费用名称、金额填注在取消托运的行李、包裹票上。

取消托运的行李、包裹，已收运费低于变更手续费和保管费时，运费不退也不再补收，收回原行李、包裹票，在报单页、旅客页和报销页注明"取消托运，运费不退"字样。旅客页贴在存根页上。

【例 3-5】 装车前取消托运。

2016 年 9 月 1 日发货人张国忠在北京托运到枣庄站教具 2 件，总重 100 kg，票号 E077807(如图 3-15 所示)，当日还未装车，托运人来北京要求取消托运。请办理。

中铁快运股份有限公司

包 裹 票

乙

(运输报单)

No:E077807

2016 年 9 月 1 日

到 枣庄 站 经由 站

| 托运人 | 单位姓名：张国忠 | 电 话：23457876 |
|---|---|---|
| | 详细地址：北京市文具厂 | 邮政编码：100001 |
| 收货人 | 单位姓名：王玉兰 | 电 话：3245672 |
| | 详细地址：枣庄市第五中学 | 邮政编码：277000 |

| 顺号 | 品 名 | 包装种类 | 件数 | 实 际 重 量 | 声 明 价 格 | 运价里程 | 746 km |
|---|---|---|---|---|---|---|---|
| | | | | | | 运到期限 | 4 日 |
| 1 | 教具 | 木箱 | 2 | 100 | 3 800.00 | 计费重量 | 100 kg |
| | | | | | | 运 费 | 100.50 元 |
| | | | | | | 保 价 费 | 38.00 元 |
| | | | | | | 杂 费 计 | 9.00 元 |
| | | | | | | 合 计 | 147.50元 |
| | | | | | | 月 日 | 次列车到达 |
| | | | | | | 月 日 | 时 通 知 |
| 合 计 | | | 2 | 100 | 3 800.00 | 月 日 | 交 付 |

记事：杂费明细：装卸车费8.00元，货签费1.00元。

北京 站行李员 印 (印)

B0000000000000000000000

(京分)包裹票号码：No:E077807

图 3-15 包裹票

【解】 分两种情况：

(1)未结账上报，收回原票，注明“取消托运”，作废包裹票(票面划交叉对角线，盖作废章)，退还运费，以客杂核收保管费、变更手续费。

(2)已结账上报，收回原票，注明“取消托运”，退还运费，核收保管费、变更手续费，收回的包裹票随车站退款证明书丙联上报局收入稽查中心。

上述两种情况费用相同：退还运费，核收变更手续费 5.00 元，1 d 的保管费 6.00 元。如帮装汽车，还要收搬运费。

取消托运包裹票填写如图 3-16 所示，车站退款证明书如图 3-17 所示，客运运价杂费收据如图 3-18 所示。

中铁快运股份有限公司

**包　裹　票**

乙

(运输报单)

No:E077807

2016 年 9 月 1 日

到 枣庄 站　　经由＿＿＿＿站

| 托运人 | 单位姓名：张国忠 | 电　话：23457876 |
|---|---|---|
| | 详细地址：北京市文具厂 | 邮政编码：100001 |
| 收货人 | 单位姓名：王玉兰 | 电　话：3245672 |
| | 详细地址：枣庄市第五中学 | 邮政编码：277000 |

| 顺号 | 品　名 | 包装种类 | 件数 | 实际重量 | 声明价格 | | |
|---|---|---|---|---|---|---|---|
| | | | | | | 运价里程 | 746 km |
| | | | | | | 运到期限 | 4 日 |
| 1 | 教具 | 木箱 | 2 | 100 | 3 800.00 | 计费重量 | 100 kg |
| | | | | | | 运　费 | 100.50 元 |
| | | | | | | 保价费 | 38.00 元 |
| | | | | | | 杂费计 | 9.00 元 |
| | | | | | | 合　计 | 147.50元 |
| | | | | | | 月　日 | 次列车到达 |
| | | | | | | 月　日 | 时　通　知 |
| 合　计 | | | 2 | 100 | 3 800.00 | 月　日 | 交　付 |

记事：

杂费明细：装车费8.00，货签费1.00元。

取消托运，退还运费100.50元，用客杂A023459核收变更手续费、保管费。

北京　站行李员　印　(印)

B0000000000000000000000　　(京分)包裹票号码：No:E077807

图 3-16　包裹票

中国铁路总公司　　　　财收—16

**车 站 退 款 证 明 书**

北京铁　路　局　　　　编号 A　NO：032145

填发日期 2016 年 9 月 1 日

| 票据种类 | 票据号码 | 填发日期 | 发站 | 到站 | 单位 | 名称及地址 | | | |
|---|---|---|---|---|---|---|---|---|---|
| 包裹票 | E077807 | 2016. 9. 1 | 北京 | 枣庄 | | 开户银行及账号 | | | |

| | 品名 | 件数 | 包装 | 实重 | 计重 | 运价号 | 运价率 | 运费 | | | 合计 |
|---|---|---|---|---|---|---|---|---|---|---|---|
| 原记载 | 教具 | 2 | 木箱 | 100 | 100 | 三类 | | 100. 50 | | | 100. 50 |
| 订正 | | | | | | | | | | | |

| 记事：装车前取消托运 | | | | | |
|---|---|---|---|---|---|
| | 应补收 | | | | |
| | 应退还 | 100. 50 | | | 100. 50 |
| | 净退(大写) | 壹佰元伍角零分 | | | |

上述退款已于 9 月 7 日以现金/支票如数退讫，

丙联已随 9 月 上 旬 财收 8 报局收入稽查中心。

经办人：印

甲联：(车站存查)

填发单位 印 (公章)　　填发人 印　　付款人 印

图 3-17　车站退款证明书

丙

北京铁路局

**客运运价杂费收据**

2016年9月1日　　　　(报告用)

<table>
<tr><td rowspan="4">原票据</td><td>种　别</td><td>日期</td><td>2016.9.1</td><td colspan="4">月　日　　时到达、通知、变更</td></tr>
<tr><td rowspan="3">包裹票</td><td>号码</td><td>E077807</td><td colspan="4">月　日　　时　交　　付</td></tr>
<tr><td>发站</td><td>北京</td><td colspan="4" rowspan="2">核收保管费　　　　日</td></tr>
<tr><td>到站</td><td>枣庄</td></tr>
<tr><td colspan="4" rowspan="2">核　收　区　间</td><td colspan="3">核　收　费　用</td><td rowspan="2">款　额</td></tr>
<tr><td>种别</td><td>件数</td><td>重量</td></tr>
<tr><td colspan="4">自　　　　站</td><td>变更手续费</td><td></td><td></td><td>5.00</td></tr>
<tr><td colspan="4">至　　　　站</td><td>保管费</td><td>2</td><td></td><td>6.00</td></tr>
<tr><td colspan="4">经由(　　　　)</td><td></td><td></td><td></td><td></td></tr>
<tr><td colspan="4">座别　　　人数</td><td></td><td></td><td></td><td></td></tr>
<tr><td colspan="4"></td><td colspan="3">合　计</td><td>11.00</td></tr>
<tr><td>记事</td><td colspan="7">装车前取消托运。</td></tr>
<tr><td colspan="8">北京　站经办人　印</td></tr>
</table>

A023459

图 3-18　客运运价杂费收据

2. 装运后变更到站

行李、包裹装运后，旅客、托运人或收货人要求变更运输时，只能在发站、行李或包裹所在中转站、装运列车和中止旅行站提出。如要求运回发站取消托运或变更到站时(鲜活物品除外)，按下列规定办理：

(1)发站对要求运回发站的行李、包裹，应收回行李、包裹票，编制客运记录，注明原票内容，交旅客或托运人作为领取行李、包裹的凭证；对要求变更到站的行李、包裹，应在行李、包裹票旅客页和报销页上注明“变更到××站”，更正到站站名及收货人单位、姓名，加盖站名戳，注明日期，交给旅客或托运人，作为在新到站领取行李、包裹和办理变更运输后产生运费差额的核算凭证。对于要求运回发站或变更到站，在办理时，都应发电报通知有关车站和列车。

(2)列车接到电报，找到行李、包裹时，应编制客运记录，连同行李、包裹和运输报单，交前方营业站或运至新到站(旅客在列车上要求变更时，可按此办理)。

(3)行李、包裹所在站接到电报后，对转运的行李、包裹应编制客运记录，并在记录中注明应收保管费日数和款额以及装卸费等。改正货签上的发、到站，连同行李、包裹运回发站或运至新到站(对列车移交的也同样办理)。

(4)发站或新到站收到行李、包裹后，通知旅客或收货人(托运人)领取，补收或退还已收运费和实际运送区段里程通算运费的差额，核收变更手续费。如超过规定免费保管期间时，核收保管费(包括所在站发生的保管费,折返站或转运站保管天数按 1 d 计算,原到站保管天数按行包到达日起至收到变更电报日止的日数计算)和装卸费。补收时填写“客杂”,退款时填写车站退款证明书,并将收回的原票贴在“客杂”或车站退款证明书报告页上报。

补收、退款同时发生时,分别填写“客杂”、车站退款证明书,不能款额冲抵后填其中一张。

因误售、误购车票而误运行李时,补收或退还已收运费与发站至正当到站运费的差额,不收变更手续费。同时应编制客运记录或发电报通知行李所在站,将误办的行李运至正当到站。到站需要补收行李运费差额时,使用“客杂”核收,并在原行李运输报单页、报销页和领取页的记事栏注明“误运”,报单页加盖“交付讫”戳记,交旅客报销;需要退款时,使用车站退款证明书退还,原行李票收回附在车站退款证明书上一并上报。

行李、包裹运输变更处理程序如图 3-19 所示。

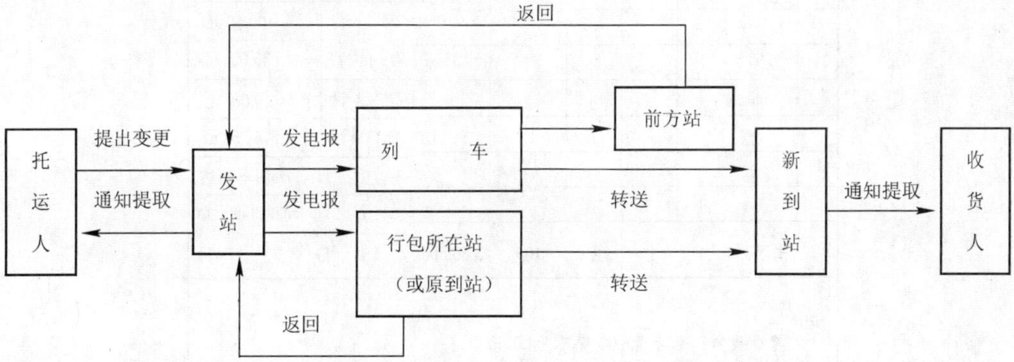


图 3-19　行李、包裹运输变更处理程序

**【例 3-6】** 装车后变更到站。

2016 年 9 月 1 日托运人张国忠在北京托运到枣庄站教具 2 件,总重 100 kg,票号 E077807(如图 3-15 所示),装运后,托运人要求变更到商丘站,新收货人:商丘市第三中学李白,包裹装在当日北京开往镇江的 1477 次列车上。各站位置示意图如图 3-20 所示。

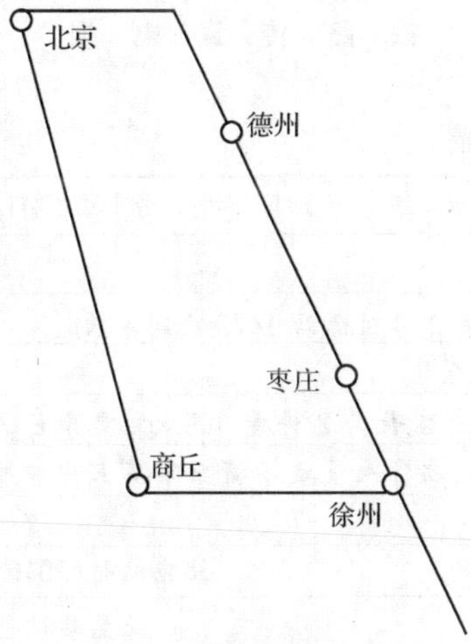


图 3-20　各站位置示意图

**【解】** 各站、车办理如下:

(1)北京站对包裹票进行更改(如图 3-21 所示)。

中铁快运股份有限公司

**包 裹 票**

丙

(领货凭证)

No:E077807

2016 年 9 月 1 日

到 ~~枣庄~~ 商丘 站　　经由 ________ 站

| | | |
|---|---|---|
| 托运人 | 单位姓名：张国忠 | 电　话：23457876 |
| | 详细地址：北京市文具厂 | 邮政编码：100001 |
| 收货人 | 单位姓名：~~王丢丢~~ 李白 | 电　话：~~3245672~~ 4568177 |
| | 详细地址：~~枣庄第一中学~~ 商丘市第三中学 | 邮政编码：~~277000~~ 476000 |

| 顺号 | 品　名 | 包装种类 | 件数 | 实际重量 | 声明价格 | | |
|---|---|---|---|---|---|---|---|
| | | | | | | 运价里程 | 746 千米 |
| | | | | | | 运到期限 | 4 日 |
| 1 | 教具 | 木箱 | 2 | 100 | 3 800.00 | 计费重量 | 100千克 |
| | | | | | | 运　费 | 100.50 元 |
| | | | | | | 保价费 | 38.00 元 |
| | | | | | | 杂费计 | 9.00 元 |
| | | | | | | 合　计 | 147.50元 |
| | | | | | | 月　日　次列车到达 | |
| | | | | | | 月　日　时　通　知 | |
| 合　计 | | | 2 | 100 | 3 800.00 | 月　日　交　付 | |

记事：

杂费明细：装车费8.00，货签费1.00元

变更到商丘站

北京　站行李员　印　(印)

B0000000000000000000000　　(京分)包裹票号码：No:E077807

图 3-21　包裹票填制式样

(2)北京站发电报通知 1477 次列车长、枣庄和商丘等相关站(如图 3-22 所示)。

**铁 路 传 真 电 报**

拟稿人

签发　　核稿　　电　话

| 发报所 | 电报号码 | 等　级 | 受理日 | 时　分 | 收到日 | 时　分 | 值机员 |
|---|---|---|---|---|---|---|---|
| | | | | | | | |

主送：德州站转交 9 月 1 日过你站 1477 次列车长

抄送：徐州、枣庄、商丘站

9 月 1 日我站发枣庄教具 2 件重 100 kg，票号 E077807。托运人张国忠要求变更到商丘站，收货人变更为商丘市第三中学李白，请转运至商丘站，并按章处理。

北京站行(2016)第 128 号

北京站行包车间(印)

2016 年 9 月 1 日

受理　　检查　　总检　　第 1 页

图 3-22　铁路传真电报拍发式样

(3)1477 次接到德州站转交的电报后，编制客运记录(如图 3-23 所示)连同票据、包裹交徐州站。

北京铁路局　　　　客统—1

**客　运　记　录**

第 029 号

记录事由：包裹变更到站

徐州站：

我车接 9 月 1 日北京站行(2015)第 128 号电，要求将北京发枣庄教具 2 件重 100 kg，票号 E077807，变更到商丘站，收货人变更为商丘市第三中学李白，现交你站，请按章处理。

注：
1. 站、车需要编制记录时均适用。
2. 本记录不能作为乘车凭证。

北京客运 站段　编制人员　1477 次列车长　(印)

站段　签收人员　(印)

2016 年 9 月 1 日编制

40215(客 31)99.7.25.29

图 3-23　客运记录编制式样

(4)徐州站接收包裹后，更改货签(盖名章)，编制客运记录(如图 3-24 所示)附票据上，将包裹装运商丘站。

济南铁路局　　　　客统—1

**客　运　记　录**

第 101 号

记录事由：包裹变更到站

商丘站：

9 月 1 日过我站 1477 次列车交下北京发枣庄教具 2 件重 100 kg，票号 E077807，变更运送你站，收货人变更为商丘市第三中学李白。该批货件在我站产生保管一天，保管费 6.00 元，装卸费 8.00 元，请代为收取，并按章处理。

注：
1. 站、车需要编制记录时均适用。
2. 本记录不能作为乘车凭证。

徐州 站段　编制人员　李毓　(印)

站段　签收人员　(印)

2016 年 9 月 2 日编制

40215(客 31)99.7.25.29

图 3-24　客运记录编制式样

(5)商丘站交付时计算收取运杂费:

①已收运费　北京—枣庄 746 km

100 kg 三类包裹运费　1.005×100=100.50(元)

应收运费　北京$\frac{814\ \text{km}}{}$徐州$\frac{146\ \text{km}}{}$商丘　共960 km

100 kg 三类包裹运费　1.248×100=124.80(元)

补收运费差　124.80−100.50=24.30(元)

②变更手续费 10.00 元

③转运站(徐州站)保管费 2 件 6.00 元

④徐州站装卸费 2 件 8.00 元(一卸一装)

⑤商丘站卸车费,因发站(北京站)已收取卸车费,故到站(商丘站)不再收取。

⑥填“客杂”如图 3-25 所示。

丙

郑州铁路局

**客运运价杂费收据**

2016 年 9 月 3 日　　(报告用)

<table>
<tr><td rowspan="4">原票据</td><td>种别</td><td>日期</td><td>9月1日</td><td colspan="4">月　日　　时到达、通知、变更</td></tr>
<tr><td rowspan="3">包裹票</td><td>号码</td><td>E077807</td><td colspan="4">月　日　时　交　　付</td></tr>
<tr><td>发站</td><td>北京</td><td colspan="4" rowspan="2">核收保管费　　日</td></tr>
<tr><td>到站</td><td>枣庄</td></tr>
<tr><td colspan="4" rowspan="2">核收区间</td><td colspan="3">核收费用</td><td rowspan="2">款额</td></tr>
<tr><td>种别</td><td>件数</td><td>重量</td></tr>
<tr><td colspan="4">自　北京　站</td><td>运费差</td><td></td><td></td><td>19.50</td></tr>
<tr><td colspan="4">至　商丘　站</td><td>变更手续费</td><td></td><td></td><td>10.00</td></tr>
<tr><td colspan="4" rowspan="2">经由(　徐州　)</td><td>保管费</td><td></td><td></td><td>6.00</td></tr>
<tr><td>装卸费</td><td></td><td></td><td>8.00</td></tr>
<tr><td colspan="4" rowspan="2">座别　　人数</td><td></td><td></td><td></td><td></td></tr>
<tr><td colspan="3">合　计</td><td>43.50</td></tr>
<tr><td>记事</td><td colspan="7">托运人要求变更到商丘站,包裹 2 件从徐州站转运,在徐州站产生保管一天。代收徐州站保管费 6.00 元,装卸费 8.00 元。</td></tr>
<tr><td colspan="8">商丘　站经办人　印　　印</td></tr>
</table>

A000000

图 3-25　客运运价杂费收据填制式样

3. 旅客退票、行李继运

旅客在发站或中途站停止旅行,仍要求把行李运至原到站时,应以“客杂”补收停止旅行站至原到站的行李与包裹的运费差额,核收变更手续费。但货件可凭原行李票继续运送,收货人凭原行李票在原到站提取。

## 第十二节　品名、重量不符及无票运输的处理

### 一、对品名不符的处理

品名不符系指运送物品与申报品名不同，影响运价计算，甚至把危险品、国家禁止或限制运输的物品，伪报成其他可运输的品名，进行隐瞒运输。

对品名不符的处理，关系到维护政府法令、保证运输安全、保障运输收入、贯彻运输政策等多方面的问题，因此，发现品名不符时，应采取认真负责和实事求是的态度，区别不同性质，正确处理。

对伪报一般品名的，在发站，应补收已收运费与正当运费的差额；在到站，补收应收运费与已收运费差额两倍的运费。

如将国家禁止、限制运输的物品或危险品伪报其他品名托运或在货件中夹带时，按下列规定处理：

(1)在发站发现时，停止装运，通知托运人领取，运费不退，并将原票收回，在记事栏内注明“伪报品名，停止装运，运费不退”。将报销页交托运人做报销凭证，保管费另以“客杂”核收。

(2)在中途站发现时，停止运送，发电报通知发站转告托运人领取，运费不退，并对品名不符的货件，按实际运送区段补收四类包裹运费。另根据保管日数，核收保管费。

(3)在列车上发现时，编制客运记录交到站处理，属危险品交前方停车站处理。

(4)在到站发现时(包括列车移交的)，对品名不符的货件补收全程四类包裹的运费及保管费。

车站除按上述规定办理外，认为有必要时，可交有关部门按国家有关规定处理(如发现爆炸品交公安部门、保护动物交林业部门)。

因托运人伪报品名给铁路和其他旅客(收货人)造成的损失，由托运人负完全责任。车站，列车发现伪报品名的行李、包裹，损坏其他旅客、托运人的行李、包裹时，应编制客运记录，分别附在伪报品名的行李、包裹票上，交有关到站处理，并由责任者的到站负责追索赔偿。

**【例 3-7】** 伪报品名。

西安开往南宁 K318/315 次列车 2016 年 9 月 2 日运行至武昌站前，发现托运人吴芳由西安发桂林药品 1 箱重 38 kg，票号 E001716，因包裹中夹带酒精(危险品)外溢，将外包装浸湿。请处理。

**【解】** 处理如下：

(1)列车编客运记录交武昌站(如图 3-26 所示)。

(2)武昌站将包裹扣留，拍电报(如图 3-27 所示)通知西安站转告托运人来武昌站处理(托运人于 9 月 7 日到武昌站)，按实际运送区间补收四类包裹运费：

西安—武昌　1 047 km

38 kg 四类包裹运费　1.751×38=66.538≈66.50(元)

保管费　18.00 元

卸车费　2.00 元

填“客杂”,如图 3-28 所示。

西安铁路局　　　　客统—1

**客　运　记　录**

第 37 号

记录事由:移交夹带危险品的包裹

武昌站:

信阳开车后,我车发现吴芳由西安发桂林药品 1 箱重 38 kg,票号 E001716,包裹中夹带酒精(危险品)外溢,将外包装浸湿。现将该货件交你站,请按章处理。

注:

1. 站、车需要编制记录时均适用。

2. 本记录不能作为乘车凭证。

西安 站段 站段　　编制人员　K315 次列车行李员印　(印)

签收人员　(印)

2016 年 9 月 2 日编制

40215(客 31)99.7.25.29

图 3-26　客运记录编制式样

**铁　路　传　真　电　报**

签发　　核稿　　拟稿人 电话

| 发报所 | 电报号码 | 等　级 | 受理日 | 时　分 | 收到日 | 时　分 | 值机员 |
|---|---|---|---|---|---|---|---|
| | | | | | | | |

主送:西安站

抄送:桂林站

9 月 1 日,你站发桂林药品 1 箱重 38 kg,票号 E001716,托运人西安市前进路 148 号吴芳,因夹带酒精(危险品)外溢将外包装浸湿。现该货已扣留我站,请转告托运人前来处理。

武昌站行(2016)第 18 号

武昌站行包车间(印)

2016 年 9 月 2 日

受理　　检查　　总检　　第 1 页

图 3-27　铁路传真电报拍发式样

丙

武 汉 铁 路 局

**客运运价杂费收据**

2016 年 9 月 7 日　　　　　　（报告用）

| 原票据 | 种 别 | 日期 | 9月1日 | 9月2日　时到达、通知、变更 |
|---|---|---|---|---|
| | 包裹票 | 号码 | E001716 | 9月7日　时　交　付 |
| | | 发站 | 西安 | 核收保管费　6　日 |
| | | 到站 | 桂林 | |

| 核收区间 | 核收费用 种别 | 件数 | 重量 | 款额 |
|---|---|---|---|---|
| 自 西安 站 | 四类包裹 | 1 | 38 | 66.50 |
| 至 武昌 站 | 保管费 | 1 | | 18.00 |
| | 卸车费 | 1 | | 2.00 |
| 经由（ 郑州 ） | | | | |
| 座别　　人数 | | | | |
| | 合 计 | | | 86.50 |

| 记事 | 夹带危险品（油漆），9 月 2 日 K318/315 列车移交我站，补收四类包裹运费。 |
|---|---|

武昌 站经办人 李红 印

A000001

图 3-28　客运运价杂费收据填写式样

## 二、对重量不符的处理

重量不符系指行李、包裹的实际重量与票据记载的重量有出入。此种情况的产生，往往由于不认真检斤以及为图省事采取估计重量或盲目信任托运人有关单据记载的重量来代替承运时重量。由于重量不符，直接影响运费计算的正确性。为此，我们要本着实事求是的精神进行处理，应补收时，则补收超重部分正当运费，应退还时退还多收部分的运费。在办理上应遵循下列规定：

(1)到站发现行李、包裹重量不符，应退还时，开具车站退款证明书将多收款退还收货人。

(2)应补收时，开具“客杂”，补收正当运费，同时编制客运记录附收回的行李、包裹票报局收入部门，由局收入部门列应收账款向检斤错误的车站再核收与应补运费等额的罚款。

品名、重量不符同时出现时，先处理重量不符，再按实际重量处理品名不符，处理的先后不同导致收费差别很大。

**【例 3-8】**　重量不符。

2016 年 9 月 4 日，锦州市百货公司张扬持包裹票 D030108，到锦州站提取 9 月 1 日由长春站发锦州站塑料制品 4 件，总重 180 kg，交付时经复磅发现其实际重量为 200 kg。

**【解】** 锦州站处理如下：

(1)补收超重运费

长春—锦州 545 km,补收三类包裹运费。

超重数量:200－180＝20(kg)。

补收运费:0.78×20＝15.60(元)

填“客杂”(略)收费。

(2)编制客运记录(如图 3-29 所示)附在收回的包裹票上报局收入处。

沈阳铁路局　　　　客统—1

**客　运　记　录**

第 105 号

记录事由:重量不符

沈阳局收入处:

9 月 1 日由长春站发锦州站塑料制品 4 件,票号 D030108,总重 180 kg,交付时经复磅发现其实际重量为 200 kg。我已用“客杂”A000001 向收货人补收运费差额壹拾伍元陆角,特此告知。

附:收回的包裹票。

注:

1. 站、车需要编制记录时均适用。　　锦州 站/段　　编制人员　李毓　(印)

2. 本记录不能作为乘车凭证。　　站/段　　签收人员　　(印)

2016 年 9 月 4 日编制

40215(客 31)99.7.25.29

图 3-29　客运记录编写式样

### 三、对无票运输的处理

无票运输系指行李、包裹应办托运手续而未办理的一种违章运输。为严肃运输纪律、严格按章办事、杜绝不良风气,车站和列车应拒绝装运无票的行李、包裹。如发现已装运的,列车长、列车行李员应编制客运记录交到站处理。到站对移交和自站发现的无票运输的行李、包裹,按照实际运送区段,加倍补收四类包裹运费。

以上补收运费、运费差额或保管费均用“客杂”核收,并在记事栏内注明核收事由。

## 第十三节　无法交付物品的处理

无法交付物品的产生,往往是由铁路运输企业管理不善、运输质量不高以及旅客或托运人自身过失等原因所造成。为此,必须加强理货、保管、装卸、运输等各个环节的工作,把无法交付物品减少到最低限度,以致消灭。

对已发生的无法交付物品，应想方设法寻找线索，千方百计使其物归原主。车站对自站发现的或列车移交的无法交付物品，必须妥善保管，任何单位或个人都不得自行动用，并按下列几个环节处置：

### 一、无法交付物品的确定

(1)无法交付的行李、包裹是指由于铁路或托运人、收货人的原因，造成不能交付给正当收货人的物品。

(2)无法归还的旅客遗失物品是经查找未能归还原主而由车站保管的物品。

(3)无人领取的暂存物品是旅客在车站携带物品暂存处存放，长期无人领取的物品。

### 二、无法交付物品的管理

车站对无法交付的物品，应按无法交付物品的开始日期、来源、品名、件数、重量、规格、特征等登入“无法交付物品登记簿”内。登记簿内的编号、移交收据的编号及物品上的编号应一致，以便查找。有条件的车站，账和物应由专人分管，做到账物相符。无法交付物品在保管期间发生丢失、损坏时，由保管人负责。回送过程中发生丢失、损坏时，比照行李、包裹事故处理。

### 三、无法交付物品的处理

车站、经营人对无法交付物品，行李从运到日起，包裹从发出到达通知日起，遗失物品和暂存物品从收到日起，满 90 d 无人领取时(易变质物品应及时处理)，车站、经营人进行公告。公告满 90 d 仍无人领取时，开列清单，报请铁路局批准，按下列规定处理：

(1)行李、包裹、旅客遗失物品、暂存品等，送交拍卖行拍卖(如当地无拍卖行时，应向铁路局指定设立的无法交付物品集中处理站转送)。

(2)枪支、弹药、机要文件及国家法令规定不能买卖的物品等，移交有关部门处理。

无法交付的物品，除移交有关部门处理的以外，其他物品均应作价移交(即拍卖收入)。在扣除发生的一切费用后，属于旅客遗失物品、无人领取的暂存物品、及行李、包裹作价剩余款额，自变卖日起 180 d 内旅客或托运人、收货人来领取时，车站、经营人应将旅客或托运人、收货人出具的物品所有权的书面证明报铁路局审核拨款。无人领取时，上缴国库。属于事故行李、包裹作价剩余款额拨归铁路收入(按保价办理的行包冲抵保价费)。

车站所建立的“无法交付物品登记簿”，应记载无法交付物品内容及处理情况，逐季报铁路局。

## 复习思考题

1. 行李、包裹运输合同的含义及凭证是什么？
2. 行李、包裹票主要应载明哪些内容？
3. 托运人的基本权利和义务有哪些？
4. 承运人的基本权利和义务有哪些？
5. 行李和包裹的范围是怎样规定的？
6. 行李中不得夹带哪些物品？

7. 包裹是怎样分类的？哪些物品不能按包裹托运？

8. 行李、包裹的托运和承运有何规定？

9. 行李、包裹票有几页？具体作用和颜色是什么？

10. 行李、包裹的运送组织原则是什么？

11. 如何计算行包运到期限？

12. 旅客要求将逾期到达的行李运至新到站时应如何处理？

13. 行包免费保管天数是如何规定的？

14. 行李、包裹要求运输变更如何处理？

15. 凭传真件提取包裹应如何办理？

16. 行包票丢失如何进行交付？

17. 行李、包裹交付有哪几个环节？在办理上应注意什么问题？产生无法交付的物品应如何处理？

18. 行李、包裹违章运输有哪些？应如何处理？

19. 下列物品哪些可按行李(有车票)，哪些可以按包裹(几类包裹)办理？

自用的铺盖卷、腐竹、鲜枣、穿山甲(有园林部门证明，观赏动物)、省法院判决布告、猪板油、活甲鱼、椰子、菠萝、箩筐、杂志、咸蛋、土豆、运动垫子、化疗用的钴 60、新闻图片、青椒、花椒、塑料鞋、柳藤箱、救灾药品(有政府机关证明)、即日出版的文摘报、个人阅读的书籍、测量队员本人所用的行军床、机器零件。

20. 7 月 5 日旅客张杰持 T29 次北京西至韶关车票 1 张(票号 B010813)，要求托运行李(编织袋内装衣服)1 件，重 24 kg，(旅客住北京市复兴门外大街 115 号)。请办理。

21. 8 月 5 日广州市服装厂在广州站托运服装 5 件，重 203 kg，声明价格 13 280 元，到站武昌，收货人：武汉市和平路 18 号商贸大厦李小明。请办理。

22. 4 月 25 日一残疾旅客杨建(住南昌市解放东路 168 号)，持石家庄至南昌 T145 次车票一张(票号 A031286)，要求托运残疾人用车 1 辆重 38 kg，声明价格 2 300 元，木箱 1 件重 38 kg(内装衣服和阅读书籍)，声明价格 868 元，电视机 1 件重 22 kg(纸箱包装)，声明价格 3 000 元。请办理。

23. 7 月 15 日，托运人赵刚(住株洲市南马路 85 号)，由株洲站托运摩托车 1 辆(本新大洲牌，汽缸 125 ml，九成新，铃、锁、灯齐全)，到站永州，收货人赵伟(住永州市兴宁路 36 号)。请办理。

24. 8 月 1 日，旅客张明持 K143 次柳州至重庆车票一张(票号 A010355)，在柳州站托运行李 2 件，总重 65 kg，声明价格 2 100 元，要求托运至成都站，请办理。

25. 9 月 4 日，北京发吉林包裹，票号 A014224，棉皮鞋 16 件，重 281 kg，于 9 月 15 日运至到站，收货单位(吉林市东方大厦)要求吉林站支付逾期违约金。请办理。

26. 10 月 3 日杭州市茶叶公司发柳州市茶叶公司龙井茶 4 件，重 160 kg，包裹票 A080616 号，其中 2 件重 80 kg 于 10 月 5 日运到，其余 2 件重 80 kg 于 10 月 12 日运到，次日领取，收货人要求柳州站支付逾期违约金。请办理。

27. 12 月 6 日，和平路 139 号曹刚在柳州站托运到兰州站仪表 2 件(木箱包装)，重 83 kg，声明价格 8 100 元，包裹票 B098566，请先办理托运，然后分别按以下几种情况处理：

①当日托运人要求取消托运，包裹未装车，报告页未上报。

②次日托运人要求取消托运，包裹未装车，报告页已上报。

③12 月 8 日托运人要求取消托运，经查 6 日装 K316 次（南宁至西安）列车，7 日 20:54 运至中转站西安，曹刚要求将包裹运回发站。请说明有关站的处理过程，并编写客运记录、拍发电报、填制“客杂”。

④6 日装 K316 次（南宁至西安）后，当日，托运人提出变更至乌鲁木齐站。请说明有关站的处理过程，并编写客运记录、拍发电报、填制“客杂”。

28. 8 月 1 日，金华市民生药厂在金华西站托运西药 5 件，重 165 kg，到站无锡，收货人无锡市医药公司包裹票（A023568），装运后，托运人于当日 18:30 时来金华西站要求变更到南京站，收货人南京市第一人民医院。接受变更时，装运列车 1312 次（广州—南京西）尚未到达上海站。说明有关站车处理过程。

29. 11 月 1 日，旅客李明自南京站去沧州站，因误购至常州站的车票（票号 D023406）而误运行李 1 件重 30 kg（行李票号 A032501），旅客乘当日 1511 次（宜昌-无锡），列车于镇江站前验票时发现该旅客误购车票，列车行李员在行李车内找到该件行李，根据旅客要求，该行李于 11 月 5 日运回到正当到站沧州站，旅客当日领取。请说明站车处理过程。

30. 12 月 1 日，南京站发哈尔滨电视机 2 件重 24 kg，包裹票 A030617，12 月 8 日交付时经复磅发现实际重量为 42 kg。应如何处理？

31. 8 月 8 日，旅客李煜凭西安至广州的 K81 次车票（经由郑州）在西安站托运行李 2 件重 60 kg。广州站 8 月 15 日交付时发现其中一件为绸缎重 30 kg。广州站应如何处理？

32. 10 月 8 日，成都医药公司在成都站托运中成药品 5 件，重 150 kg，到站西安，10 月 10 日西安站交付时发现其中一件，30 kg 内装有 20 kg 的医用酒精。请办理交付。

33. 9 月 9 日 K227 次列车到达兰州站装卸行包时，车站行李员发现 2 件服装无票运输，经过磅实际重量 62 kg，由广州站装车。兰州站应如何处理？

# 第四章 特定运输

## 第一节 包车运输

凡旅客要求单独使用加挂车辆(含普通客车、公务车)或加开专用列车(含豪华列车)时,均按包车办理。包车人应与承运人签订包车合同。包车合同应载明:包车人、承运人的名称、地址、联系人姓名、电话;包用车辆的种类、数量、时间;发站和到站站名;包车运输费用;违约责任;双方商定的其他内容。签订包车合同时,包车人应预先缴付相当于运输费用20%的定金。

### 一、包车运输费用的计算

包车或加开专用列车,应按下列标准,根据运行里程(或根据使用日数)核收票价、运费、使用费、包车停留费、空驶费及其他费用等,并且,包车或加开专用列车的运输费用,在全部运行中,里程采取通算。

1. 票价

(1)座车(含合造车的座车部分),按座车种别、定员核收全价客票票价。

(2)卧车(含合造车的卧车部分),按卧车种别、定员核收客票及卧铺票的全价票价。

(3)公务车,按40个定员核收软座客票及高级软卧票(上、下铺各1/2)的全价票价。

(4)豪华列车,每辆按32个定员核收软座客票及高级软卧票(上、下铺各1/2)的全价票价。

(5)棚车代用客车,按车辆标记载重计算定员(按1.5人/t折算)核收棚车客票票价。

乘坐包车或专用列车的旅客,票价高的与票价低的(即成人与儿童,包括享受减价优待的学生、伤残军人等)混乘一辆包车时,按票价高的核收,如实际乘车人数超过定员时,对超过的人数按实际分别核收票价。

包用的客车、公务车加挂在普通快车、快速列车、特别快车上或加开的专用列车、豪华列车按上述等级的快车速度运行时,都应根据核收客票票价人数核收相应的加快票价。途中发生中转换挂(或开行)不同列车等级时,按首次挂运(或开行)的列车等级核收加快票价。

包用车辆使用空调设备时,还应按核收客票票价的人数核收空调费。娱乐车、餐车的空调费按使用费的25%计算。

2. 运价

行李车(含合造车的行李车部分),按车辆标记载重核收行李或包裹运费。用棚车代用行李车时,按行李或包裹的实际重量核收行李或包裹运费,起码计费重量按标记载重的1/3计算(不足1 t的尾数进整为1 t)。行李、包裹混装时,按其中运价高的核收。

加开专用列车、豪华列车时，隔离车或宿营车不另计费。如用隔离车装运行李、包裹时，应核收包车运费。

3. 使用费

娱乐车、餐车按每日每辆核收5 000元使用费，不足1 d，亦按1 d计算。但餐车合造车减半核收使用费。

4. 包车停留费

包车停留费是指包车或加开的专用列车，根据包车人提出的要求，在发站、中途站、折返站停留时(因换挂接续列车除外)，所应付的费用。

包车停留费按每日每辆核收，并根据产生停留的自然日计算，即自0:00起至24:00止为1 d，停留当日不足12 h减半核收。

包车停留费，根据运输成本并考虑减少计费标准、简化手续等要求，将各种不同车辆予以归类，每一个类别规定统一的收费标准，现行的车辆归为五类：

(1)公务车、娱乐车、餐车，每日每辆5 000元(餐车合造车按减半核收)。

(2)高级软卧车，每日每辆3 300元。

(3)软座车、软卧车、软硬卧车、硬卧车、软座硬卧合造车，每日每辆1 800元。

(4)硬座车、行李车、软硬座合造车、行李邮政车、软座行李合造车、硬座行李合造车，每日每辆1 400元。

(5)棚车，每日每辆139元。

包用娱乐车、餐车，1 d内同时发生停留费、使用费两项费用时，只收一项整日费用。

5. 空驶费

空驶费是指包车人指定要在某日包用某种车辆，而乘车(装运)站没有所需车辆，须从外站(车辆所在站)向乘车(装运)站空送时，以及用完后送至车辆原所在站，所产生空驶应付的费用。

对车辆空驶区段(里程按最短径路并采取通算)，不分车种，按每车公里核收3.458元空驶费，但棚车不核收空驶费。

6. 其他费用

(1)包用公务车、豪华列车的服务费，按车票票价15%核收。

(2)包用专用列车、豪华列车，如列车编成辆数不足12辆时，根据实际运行日数，按每日每辆核收欠编费850元。当日不足12 h的减半核收。

**【例4-1】** 2016年3月7日，一旅行社组织自费旅行团35人(其中1.2～1.5 m儿童5名)，在邯郸站要求包用新型空调软卧车1辆，路程单提出3月20日邯郸站挂T231次列车(北京西—西安的新空列车，经由良乡、郑州)到西安，停留后挂3月24日1158/5次列车(西安—南昌的新空列车，经由郑州、武昌、庐山)到南昌站停止使用。邯郸站经请示上级，同意办理。因邯郸站没有此需车辆，从石家庄站调配$RW_{25}$542368一辆(定员32人)，使用完毕后回送石家庄站。邯郸站如何办理？

注：T231次邯郸20日22:16开，21日6:23到西安；1158/5次西安24日16:20开，25日13:12到南昌。

**【解】** (1)办理情况

① 包车人提交全程路程单。

② 将全程路程单报请北京局批准。

③ 邯郸站与包车人签订包车合同,预收相当于运输费用20%的定金。

④ 3月17日北京局下达调度命令。

⑤ 3月18日办理费用的交纳手续。

(2)费用计算

① 车票票价

邯郸$\overset{\text{郑}}{\text{——}}$西安$\overset{\text{郑、武、庐}}{\text{————}}$南昌 2 164 km

32人新空软座客票票价:287.00×32=9 184.00(元)

3人新空软座客票儿童票价:143.50×3=430.50(元)

32人新空特快票价:58.00×32=1 856.00(元)

3人新空特快儿童票价:29.00×3=87.00(元)

32人新空空调票价:36.00×32=1 152.00(元)

3人新空空调儿童票价:18.00×3=54.00(元)

16人新空软卧上铺票价:259.00×16=4 144.00(元)

16人新空软卧下铺票价:288.00×16=4 608.00(元)

合计:9 184.00+430.50+1 856.00+87.00+1 152.00+54.00+4 144.00+4 608.00=21 515.50(元)

② 包车停留费

西安站计费停留日为4 d,即

21日停留17:37　　按1 d

22日停留24:00　　按1 d

23日停留24:00　　按1 d

24日停留16:00　　按1 d

合计:4 d

停留费:1 800×4=7 200(元)

③ 包车空驶费

石家庄—邯郸　　165 km

南昌$\overset{\text{衡水}}{\text{——}}$石家庄　　1 293 km

空驶里程:165+1293=1 458(km)

空驶费:3.458×1 458=5 041.764=5 041.80(元)

④ 填写代用票

代用票填写式样如图4-1所示。

## 二、包车变更费用的计算

包车人包用的车辆,由于某种原因需要变更时,可以办理包车变更。但包车人在未交付运输费用前取消用车计划时,定金不退。如已交付运输费用时,则按下列规定办理:

1. 包车人在始发站停止使用时,除退还已收空驶费与已产生的空驶区段往返空驶费差额外,其他费用按以下方式计算核收:

(1)开车前48 h以前,退还全部费用,核收票价、使用费、运费10%的停止使用费。

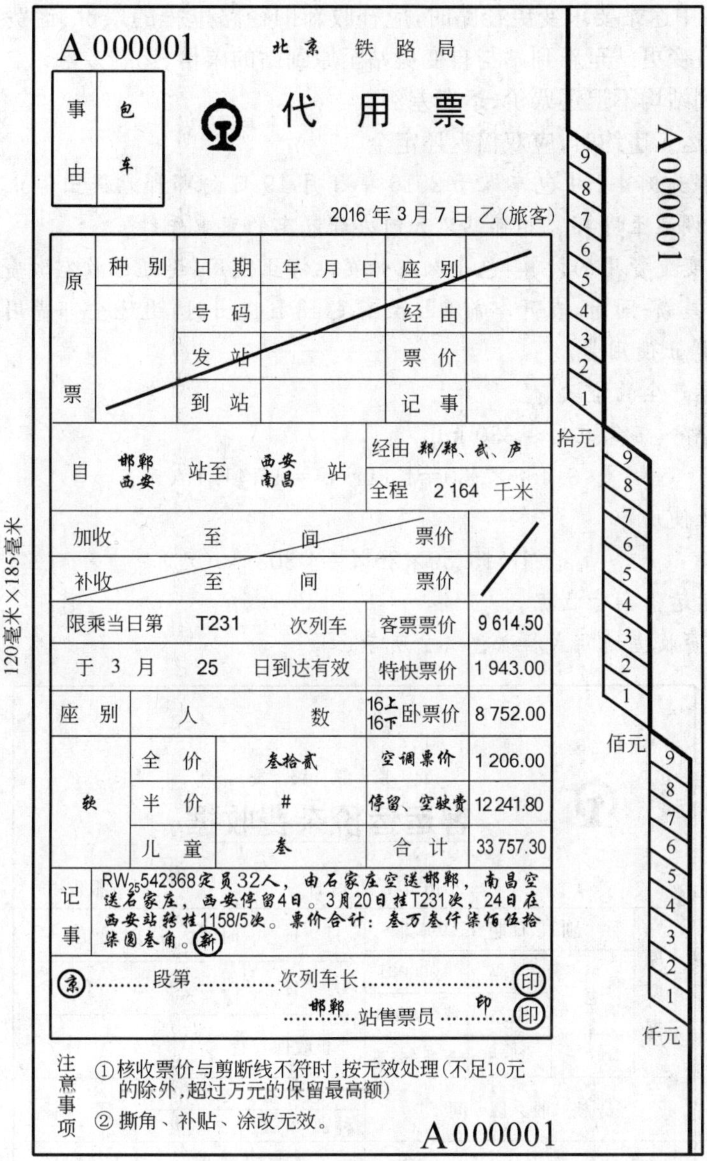
A000001 北京铁路局

事由 包车

代用票

2016年3月7日 乙(旅客)

| 原票 | 种别 | 日期 | 年 月 日 | 座别 | |
|---|---|---|---|---|---|
| | | 号码 | | 经由 | |
| | | 发站 | | 票价 | |
| | | 到站 | | 记事 | |

| 自 | 邯郸 西安 | 站至 | 西安 南昌 | 站 | 经由 郑/郑、武、庐 |
|---|---|---|---|---|---|
| | | | | | 全程 2164 千米 |

| 加收 | 至 | 间 | 票价 | |
|---|---|---|---|---|
| 补收 | 至 | 间 | 票价 | |
| 限乘当日第 | T231 | 次列车 | 客票票价 | 9614.50 |
| 于 3 月 | 25 | 日到达有效 | 特快票价 | 1943.00 |
| 座别 | 人 | 数 | 16上 16下 卧票价 | 8752.00 |
| 软 | 全价 | 叁拾贰 | 空调票价 | 1206.00 |
| | 半价 | # | 停留、空驶费 | 12241.80 |
| | 儿童 | 叁 | 合计 | 33757.30 |

记事：$RW_{25}$542368定员32人，由石家庄空送邯郸，南昌空送石家庄，西安停留4日。3月20日挂T231次，24日在西安站转挂1158/5次。票价合计：叁万叁仟柒佰伍拾柒圆叁角。(新)

(京)……段第……次列车长……(印)

邯郸……站售票员……(印)

注意事项 ①核收票价与剪断线不符时，按无效处理(不足10元的除外，超过万元的保留最高额)
②撕角、补贴、涂改无效。

A000001



图4-1 代用票填写式样

(2)开车前不足48 h至开车前6 h退还全部费用，核收票价、使用费、运费20%的停止使用费。

(3)开车前不足6 h，退还全部费用，核收票价、使用费、运费50%的停止使用费。

(4)开车后要求停止使用时，只退还尚未产生的包车停留费。

2. 包车人在始发站延期使用，在开车前6 h以前提出时，按规定核收包车停留费；在开车前不足6 h提出时，核收票价、使用费、运费50%的延期使用费，并重新办理包车手续。

3. 包车人在中途站延长使用区段或延长停留时间时，需经中途变更站报请铁路局(集团公司)同意后，核收票价、运费、使用费或包车停留费。如包车人当时付款有困难时，应根据其书面要求，由变更站电告发站或到站补收应收费用。

中途缩短停留时间或缩短使用区段时，所收费用不退。

4. 包车人在中途站要求变更径路时，应补收新旧径路里程的票价、运费差额。要求变更到站时，应补收自变更站至新到站与自变更站至原到站的票价、运费差额。

变更径路、到站均不退还票价、运费差额。

如包车中承运人违约时，应双倍返还定金。

**【例 4-2】** 假如例 4-1 中包车人于 2016 年 3 月 19 日向邯郸站提出停止使用包车，此时，车辆已从石家庄调运至邯郸。邯郸站又如何办理包车的变更手续？

**【解】** 包车变更费用的计算：包车人在始发站停止使用，退还已收空驶费与已产生的空驶区段往返空驶费差额；同时，在开车前 6 h 至不足 48 h 提出时，退还全部费用，核收票价、使用费、运费 20%的停止使用费。

(1)核收实际产生的空驶费

石家庄—邯郸—石家庄　　330 km

$$3.458\times330=1\ 141.14=1\ 141.10(\text{元})$$

(2)核收停止使用费

$$21\ 515.50\times20\%=4\ 303.10(\text{元})$$

(3)填写客运运价杂费收据

客运运价杂费收据填写式样如图 4-2 所示。

丙

北京铁路局

**客运运价杂费收据**

2016 年 3 月 19 日　　(报告用)

| 原票据 | 种别 | 日期 | 2016.3.18 | 月　日　　时到达、通知、变更 |
|---|---|---|---|---|
| | 包车 | 号码 | A000001 | 月　日　　时　交　　付 |
| | | 发站 | 邯郸/西安 | |
| | | 到站 | 西安/南昌 | 核收保管费　　日 |

| 核收区间 | 核收费用 种别 | 件数 | 重量 | 款额 |
|---|---|---|---|---|
| 自……站 | 实际空驶费 | | | 1 141.00 |
| 至……站 | 停止使用费 | | | 4 303.10 |
| 经由(　　) | | | | |
| 座别……人数…… | | | | |
| | 合计 | | | 5 444.20 |

记事：车辆空驶区段：石家庄—邯郸—石家庄 330 km；始发站开车前 6 至不足 48 小时停止使用。

邯郸　站经办人　印　　印

A000000

图 4-2　客运运价杂费收据填写式样

## 第二节 租车及租用、自备车辆的挂运和行驶

### 一、租　　车

租用人向承运人租用客运车辆时，租用人应与承运人签订租车合同。租车合同主要载明：租用人和承运人名称、地址、联系人姓名、电话，租用车辆种类、数量；租用时间和区间，租车费用，违约责任，双方商定的其他事项等，并按包车停留费标准，按日核收租车费。单独租用发电车时，租车费每日每辆 2 100 元。

### 二、挂运和行驶

企业自备机车车辆或租用车，利用承运人动力挂运或线路运行时，应向承运人提出书面要求，经协商同意并对机车车辆的技术状态检查合格后方能办理，核收挂运费或行驶费。长期挂运或行驶时，承运人应与企业或租用人签订合同。

企业自备客车或租用客车在国家铁路的旅客列车或货物列车挂运时，按下列标准核收挂运费：

1. 空车

不分车种按 0.534 元/(轴·km)核收。随客运列车挂运的空客车如有随车押运人员时，应购买所挂运列车等级的硬座车票，随货物列车挂运的空客车的随车押运人员，按货运押运人收费标准核收押运费。

2. 重车

(1)客车，按标记定员票价的 80%核收。

(2)行李车，按标记载重及所装行李或包裹品类运费的 80%核收。

(3)餐车、娱乐车、发电车，按租车费的 80%核收。

企业自备动力牵引租用客车或企业自备客车，利用国家铁路线路运行时，不论空车或重车，均按 0.468 元/(轴·km)(含机车轴数)核收行驶费。

铁路机车车辆工厂(包括车辆研究所)新造车或检修车出厂在正式营业线上进行试验时，同样收取挂运费或行驶费。

军运、邮政部门租车和自备车辆挂运及行驶的收费标准，按军运和邮运有关规定办理。

挂运费和行驶费，不足 1 元的尾数按四舍五入处理。

**【例 4-3】** 邯郸钢厂自备空客车 YZ465430 一辆(4 轴)，自邯郸站挂运至武昌站，试计算空车挂运费？

**【解】** 1. 计算空车挂运费

邯郸—武昌　　783 km

空车挂运费：0.534×4×783＝1 672.488＝1 672.00(元)

2. 填写客运运价杂费收据

客运运价价杂费收据填写式样如图 4-3 所示。

**【例 4-4】** 上海宝钢厂，有该厂人员乘坐的自备硬座客车 YZ465000 一辆，定员 120 人，装运行李的行李车 XL301100 一辆，标记载重量为 17 t 及餐车 CA901100 一辆，从上海站挂 2002 次普快列车到南京西站。试计算重车挂运费。

丙

北 京 铁 路 局

**客运运价杂费收据**

×年×月×日　　　　　　(报告用)

| 原票据 | 种　别 | 日期 | | 月　日　时到达、通知、变更 |
|---|---|---|---|---|
| | | 号码 | | 月　日　时　交　　付 |
| | | 发站 | | |
| | | 到站 | | 核收保管费　　　　日 |

| 核　收　区　间 | 核收费用 种别 | 件数 | 重量 | 款　额 |
|---|---|---|---|---|
| 自　邯　郸　站 | 空车挂运费 | | | 1 672.00 |
| 至　武　昌　站 | | | | |
| 经由(　　　) | | | | |
| 座别　　人数 | | | | |
| | 合　计 | | | 1 672.00 |

记事　YZ465430 空客车一辆(4 轴)。

邯郸　站经办人　印　　　　印

A000000

图 4-3　客运运价杂费收据填写式样

**【解】** (1)计算重车挂运费

上海—南京西　　307 km

硬座客快票价:23.50 元

行李每吨运价:0.175×1 000=175.00(元)

餐车每日租车费:5 000.00 元

重车挂运费:(23.50×120+175.00×17+5 000.00)×80%=(2 820.00+2 975.00+5 000.00)×80%=10 795.00×80%=8 636.00(元)

(2)填写客运运价杂费收据

客运运价杂费收据填写式样如图 4-4 所示。

**【例 4-5】** 武钢厂自备机车一台(10 轴),并牵引自备客车 10 辆(计 40 轴),由武昌站行驶至黄石站,试计算行驶费。

**【解】** (1)计算行驶费

武昌—黄石　　109 km

行驶费:0.468×(10+40)×109=2 550.60≈2 551.00(元)

(2)填写客运运价杂费收据

客运运价杂费收据填写式样如图 4-5 所示。

丙

上海铁路局

**客运运价杂费收据**

×年×月×日　　　　(报告用)

| 原票据 | 种别 | 日期 | | 月 日 时到达、通知、变更 | | |
|---|---|---|---|---|---|---|
| | | 号码 | | 月 日 时交 付 | | |
| | | 发站 | | 核收保管费 日 | | |
| | | 到站 | | | | |
| 核收区间 | | | | 核收费用 | | 款额 |
| | | | | 种别 | 件数 | 重量 | |
| 自 上海 站 | | | | 重车挂运费 | | | 8 636.00 |
| 至 南京西 站 | | | | | | | |
| 经由( ) | | | | | | | |
| 座别 人数 | | | | 合计 | | | 8 636.00 |
| 记事 | YZ465000 一辆，定员 120 人，XL301100 一辆，载重 17 t，CA901100 一辆，2002 次普快列车挂运至南京西站。 | | | | | | |

上海 站经办人 印 印

A000000

图 4-4 客运运价杂费收据填写式样

丙

武汉铁路局

**客运运价杂费收据**

×年×月×日　　　　(报告用)

| 原票据 | 种别 | 日期 | | 月 日 时到达、通知、变更 | | |
|---|---|---|---|---|---|---|
| | | 号码 | | 月 日 时交 付 | | |
| | | 发站 | | 核收保管费 日 | | |
| | | 到站 | | | | |
| 核收区间 | | | | 核收费用 | | 款额 |
| | | | | 种别 | 件数 | 重量 | |
| 自 武昌 站 | | | | 行驶费 | | | 2 551.00 |
| 至 黄石 站 | | | | | | | |
| 经由( ) | | | | | | | |
| 座别 人数 | | | | 合计 | | | 2 551.00 |
| 记事 | 武钢厂自备机车一台（10 轴），并牵引自备客车 10 辆（40 轴）行驶。 | | | | | | |

武昌 站经办人 印 印

A000000

图 4-5 客运运价杂费收据填写式样

## 第三节　旅游列车运输

### 一、旅游列车含义及办理条件

1. 旅游列车含义

旅游列车是指由旅行社等单位(简称包车人)往返全部包用、运载旅游团体旅客的列车。

两个以上单位同时包用一列车时,应当由一个牵头单位作为包车人。

2. 办理条件

(1)开行旅游列车应当在图定旅游列车运行线中选择,不得开行图外旅游列车。

(2)旅游列车开行计划应当提前两个月提报,跨局旅游列车由铁路总公司批准。

包车人应于每月 5 日前向始发站或当地铁路局提出第三个月的要求。开车要求包括列车编组、往返开车日期、运行区段、中途停车站、经由及运行时刻等内容。

铁路局应于每月 10 日前以电报向铁路总公司运输局提出第三个月旅游列车的开车申请报告。

铁路总公司运输局于每月 15 日前以局电下达第三个月的旅游列车开行批复意见。在旅游列车开行前 5 至 7 日内,铁路局将开行计划再次确认后电话报铁路总公司客调,由铁路总公司客调下达开车命令。

(3)开行跨局旅游列车的,载客车辆不少于 14 辆;经过限制区段的,载客车俩为限制牵引辆数减 3 辆;宿营车只能使用 1 辆。

(4)开车计划经批准后,包车人应与承运人签订包车合同,并要求包车人向发站交付包车费用 20%以内的定金。

收取定金时,填写"预付款存入凭证"。制票时,已收定金填制"预付款抵用凭证"冲抵运输费用。包车人违约时,填写"客运杂费收据"核收定金、延期使用费或停止使用费。承运人违约时,应双倍返还定金。加倍部分填写"车站退款证明书",在车站运输收入进款中垫付,月末向财务部门清算。

### 二、旅游列车运输费用的计算

1. 票价

(1)旅游列车票价按相应的设备条件(非空调或空调,空调车按新空票价执行)、普快和标记定员计价并按 90%核收,车辆标记定员不足 32 人的按 32 人计算;使用豪华车辆(每辆车定员不足 20 人)的另核收服务费。使用宿营车内铺位时,按实际铺位计费。

(2)旅游列车实际运行技术标准高于上述规定的,按相应等级核收票价。

(3)旅游列车按单程里程通算计算票价;运行径路涉及国铁、地铁、合资铁路等特殊运行区段的,可分段计算,加总核收。

2. 使用费

(1)旅游列车编挂一辆餐车时,不核收使用费;超过一辆时,对超过部分,按相应等级硬卧车标记定员票价核收使用费。该硬卧车标记定员系按实际编组确定,不同定员混编时,取最高数。

(2)旅游列车编挂娱乐车、会议车时,均按相应等级硬卧车标记定员(含义同前)票价核收使用费。

3. 停留费

旅游列车中途站停留 24 h,折返站停留 48 h 以内的,免收停留费。超过上述时限的,自超过时起,不足 12 h 的,按半日核收停留费,满 12 h 但未超过 24 h 的,按 1 d 核收停留费。

4. 空驶费

旅游列车在始发站前及终到站停车后,因调用车辆产生空驶的,不收取空驶费。而途中产生的空驶,已按里程通算在票价内,为此,全程不可能再产生空驶,即旅游列车不收取空驶费。

旅游列车产生的服务费、停留费、空驶费、延期使用费、停止使用费等,均参照包车的收费标准核收。

5. 动车组旅游列车的计价

根据铁总运电〔2017〕40 号《中国铁路总公司关于明确动车组旅游列车票价收费标准的通知》的规定,为适应旅游运输市场需要,充分利用动车组客车资源,旅游团体包租动车组旅游列车(整列),其收费标准:

(1)对于单程包车的旅游团体,二等座、一等座、特等座票价按标记定员计算并核收,商务座票价按标记定员计算并可最低实行 6 折优惠。

(2)对于往返包车的旅游团体,二等座、一等座、特等座票价按标记定员计算并可最低实行 9 折优惠,商务座票价按标记定员计算并可最低实行 6 折优惠。

(3)上述动车组旅游列车中各席别的单个定员票价,按照同期同往路同席别的最高全价票执行票价计算。

## 三、旅游列车乘车票据

1. 使用代用票

旅游列车的乘车票据为代用票。始发站使用代用票一次收清包车费用,其他站、车不得再另外收取任何费用。代用票交包车人持有,并另复印一张交折返站。两个以上单位共同包用一列车时,可以按包车人数量出具代用票。

2. 代用票填制

(1)事由栏:填记“旅游列车”。

(2)原票栏:划斜线抹消。

(3)乘车区间栏:分别填写往、返程发到站。如旅游列车不从原经路返回时,以距始发站最远的停车站作为折返站填写票据。

(4)经由栏:按列车实际经由填写,如往返程由不同时,以分子、分母形式分别填写往返程的经由。

(5)里程栏:以分式表示,分子为往程里程,分母为返程里程。

(6)票价栏:车票票价填在客票票价栏,并将“客”字改为“车”字;停留费填在空白栏;使用费、服务费用其他票价栏改写。

(7)车次栏:填拟开行的旅游列车车次。

(8)有效期栏:按约定终了日期填入。

(9)座别栏:根据编挂的车辆,按硬、软或软/硬(软硬车混编时)如实填记。

(10)人数栏:付费人数,填在全价栏(数字大写);不用栏别,用"♯"字符号划消。

(11)记事栏:注明编组辆数、载客车辆数、标记定员、团体旅客证起止号、车票票价打九折以及其他需记载的事项。

(12)款额剪断线:超过万元的保留最高额。

**【例 4-6】** 2016 年 4 月 1 日经铁路总公司运输局批准,4 月 18～29 日北京局铁道旅行社包用开行北京西—桂林间 Y303/2、Y301/4 次,经由京九线、新石线、太新线、焦柳线、湘桂线,编组 16 辆,其中硬卧 1 辆(宿营车)、硬卧 5 辆(定员 66)、餐车 1 辆、硬卧 9 辆(定员 60)。路程单:北京西 18 日 22:00 开,张家界 20 日 5:00 到,22 日 15:40 开,23 日 6:20 到桂林,车体送到桂林北站停留,27 日桂林 22:15 开,29 日 21:50 到达北京西。北京西站应如何办理?

**【解】** (1)处理依据

①单程里程通算,按车辆相应设备、普快和标记定员计价并按 90%核收。对计算出来的票价乘以 2 得出应收票价(因为往返径路、里程相同)。

②餐车(编挂 1 辆时)、宿营车不收使用费、停留费。

(2)计算费用

①车票票价

北京西—桂林　582＋175＋79＋1 651＋176＝2 663(km)

计价硬卧定员:66×5＋60×9＝870

上、中、下铺各 290

硬座客普快卧上铺票价:267.50 元

硬座客普快卧中铺票价:278.50 元

硬座客普快卧下铺票价:290.50 元

单程票价:(267.50＋278.50＋290.50)×290×90%

＝836.50×290×90%＝218 326.50(元)

应收票价:218 326.50×2＝436 653.00(元)

②停留费:中途站停留超过 24 h,折返站超过 48 h 核收停留费(不足 12 h 减半核收)。

张家界站:计费停留 1.5 d;桂林站:计费停留 3 d。

1 800.00×14×4.5＝113 400.00(元)

合计:436 653.00＋113 400.00＝550 053.00(元)

(3)填写代用票

代用票填写式样如图 4-6 所示。

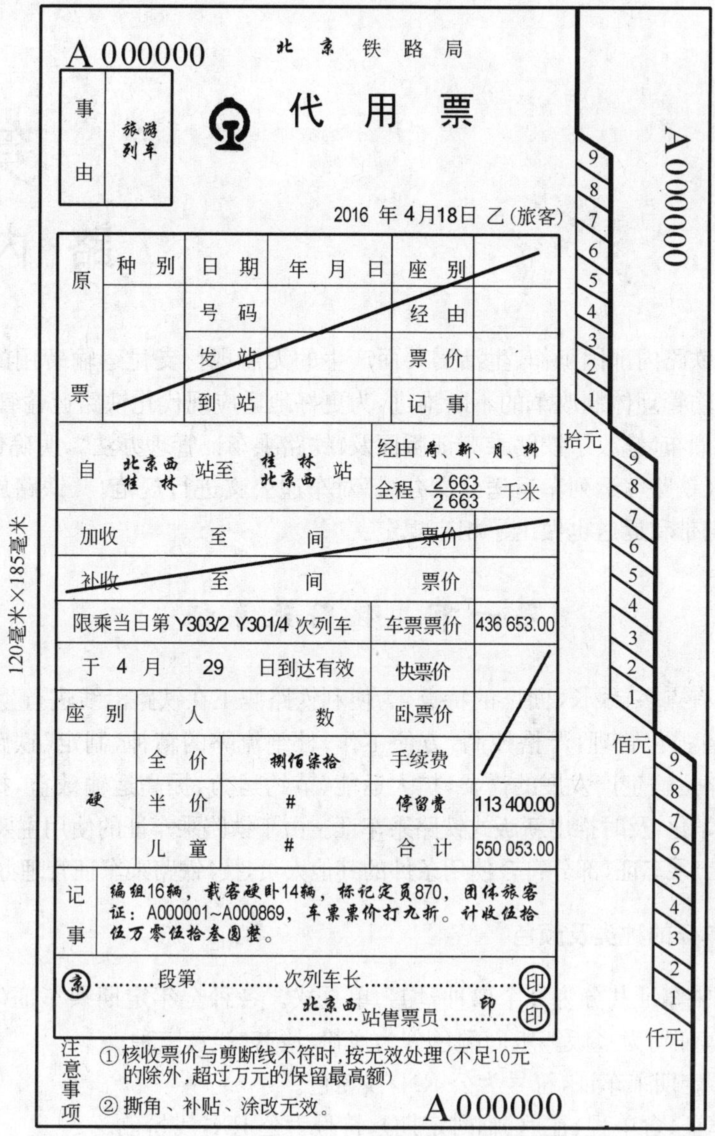

A000000 北京铁路局

代用票

| 事由 | 旅游列车 |
|---|---|

2016 年 4月18日 乙(旅客)

| 原票 | 种别 | 日期 | 年 月 日 | 座别 | |
|---|---|---|---|---|---|
| | | 号码 | | 经由 | |
| | | 发站 | | 票价 | |
| | | 到站 | | 记事 | |

| 自 北京西 桂林 站至 桂林 北京西 站 | 经由 衡、新、月、柳 |
|---|---|
| | 全程 2 663/2 663 千米 |
| 加收 至 间 | 票价 |
| 补收 至 间 | 票价 |
| 限乘当日第 Y303/2 Y301/4 次列车 | 车票票价 436 653.00 |
| 于 4 月 29 日到达有效 | 快票价 |

| 座别 | 人 | 数 | 卧票价 | |
|---|---|---|---|---|
| 硬 | 全价 | 捌佰柒拾 | 手续费 | |
| | 半价 | # | 停留费 | 113 400.00 |
| | 儿童 | # | 合计 | 550 053.00 |

记事：编组16辆，载客硬卧14辆，标记定员870，团体旅客证：A000001~A000869，车票票价打九折。计收伍拾伍万零伍拾叁圆整。

京……段第……次列车长……印

北京西 站售票员 印

注意事项 ①核收票价与剪断线不符时，按无效处理(不足10元的除外，超过万元的保留最高额) ②撕角、补贴、涂改无效。

A000000

120毫米×185毫米



图 4-6 代用票填写式样

## 复习思考题

1. 包车及包车变更有关费用如何计算?
2. 租车及租用、自备车的挂运和行驶有关费用如何计算?
3. 旅游列车的运输费用如何计算?

# 第五章
# 路内运输

路内运输是铁路内部因工作、生活需要而产生的无需现行支付运输费用的人员和物资运输。随着铁路运输管理体制改革的不断推进，为更好地适应现代化铁路运输管理发展的需要，铁路总公司及时颁布、修改了铁路乘车证版面及《铁路乘车证管理办法》，明确铁路乘车证的管理及使用规定。《铁路客运列车运送公文办法》对车递公文进行规范。《铁路旅客运输管理规则》对路用品的携带和运送也做出了相应规定。

## 第一节　铁路乘车证

铁路运输具有点多、线长、面广的特点，为便利铁路职工在铁路沿线进行生产、工作和生活的必要乘车，本着强化管理，严格控制，方便工作，杜绝流弊的精神，制定《铁路乘车证管理办法》。为适应铁路运输生产发展的需要，扩大运能，节约运力，提高运输效益，推进路内运输管理的规范化和科学化，及时推出新版式铁路乘车证。由于铁路乘车证的使用主要是铁路职工，所以又称为铁路职工乘车证，部分符合使用条件的其他人员，按《铁路乘车证管理办法》严格审批。

### 一、铁路乘车证的种类及颜色

现行的铁路乘车证共分为九个票种，均为单页式。各种全年定期乘车证(除就医外)统一为横版，其他乘车证均为竖版。版面颜色分为浅粉、浅蓝、浅黄三种。

1. 软席全年定期乘车证，符号为公 RN，浅粉色。
2. 软席乘车证(含单程、往返、临时定期)，符号为公 RX，浅粉色。
3. 硬席全年定期乘车证，符号为公 YN，浅蓝色。
4. 硬席临时定期乘车证，符号为公 YL，浅蓝色。
5. 硬席乘车证(含单程、往返)，符号为公 YX，浅蓝色。
6. 便乘证，符号为公 BC，浅蓝色。
7. 通勤乘车证(含通学、定期)，符号为 DT，浅黄色。
8. 就医乘车证(含往返、临时定期、全年定期)，符号为 JY，浅黄色。
9. 探亲乘车证(含单程、往返)，符号为 TQ，浅黄色。

### 二、铁路乘车证的使用范围

铁路乘车证实行一人一票制。除探亲、就医乘车证外，其他各种乘车证每张仅限填发一人使用。

计划内临时工、随同职工流动施工者，在工地转移时，可凭铁路局劳动力调剂中心出具的临时工工作证与正式职工一起使用集体硬席乘车证(每张乘车证使用人数不能超过10人)。填写到站不能出局,职工集中培训,每张乘车证也不能超过10人,并限本局范围内乘坐本局列车。

各种乘车证(全年、临时定期乘车证除外)每张只限填发一个到站。由始发站至到达站有直达列车的,一般应乘直达列车;因签证原因不能乘直达列车的,可在同一方向换乘站中转换乘(限换乘一次),经换乘站签证后,可继续乘车至到达站。

(一)使用铁路乘车证的人员范围

1. 铁路在职职工和离、退休人员。

2.《铁路乘车证管理办法》中规定符合使用条件,可以使用乘车证的其他相关人员。如铁路职工供养的直系亲属、驻路军代处的军事代表、守护铁路桥隧的人民武装警察等。

(二)准乘列车的范围

1. 持用全年定期、临时定期、软席、硬席乘车证和便乘证,在正式或临时营业铁路上准乘除国际列车之外的各种旅客列车。

2. 持用探亲乘车证,准乘除国际、旅游列车之外的各种旅客列车。

3. 持用通勤、定期通勤乘车证,准乘除国际列车之外的各种旅客列车。

4. 持用通学、定期就医、就医乘车证,准乘快车和普通旅客列车。

5. 持用铁路全年定期、临时定期、软席、硬席乘车证,均可乘坐空调可躺式客车。

6. 持用铁路乘车证的铁路职工(含国铁控股合资铁路公司职工)可以乘坐动车组列车(但须办理实名签证)。其中,持软席全年定期乘车证、软席乘车证的人员可以乘坐动车组列车卧铺和一等座席;持硬席乘车证(含全年定期、临时定期乘车证)的人员可以乘坐动车组列车卧铺和二等座席。

(三)免费使用卧铺的范围

持乘车证在列车上使用卧铺时,应将出差证明、乘车证使用卡片连同乘车证交列车员保管(下车前交还),列车员应在出差证上加盖图章或签字("×月×日×次卧"字样),以作为职工单位不再发给卧铺票价补贴的凭证。持用全年定期乘车证可不交给列车员保管。

1. 职工(含路外符合使用乘车证的人员)出差、驻勤、开会、搬家、调转赴任、医疗转院、疗养、护送、出入院校等,以本人开始乘坐本次列车开车时刻计算,从20:00至次日7:00之间,在车上过夜6 h(含6 h)或连续乘车超过12 h(含12 h)以上的,准予免费使用卧铺。

2. 使用卧铺中途不应下车,若必须下车时,不足夜间乘车6 h或连续乘车不足12 h的,列车长应按章核收已乘区间的卧铺票价及手续费。

3. 使用便乘证,按指定日期、车次及指定铺位乘车。

## 三、各种乘车规定

(一)因公乘车

1. 因公乘车的范围

铁路职工因公出差、驻勤、开会、组织选派出入某院校、调转、搬家、在本管辖区段内流动性工作等乘车,均属因公乘车。

2. 因公乘车的乘车证

根据工作需要,因公乘车可填用全年定期、临时定期、软席、硬席乘车证。

(1)全年定期乘车证

凡因工作需要,必须经常在所管辖区段内铁路沿线往返乘车的铁路职工,可使用所管辖区段内的全年定期乘车证。

铁路总公司机关、铁路总公司所属公司和机械保温列车乘务员准予填发“全国各站”全年定期乘车证。铁路局(集团公司)机关准予填发本铁路局管内全年定期乘车证。各机务、车辆、客运段的运转主任、乘务主任、车队长、业务指导、指导员,公安押运队队长、押运人员、指导员,可使用其担当乘务区段的全年定期乘车证。

全年定期乘车证的乘车区间,如管辖区段的最末一站不是快车停车站,可填到管辖区段的前方一个“直快”停车站。例如,京广线上北京局管辖范围最南端的车站为磁县车站,不是快车停车站,可填到管辖区段的前方一个“直快”停车站郑州。

(2)临时定期乘车证

因工作需要短期内须在一定区段内连续往返乘车或一次出差到几个地点又不顺路的,可使用一定区段内的临时定期乘车证。

①临时定期乘车证的到站,除铁路总公司机关外,不能填“某局各站”或“全国各站”,应根据本次出差的实际需要填写。

②一次出差到一条线的几个站,可填到最远站;一次出差到几条线又不顺路者,可按线填最远到站,但不能超过三个到站。

③临时定期乘车证应在出差时填发,一律不准预先填发备用。使用期限和到站应根据本次出差的实际需要填写,不得一律填写三个月和三个到站。

(3)软席、硬席乘车证

因工作需要一次性的外出乘车,可使用软席、硬席乘车证。乘车区段及期间按实际需要填发,单程或往返一次有效。如出差、调转、搬家、驻勤及出入学校等。

(二)便乘证乘车

机车乘务员在规定担当乘务的区段内便乘时(不包括调车机车、小运转及出入厂取送机车),可由段、折返段乘务室、驻在所(站)值班员填发便乘证,按指定的日期、车次一次乘车有效。机车乘务员便乘时,必须携带机务段填发的司机报单。

(三)通勤、通学乘车

1. 定期通勤乘车

符合享受一年一次探亲待遇条件的职工,其工作地至家属居住地在 600 km 以内,能利用节假日或休班时间回家的,在不享受国家规定的探亲假的前提下,可填发定期通勤乘车证,有效期为一个历年。

定期通勤乘车证,一个月只限使用一次,不能提前或移作下月使用。如节假日适逢月初或月末,乘车证的往返日期可跨及上月末或下月初,但起止时间不超过一周。如有特殊情况,可根据批准假期天数填发。

2. 通勤乘车

职工工作地至家属居住地在 300 km 以内,上下班有适当列车可乘,不影响出勤、工作和休息的,需通勤时,可使用通勤乘车证,有效期间为一个历年。

铁路职工入一年以内短训班、进修班,到其他单位驻勤,符合通勤条件的,可按规定使用通勤乘车证。

3. 通学乘车

铁路沿线职工供养的子、女、弟、妹,由居住地至中、小学校在 50 km 以内,需要乘车通学时,可使用通学乘车证。当地设有同等学校,原则上应就地入学,但按招生计划考入外地重点中、小学就学的,居住地至学校在 200 km 以内的可使用通学乘车证。通学乘车证的有效期为一个学年,于每年新学年开始之日起一个月内换发,在此期间新旧乘车证可交替使用。

铁路职工入大中专院校学习，不能使用通勤、定期通勤或通学乘车证；职工家属居住地在职工工作地，其父、母、子、女在外地，不能填发到父、母、子、女所在地的通勤、定期通勤乘车证。

(四)就医、转院、疗养、陪护乘车

1. 就医乘车

(1)在铁路沿线居住的职工及其供养的直系亲属，如当地无医疗单位，须赴负责本医疗区段的卫生所、医院就医时，可使用全年定期就医乘车证。一年填发一次，有效期为一个历年。

(2)铁路职工及其供养的直系亲属患病在本医疗区段的卫生所不能医治，需转往本医疗区段的医院医治时，可填发一次往返就医乘车证，有效期间不得超过3个月。需连续在医院医疗时，凭医院证明，可填发临时定期就医乘车证，有效期间不得超过3个月。

2. 转院乘车

(1)铁路职工及其供养的直系亲属患病，本医疗区段的医院不能医治，需转往外地医院医治，符合转院条件，具备转院手续的，应按医疗转院处理，可填发软席、硬席乘车证，不准用就医乘车证代替转院用乘车证。

(2)因工负伤到外地安装假肢者，可使用乘车证，按医疗转院处理。

3. 疗养乘车

(1)职工入疗养院疗养，填发往返软席、硬席乘车证。

(2)疗养时间超过本人所持乘车证的有效期间，疗养完毕由疗养院填发返程的单程乘车证。职工回单位后应及时将乘车证返还填发单位。

4. 陪护乘车

职工及其供养的直系亲属医疗、转院、疗养因病重、年幼或行动不便需要陪护者，由职工所在单位根据医疗机构证明，审批填发陪护人(限符合使用乘车证条件的人员，疗养的限一人，医疗转院的限两人)与病人同等席别的乘车证，“使用别”栏填“陪护”。如陪护人不符合使用软席乘车证的条件，单独(即在未陪护病人时)持用陪护用的软席乘车证时，不能乘坐软席。

(五)探亲乘车

1. 探亲乘车证的含义

探亲乘车证是铁路职工及其供养的直系亲属的探亲乘坐火车的凭证，属于有价证券。

探亲乘车证属生活用票的一种，是私用乘车证。不但在职职工享用，离、退休人员以及铁路职工供养的直系亲属也可按规定使用。其有效期间为三个月，可跨年填发。

2. 探亲乘车证的使用规定

(1)符合探亲条件的职工，可填发其本人工作地至探亲地点的探亲乘车证。职工供养的配偶、子女与其同行，可共同使用一张探亲乘车证，但其配偶、子女不得单独使用。

(2)符合享受探望配偶的职工，在不享受探亲假的前提下，其供养的配偶可填发居住地至职工工作地的探亲乘车证。

(3)职工在不享受探亲假前提下，其供养的父母可使用一张其居住地至职工工作地的探亲乘车证。

(4)职工的父母或父母的一方，与职工的配偶同居一地时，其父母不能与职工的配偶共同使用一张探亲乘车证去探望职工，更不能单独使用去探望职工。

(5)职工供养的未满18周岁的子女随同职工或职工供养的配偶、父母探亲时，可共用一张探亲乘车证，但职工子女不能单独使用。

持用探亲乘车证，准乘除国际、旅游列车之外的各种旅客列车，但不能乘坐软席和免费使用卧铺。对年满50岁，连续乘车48 h以上的，可购买卧铺票，回单位报销。

(六)离、退休人员乘车

1. 离休人员乘车

(1)经组织批准返聘的铁路离休人员仍担任一定的工作任务,使用乘车证的办法与在职职工相同。

(2)离休人员参加经组织安排的参观、学习活动,以及经组织批准去外地治病、疗养或临时性出差,可根据实际需要填发往返或临时定期乘车证。

(3)离休人员及其供养的直系亲属就医、转院、疗养、陪护乘车按在职职工有关规定办理。

(4)离休人员去外地探望父母、子女或回原籍,可使用软席、硬席乘车证,"使用别"栏填写"出差"。此项乘车证在离休后只能使用一次。

(5)离休干部探望父母、子女或回原籍,如携带家属(符合供养条件的),只能使用探亲乘车证,且只能四年使用一次,不得使用软席、硬席乘车证。

(6)离休干部使用乘车证的乘车席别,按其离休前应享受的席别办理。离休后享受处级以上待遇的,可享受软席。

(7)离休干部使用铁路乘车证时,用离休证代替工件证。

2. 退休人员乘车

(1)经有人事任免权的单位批准聘用的铁路退休人员,如工作需要,可根据实际情况使用临时定期或软席、硬席乘车证。

(2)退休人员去外地探望父母、子女或回原籍,可和供养的配偶共同使用一次探亲乘车证,但配偶及其供养的直系亲属不得单独使用。此项待遇退休后只限一次。

(3)退休人员使用铁路乘车证时,按其退休前应享受的席别办理。

(4)退休人员及其供养的直系亲属就医、转院、疗养、陪护乘车按在职职工有关规定办理。

(5)退休人员使用铁路乘车证时,用退休证代替工件证。

(七)路外人员使用乘车证的乘车

为了铁路运输、建设和维护治安的需要,下列路外人员可使用以下铁路乘车证乘车:

1. 驻铁路局、车站军代处军事代表因公外出乘车时,可由驻地铁路局填写乘车证。副师职及其以上的领导干部(不受年龄限制)可填发软席。其他人员一律填发硬席。

2. 驻铁路沿线守护铁路桥隧的人民武装警察部队执勤人员及上级直接主管人员,在其管辖区域内执行任务时,可由驻地铁路局填发全年定期乘车证。

3. 驻铁路的兽医站及驻站检疫人员,在管辖区域范围内工作乘车时,可由铁路局填发临时定期或往返乘车证。

4. 在铁路沿线守护桥隧、护路的民兵(含连排长、给养人员)可使用工作区段的全年定期乘车证或通勤乘车证。

上述人员持用铁路乘车证乘车时,持有的军官证、军人证、兽医证、护路民兵身份证等证,可代替工作证。

## 四、乘车证使用证明、办理签证及检验加剪的规定

持用铁路各种乘车证的职工出入车站及在列车内须与旅客同样经过检验票证及有关证件,有的票证要经过签证并检(剪)票后方能乘车。

(一)乘车证使用的相关证明

铁路职工乘车,根据不同身份和乘车目的的不同,应持有相应的证件和证明。乘车证、身份证件、使用证明三证齐全方为有效。

1. 身份证明系指工作证、离休证、退休证、学生证、家属医疗证或家属证等。

2. 使用证明指职工出差、探亲、驻勤、开会、入学、出校、调转赴任、搬家、疗养、转院、护送还必须交验相应的证明,如出差证明、探亲证明、人事调转命令、户口迁移证、疗养证明、转院证明、护送证明等。

3. 机车乘务员便乘时,必须携带机务段填发的司机报单。

4. 机械保温车乘务员去外地换班乘坐旅客列车时,应交验保温段填发的交、接班证明。

(二)乘车证办理签证及查验加剪

1. 乘车证办理签证

(1)持有各种铁路乘车证的铁路职工乘坐动车组时,必须办理签证后乘车。

(2)持用临时定期、软席、硬席乘车证、探亲乘车证、就医乘车证乘车时,须由车站签证,方能乘车。持用其他乘车证,乘坐动车组之外的列车时,免于签证。

2. 乘车证查验加剪

(1)站、车客运人员必须熟知乘车证使用的有关规定,认真查验乘车证填载项目和必须携带的有关证件和证明是否齐全,与其乘车人的身份是否相符,如有不符,视为无效,并有权扣留所持乘车证,按有关规定处理。

(2)对持用的全年定期、临时定期、通勤、定期通勤、通学、全年定期就医和临时定期就医乘车证免打查验标记;其他乘车证均须于始乘站和返乘站予以剪口,列车内查验时也应打查验标记。

## 五、有关乘车证的其他规定

1. 铁路各部门特定的在站车上工作的各种证件,如铁路运输收入稽查证、客运监察证、行车安全监察证、铁路乘车监察证、机车登乘证等,均不能作为乘车的凭证,只能作为工作证件。

2. 持用定期通勤、通勤、通学、定期就医、就医、探亲、软席、硬席乘车证,除换乘外,中途下车无效。

3. 定期通勤乘车证,一个月只限使用一次,不能提前或移作下月使用。如节假日适逢月初或月末,乘车证的往返日期可跨及上月末或下月初,但起止时间不超过一周。

4. 全年定期、定期通勤、通勤、定期就医乘车证可延期使用至次年的1月15日止。

5. 持用铁路乘车证除规定的路用品外,均不能免费办理行李、搬家物品的托运,需托运时应和持车票的旅客同样办理。

## 六、丢失乘车证的处理规定

对丢失乘车证者,除本人做出检查外,要按下列标准进行罚款:

1. 全年定期乘车证每张罚款200元。

2. 临时定期乘车证每张罚款150元。

3. 其他乘车证每张罚款100元。

丢失定期通勤、通勤、通学、全年定期就医乘车证的,罚款后方可予以补发。

## 七、违章使用铁路职工乘车证的处理规定

(一)违章使用乘车证的范围

1. 持用伪造、加添、涂改、转借的乘车证乘车。

2. 超过乘车证上记载的有效期限或有效区间乘车。

3. 未持规定的有关证明、证件或持伪造证明、证件乘车。

4. 超出规定条件使用乘车证者,也按违章使用乘车证处理。

(二)违章使用乘车证的处理

1. 发现违章使用乘车证时,均按无票处理。按所乘列车等级、席别、铺别、区间(单程或往返)及票面填写的人数补收票价,并核收已乘区间应补票价50%的加收票款及手续费。同时查扣其乘车证及有关证件上交铁路局收入部门。上交时应编制客运记录,注明违章情况。此外,单位还应追究其行政责任。对持用伪造乘车证者,一经发现,应立即查扣,并移交公安机关依法处理。

2. 下列乘车证除按规定方法补收票款外,还应按票面记载的席别、区间加收罚款:

(1)定期通勤乘车证,按票面填写的乘车区间,自有效月份起至发现违章月份止,按每月一次往返里程通算计收普通客票票价。

(2)全年定期乘车证、临时定期乘车证、通勤(通学)乘车证,自有效日期(过期的从有效期终了的次日)至发现违章日期止,票面填写的乘车区间在一个铁路局以内的,按每日乘车50 km计算票价(指普通客票票价);乘车区间跨铁路局的,按每日乘车100 km计算票价(指普通客票票价),计算后低于50元的按50元核收。

(3)发现其他违章行为的,均按《铁路旅客运输规程》的规定相应处理。

3. 乘车证使用过程中,发现违章事项当时处理不了的,站、车应编制客运记录,连同查扣的乘车证及有关证件报本铁路局收入部门,由铁路局依据规定向违章职工单位发函,追补应收票款及罚款。

**【例5-1】** 违章使用定期通勤乘车证。

2016年5月1日1342/1343次列车(杭州—齐齐哈尔 新型空调车),到达大安北站,出站验票时发现一旅客持2015年度太平川经大安北至让湖路的定期通勤乘车证(DTb203658)。大安北站应如何处理?

**【指导理解】** 本例中旅客不仅使用了过期定期通勤乘车证、而且持用定期通勤乘车证中途下车都属违章乘车,按无票处理。按所乘列车等级、席别、铺别、区间补收票价,并加收已乘区间应补票价50%的票款及手续费。还应按票面填写的席别、乘车区间,自有效月份2015年1月起至发现违章月份2016年5月止,按每月一次往返里程通算计收普通客票票价的罚款。同时查扣其乘车证及有关证件上交铁路局收入部门。上交时应编制客运记录,注明违章情况。

**【解】** 处理过程如下:

按无票处理并加收罚款。同时编制客运记录,查扣定期通勤乘车证上交铁路局收入部门。

(1)应收票价:太平川—大安北155 km

新空硬座客快票价:20.50元

(2)加收票款:20.50×50%=10.25≈10.50(元)

(3)手续费:2.00元

(4)罚款:自有效月份起至发现违章月份止,每月一次往返里程通算。

里程:太平川—让湖路300 km,往返里程600 km。

硬座客票票价:34.00元

次数:17个月计17次

34.00×17=578.00(元)

(5)合计:20.50+10.50+578.00+2.00=611.00(元)

客运杂费收据、客运记录填写式样分别如图5-1、图5-2所示。

哈尔滨铁路局

**客运运价杂费收据**

2016年5月1日 （报告用）

<table>
<tr><td rowspan="4">原票据</td><td>种别</td><td>日期</td><td>2015.1.1～2015.12.31</td><td colspan="4">月 日 时到达、通知、变更</td></tr>
<tr><td rowspan="3">定期通勤乘车证</td><td>号码</td><td>DTb203658</td><td colspan="4">月 日 时 交 付</td></tr>
<tr><td>发站</td><td>太平川</td><td colspan="4" rowspan="2">核收保管费 日</td></tr>
<tr><td>到站</td><td>让湖路</td></tr>
<tr><td colspan="4" rowspan="2">核收区间</td><td colspan="3">核收费用</td><td rowspan="2">款额</td></tr>
<tr><td>种别</td><td>件数</td><td>重量</td></tr>
<tr><td colspan="4" rowspan="6">自 太平川 站<br>至 大安北 站<br>经由（ ）<br>座别 硬 人数 壹</td><td colspan="3">新空客快票价</td><td>20.50</td></tr>
<tr><td colspan="3">加收票款及罚款</td><td>588.50</td></tr>
<tr><td colspan="3">手续费</td><td>2.00</td></tr>
<tr><td></td><td></td><td></td><td></td></tr>
<tr><td></td><td></td><td></td><td></td></tr>
<tr><td colspan="3">合计</td><td>611.00</td></tr>
<tr><td>记事</td><td colspan="7">1343次下车，收回过期定期通勤乘车证DTb203658，随客运记录401号上报铁路局收入处。</td></tr>
<tr><td colspan="8">大安北 站经办人 印 印</td></tr>
</table>

A000000

图5-1 客运杂费收据填写式样

哈尔滨铁路局 客统—1

**客 运 记 录**

第 401 号

记录事由：查扣过期铁路乘车证

哈尔滨铁路局收入处：

2016年5月1日，我站按章验票时发现旅客李四（太平川站职工），持用已过期的2015年度的定期通勤乘车证DTb203658乘车，我站已照章补收票款。现将查扣的乘车证摘章呈报。

注：

1. 站、车需要编制记录时均适用。

大安北 站/段 编制人员 印 （印）

2. 本记录不能作为乘车凭证。

站/段 签收人员 （印）

2016年5月1日编制

40215(客31)99.7.25.29

图5-2 客运记录填写式样

**【例 5-2】** 违章使用全年定期通勤乘车证。

2016 年 8 月 2 日 K234 次(上海—石家庄,新型空调车)列车,在接近石家庄站时验票,发现郑州市百货商城销售人员王娜借用郑州工务段职工刘丽 2016 年度郑州至石家庄全年定期通勤乘车证(DTa403021),列车应如何处理?

**【指导理解】** 本例中旅客借用定期通勤乘车证属违章乘车,应按无票处理。应按所乘列车等级、席别、铺别、区间补收票价,并加收已乘区间应补票价 50%的票款及手续费。还应按票面填写的席别、乘车区间,自有效月份 2016 年 1 月起至发现违章月份 2016 年 8 月止,按每月一次往返里程通算计收普通客票票价的罚款。同时查扣其乘车证及有关证件上交铁路局收入部门。上交时应编制客运记录,注明违章情况。

**【解】** 处理过程如下:

按无票处理并加收罚款。同时编制客运记录,查扣定期通勤乘车证上交铁路局收入部门。

(1)应收票价:郑州—石家庄 412 km

新空硬座客票票价:37.50 元

新空快速票价:16.00 元

新空空调票价:9.00

小计:62.50 元

(2)加收 50%的票款:62.50×50%=31.25≈31.50(元)

(3)手续费:2.00 元

(4)罚款:自有效月份起至发现违章月份止,每月一次往返里程通算。

里程:郑州—石家庄 412 km,往返里程 824 km。

硬座客票票价:45.00 元

次数:8 个月计 8 次

45.00 元×8=360.00(元)

(5)合计:62.50+31.50+360.00+2.00=456.00(元)

代用票、客运记录填写式样分别如图 5-3、图 5-4 所示。

**【例 5-3】** 违章使用全年定期乘车证。

2016 年 11 月 15 日,北京西站在组织 1390 次(重庆—北京西,新型空调)列车旅客出站时发现一旅客持 2016 年度硬席全年定期乘车证,公 YNa602015,票面记载区间石家庄至北京西,无规定证件,经查实系借用乘车证。北京西站应如何处理?

**【指导理解】** 借用硬席全年定期乘车证,又无规定证件,属违章乘车,应按无票处理。按所乘列车等级、席别、铺别、区间补收票价,并加收已乘区间应补票价 50%的票款及手续费。还应自有效日期 2016 年 1 月 1 日起至发现违章日期 2016 年 11 月 15 日止,票面填写的乘车区间石家庄至北京西在一个铁路局管内,按每日乘车 50 km 计收普通客票票价的罚款。同时查扣其乘车证及有关证件上交铁路局收入部门。上交时应编制客运记录,注明违章情况。

**【解】** 处理过程如下:

按无票处理并加收罚款。同时编制客运记录,查扣硬席全年定期乘车证上交铁路局收入部门。

(1)应收票价:石家庄—北京西 277 km

新空硬座客票票价:25.50 元

新空普快票价:5.00 元

新空空调票价:6.00 元

小计:36.50 元

(2)加收 50%票款:36.50×50%=18.25≈18.50(元)

(3)手续费:2.00 元

(4)罚款:石家庄、北京西都属北京局,乘车区间在一个局管内,按每日 50 km 计算,硬座客票票价 3.00 元

1 月 1 日~11 月 15 日共 320 天票价:3.00×320=960.00(元)

(5)合计:36.50+18.50+960.00+2.00=1 017.00(元)

客运杂费收据、客运记录填写式样分别如图 5-5、图 5-6 所示。

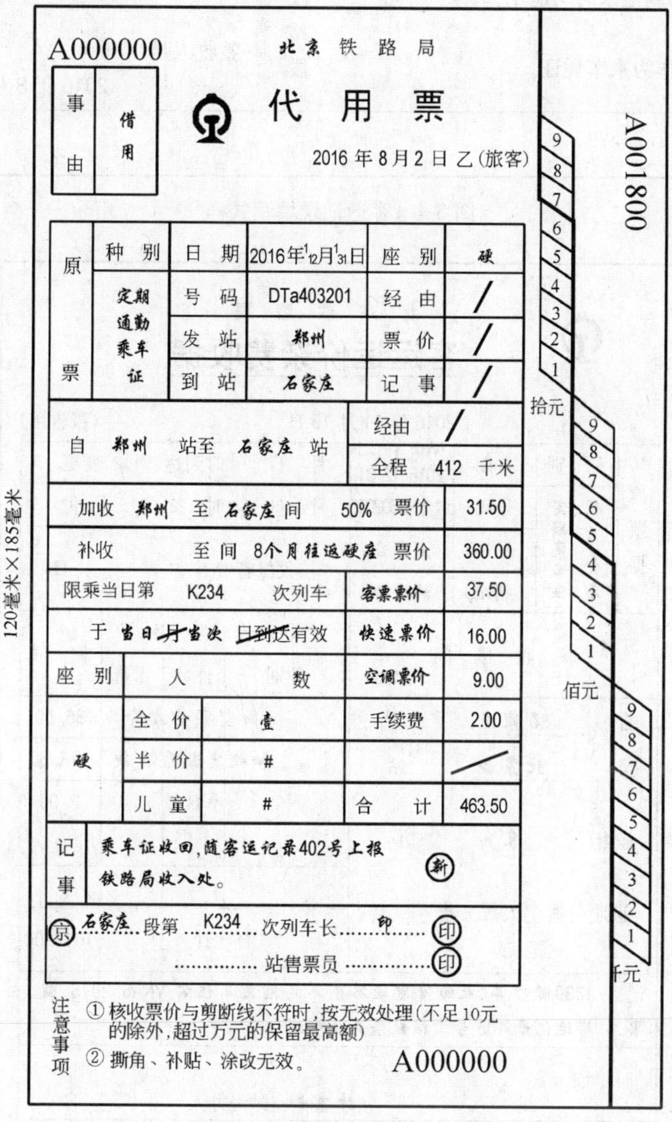

A000000 北京铁路局

事由:借用

代用票

2016 年 8 月 2 日 乙(旅客)

A001800

| 原票 | 种 别 | 日 期 | 2016年1/12月1/31日 | 座 别 | 硬 |
| --- | --- | --- | --- | --- | --- |
| | 定期通勤乘车证 | 号 码 | DTa403201 | 经 由 | / |
| | | 发 站 | 郑州 | 票 价 | / |
| | | 到 站 | 石家庄 | 记 事 | / |

| 自 郑州 站至 石家庄 站 | 经由 / |
| --- | --- |
| | 全程 412 千米 |
| 加收 郑州 至 石家庄 间 50% | 票价 31.50 |
| 补收 至 间 8个月往返硬座 | 票价 360.00 |
| 限乘当日第 K234 次列车 | 客票票价 37.50 |
| 于 当日 月当次 日到达有效 | 快速票价 16.00 |
| 座别 人数 | 空调票价 9.00 |
| 硬 全价 壹 | 手续费 2.00 |
| 半价 # | / |
| 儿童 # | 合 计 463.50 |

记事:乘车证收回,随客运记录402号上报铁路局收入处。(新)

京 石家庄 段第 K234 次列车长 印 (印)

站售票员 (印)

注意事项:① 核收票价与剪断线不符时,按无效处理(不足 10元的除外,超过万元的保留最高额) ② 撕角、补贴、涂改无效。

A000000

拾元 9 8 7 6 5 4 3 2 1 佰元 9 8 7 6 5 4 3 2 1 千元 9 8 7 6 5 4 3 2 1

120毫米×185毫米

图 5-3 代用票填写式样

北京铁路局　　　　客统—1

## 客　运　记　录

第 402 号

| |
|---|
| 记录事由:查扣借用的定期通勤乘车证 |
| 北京铁路局收入处: |
| 2016 年 8 月 2 日,我车按章验票时发现旅客王娜借用郑州工务段刘丽的郑州至石家庄的定期通勤乘车证乘车,我车已照章补收票款。现将查扣的 DTa403021 号乘车证及有关证件循章呈报。 |
| 注:<br>1. 站、车需要编制记录时均适用。<br>2. 本记录不能作为乘车凭证。　　石家庄 站段　编制人员　K234 次列车长　(印)<br>站段　签收人员　(印)<br>2016 年 8 月 2 日编制 |

40215(客 31)99.7.25.29

图 5-4　客运记录填写式样

北京铁路局

## 客运运价杂费收据

2016 年 11 月 15 日　　　　(报告用)

<table>
<tr><td rowspan="4">原票据</td><td>种　别</td><td>日期</td><td>2016.1.1~2016.12.31</td><td colspan="4">月　日　　时到达、通知、变更</td></tr>
<tr><td rowspan="3">硬席全年　定期乘车证</td><td>号码</td><td>公 YNa602015</td><td colspan="4">月　日　　时　交　　付</td></tr>
<tr><td>发站</td><td>石家庄</td><td colspan="4" rowspan="2">核收保管费　　日</td></tr>
<tr><td>到站</td><td>北京西</td></tr>
<tr><td colspan="4" rowspan="2">核　收　区　间</td><td colspan="3">核　收　费　用</td><td rowspan="2">款　额</td></tr>
<tr><td>种别</td><td>件数</td><td>重量</td></tr>
<tr><td colspan="4" rowspan="7">自　石家庄　站<br>至　北京西　站<br>经由(　良乡　)<br>座别　硬　人数　壹</td><td colspan="3">新空客快票价</td><td>36.50</td></tr>
<tr><td colspan="3">加收票款及罚款</td><td>978.50</td></tr>
<tr><td></td><td>手续费</td><td></td><td>2.00</td></tr>
<tr><td></td><td></td><td></td><td></td></tr>
<tr><td></td><td></td><td></td><td></td></tr>
<tr><td colspan="3">合　计</td><td>1017.00</td></tr>
<tr><td colspan="4"></td></tr>
<tr><td>记事</td><td colspan="7">1390 次下车,收回借用硬席全年定期乘车证公 YNa602015,随客运记录 403 号上报铁路局收入处。</td></tr>
<tr><td colspan="8">北京西 站经办人　印　印</td></tr>
</table>

A000000

图 5-5　客运杂费收据填写式样

北京铁路局　　　　客统—1

**客　运　记　录**

第 403 号

记录事由：查扣借用硬席全年定期乘车证

北京铁路局收入处：

2016 年 11 月 15 日，我站按章验票时发现旅客张小平，持借用的 2016 年度的硬席全年定期乘车证公 YNa602015 乘车，乘车区间为石家庄至北京西，我站已照章补收票款。现将查扣的乘车证循章呈报。

注：

1. 站、车需要编制记录时均适用。

2. 本记录不能作为乘车凭证。

北京西 站/段　编制人员　印　（印）

站/段　签收人员　（印）

2016 年 11 月 15 日编制

40215(客 31)99.7.25.29

图 5-6　客运记录填写式样

**【例 5-4】** 违章使用临时定期乘车证。

2016 年 4 月 15 日，天津站组织 T7726/7 次（邯郸$\frac{\text{北京西}}{\quad}$秦皇岛，新型空调车）旅客出站收票时发现，一旅客借用石家庄机务段王勇 2016 年 3 月 1 日至 5 月 31 日石家庄至北京西的硬席临时定期乘车证公 YLb494228。天津站应如何处理？

**【指导理解】** 借用硬席临时定期乘车证，又超过了乘车区间乘车，均属违章乘车。自有效日期 2016 年 3 月 1 日起至发现违章日期 4 月 15 日止，票面填写的乘车区间石家庄至北京西在一个铁路局以内的，按每日乘车 50 km 计收普通客票票价的罚款；计算后低于 50 元的按 50 元核收。同时查扣其乘车证及有关证件上交铁路局收入部门。上交时应编制客运记录，注明违章情况。

**【解】** 处理过程如下：

按无票处理并加收罚款。同时编制客运记录，查扣硬席临时定期乘车证上交铁路局收入部门。

(1)应收票价：

石家庄$\frac{\text{北京西}}{\quad}$天津 404 km

新空硬座客快速票价：62.50 元

(2)加收 50％票款：62.50×50％＝31.25≈31.50(元)

(3)手续费：2.00 元

(4)罚款：石家庄至北京西乘车区间在一个局管内，按 50 km 计算，硬座客票票价：3.00 元

3 月 1 日～4 月 15 日，共 46 天：3.00×46＝138.00(元)

(5)合计：62.50＋31.50＋138.00＋2.00＝234.00(元)

客运杂费收据、客运记录填写式样分别如图 5-7、图 5-8 所示。

北京铁路局

**客运运价杂费收据**

2016年4月15日　　(报告用)

| 原票据 | 种别 | 日期 | 2016.3.1～2016.5.31 | 月　日　时到达、通知、变更 | |
|---|---|---|---|---|---|
| | 硬席临时定期乘车证 | 号码 | 公 YLb494228 | 月　日　时　交 | 付 |
| | | 发站 | 石家庄 | 核收保管费 | 日 |
| | | 到站 | 北京西 | | |

| 核收区间 | 核收费用 种别 | 件数 | 重量 | 款额 |
|---|---|---|---|---|
| 自 石家庄 站 | 新空客快速票价 | | | 62.50 |
| 至 天津 站 | 加收票款及罚款 | | | 169.50 |
| | 手续费 | | | 2.00 |
| 经由( 北京西 ) | | | | |
| | | | | |
| 座别 硬 人数 壹 | 合计 | | | 234.00 |

记事：T7726/7 次下车，收回借用硬席临时定期乘车证公 YLb494228，随客运记录 404 号上报铁路局收入处。

天津 站经办人 印 印

A000000

图 5-7　客运杂费收据填写式样

北京铁路局　　客统—1

**客　运　记　录**

第 404 号

记录事由：查扣借用硬席临时定期乘车证

北京铁路局收入处：

2016年4月15日，我站按章验票时发现旅客胡丽丽，持借用的石家庄至北京西的硬席临时定期乘车证公 YLb494228 乘车，我站已照章补收票款。现将查扣的乘车证循章呈报。

注：
1. 站、车需要编制记录时均适用。
2. 本记录不能作为乘车凭证。

天津 站/段 编制人员 印 (印)

站/段 签收人员 (印)

2016年4月15日编制

40215(客 31)99.7.25.29

图 5-8　客运记录填写式样

【例 5-5】 违章使用通勤乘车证。

2016 年 5 月 14 日，到太原站的 K519 次(汉口—太原，新型空调车)旅客出站收票时发现石家庄建筑段工人刘占持用 2015 年度涂改为 2016 年度石家庄至太原通勤乘车证 DTa504037 号，刘占当时无力补票，经证实确系刘占本人的乘车证。太原站应如何处理？

【指导理解】 使用涂改的通勤乘车证乘车，属违章乘车。自有效日期 2015 年 1 月 1 日起至发现违章日期 2016 年 5 月 14 日止，票面填写的乘车区间石家庄至太原，分属北京和太原两个铁路局，按每日乘车 100 km 计收普通客票票价的罚款。同时查扣其乘车证及有关证件上交铁路局收入部门。因刘占当时无力补票，应由铁路局依据规定向违章职工单位发函，追补应收票款及罚款。上交时应编制客运记录，注明违章情况及应收票款的款额。

【解】 太原站处理过程如下：

按无票处理并加收罚款。同时编制客运记录，查扣通勤乘车证上交铁路局收入部门。

因刘占当时无力补票，应由铁路局依据规定向违章职工单位发函，追补应收票款及罚款。

(1)应收票价：

石家庄—太原 231 km

新空硬座客快速票价：37.50 元

(2)加收 50%票款：37.50×50%＝18.75≈19.00(元)

(3)手续费：2.00 元

(4)罚款：乘车区间跨两个铁路局，按 100 km 计算，硬座客票票价：6.50 元

2015 年 1 月 1 日至 2016 年 5 月 14 日共 500 天：6.50×500＝3 250.00(元)

(5)合计：37.50＋19.00＋3 250.00＋2.00＝3 308.50(元)

客运记录填写式样如图 5-9 所示。

太原铁路局　　客统—1

客 运 记 录

第 405 号

记录事由：查扣涂改通勤乘车证

太原铁路局收入处：

2016 年 5 月 14 日，我站 K519 次出站收票时，发现石家庄建筑段工人刘占持用 2015 年度涂改为 2016 年度石家庄至太原通勤乘车证 DTa504037 号，刘占当时无力补票。据规定，应补收票款 3 306.50 元及手续费 2.00 元。共计 3 308.50 元。现将查扣的乘车证及有关证件上报路局处理。

注：

1. 站、车需要编制记录时均适用。

2. 本记录不能作为乘车凭证。

太原 站 段　编制人员 印 (印)

站 段　签收人员 (印)

2016 年 5 月 14 日编制

40215(客 31)99.7.25.29

图 5-9 客运记录填写式样

**【例 5-6】** 违章使用软席乘车证。

2016 年 4 月 17 日，T152 次(西宁$\overset{\text{郑}}{——}$北京西，新型空调车)列车到达石家庄站，旅客出站收票时发现西宁站钱邵持用西宁至石家庄软席乘车证(往返)公 RXh109136 号，1 月 1 日至 1 月 31 日，将 1 月份涂改为 4 月份。石家庄站应如何处理？

**【指导理解】** 使用涂改的往返软席乘车证，属违章乘车。按所乘列车等级、席别、区间补收票价，并加收已乘区间应收票价 50%的票款及手续费。同时查扣其乘车证及有关证件上交铁路局收入部门。上交时应编制客运记录，注明违章情况。

**【解】** 石家庄站处理过程如下：

按无票处理并加收 50%的票款。同时编制客运记录，查扣往返软席乘车证上交铁路局收入部门。

(1)应收票价：

西宁$\overset{\text{郑}}{——}$石家庄 1 815 km

新空软座客特快票价：330.00 元

(2)加收 50%票款：330.00×50%＝165.00(元)

(3)手续费：2.00 元

(4)合计：330.00＋165.00＋2.00＝497.00(元)

客运杂费收据、客运记录填写式样分别如图 5-10、图 5-11 所示。

北 京 铁 路 局

**客运运价杂费收据**

2016 年 4 月 17 日　　　　(报告用)

<table>
<tr><td rowspan="4">原票据</td><td>种 别</td><td>日期</td><td>2016. 1. 1～2016. 1. 31</td><td colspan="4">月 日 时到达、通知、变更</td></tr>
<tr><td rowspan="3">软席乘车证</td><td>号码</td><td>RXh109136</td><td colspan="4">月 日 时 交 付</td></tr>
<tr><td>发站</td><td>西宁</td><td colspan="4" rowspan="2">核收保管费 日</td></tr>
<tr><td>到站</td><td>石家庄</td></tr>
<tr><td colspan="3" rowspan="2">核 收 区 间</td><td colspan="3">核 收 费 用</td><td rowspan="2">款 额</td></tr>
<tr><td>种别</td><td>件数</td><td>重量</td></tr>
<tr><td colspan="3">自 西宁 站</td><td colspan="3">新空客特快票价</td><td>330.00</td></tr>
<tr><td colspan="3">至 石家庄 站</td><td colspan="3">加收票款</td><td>165.00</td></tr>
<tr><td colspan="3" rowspan="3">经由( 兰、郑 )<br>座别 软 人数 壹</td><td colspan="3">手续费</td><td>2.00</td></tr>
<tr><td></td><td></td><td></td><td></td></tr>
<tr><td></td><td></td><td></td><td></td></tr>
<tr><td colspan="3"></td><td colspan="3">合 计</td><td>497.00</td></tr>
<tr><td>记事</td><td colspan="7">T152 次下车，收回涂改的软席往返乘车证公 RXh109136，随客运记录 406 号上报铁路局收入处。</td></tr>
<tr><td colspan="8">石家庄 站经办人 印 印</td></tr>
</table>

A000000

图 5-10　客运杂费收据填写式样

北京铁路局　　　　客统—1

**客 运 记 录**

第 406 号

记录事由：查扣涂改的软席往返乘车证

北京铁路局收入处：

2016年4月17日，我站按章出站验票时，发现旅客钱部持用将1月涂改为4月，有明显涂改痕迹的软席往返乘车证RXh109136乘车，我站已照章补收票款。现将查扣的乘车证及有关证件循章呈报。

注：
1. 站、车需要编制记录时均适用。
2. 本记录不能作为乘车凭证。

石家庄 站/段　编制人员　印　(印)

站/段　签收人员　(印)

2016年4月17日编制

40215(客31)99.7.25.29

图5-11　客运记录填写式样

【例5-7】 违章使用通勤乘车证。

2016年3月12日，邯郸站组织K234次(上海—石家庄，新型空调车)列车出站收票时发现，安阳工务段职工何永年持用2016年度安阳至邢台通勤乘车证DTd788136号。邯郸站应如何处理？

【指导理解】 持用定期通勤、通勤、通学、定期就医、就医、探亲、软席、硬席乘车证，除换乘外，中途下车无效，属违章乘车。按所乘列车等级、席别、区间(单程或往返)补收票价，并加收已乘区间应补票价50%的票款及手续费。

【解】 邯郸站处理过程如下：

按无票处理。按所乘列车等级、席别、区间(单程或往返)补收票价，并加收已乘区间应补票价50%的票款及手续费。邯郸站用客运杂费收据补收。

(1)应收票价：

安阳—邯郸60 km

新空硬座客快速票价：11.00元

(2)加收50%票款：11.00×50%=5.50(元)

(3)手续费：2.00元

(4)合计：11.00+5.50+2.00=18.50(元)

客运杂费收据填写式样如图5-12所示。

北 京 铁 路 局

客运运价杂费收据

2016 年 3 月 12 日　　　　(报告用)

| 原票据 | 种　别 | 日期 | 2016.1.1～2016.12.31 | 月　日　时到达、通知、变更 | | |
|---|---|---|---|---|---|---|
| | 通勤乘车证 | 号码 | DTd788136 | 月　日　时　交　付 | | |
| | | 发站 | 安阳 | 核收保管费　日 | | |
| | | 到站 | 邢台 | | | |
| 核　收　区　间 | | | | 核　收　费　用 | | 款　额 |
| | | | | 种别 | 件数 | 重量 | |
| 自　安阳　站 | | | | 新空客快速票价 | | 11.00 |
| 至　邯郸　站 | | | | 加收票款 | | 5.50 |
| | | | | 手续费 | | 2.00 |
| 经由(　　) | | | | | | |
| 座别　硬　人数　壹 | | | | | | |
| | | | | 合　计 | | 18.50 |
| 记事 | K234 次下车，持通勤乘车证 DTd788136，中途下车。 | | | | | |

邯郸　站经办人　印　印

A000000

图 5-12　客运杂费收据填写式样

**【例 5-8】**　乘车证使用卧铺夜间乘车不足 6 h。

2016 年 5 月 21 日，武昌站职工肖振华持用 5 月 20 日至 5 月 31 日武昌—北京西硬席乘车证公 YXc342018 号，乘当日 T16 次(广州—北京西，新型空调车)列车，在武昌站开始免费使用 12 车 8 号中铺，列车到达郑州站前肖振华要求换票在郑州下车(T16 次武昌 0:47 开，到郑州 5:00)。列车应如何处理？

**【指导理解】**　超出规定条件使用铁路乘车证乘车，也属违章乘车。铁路职工符合使用铁路乘车证乘车的条件，但使用卧铺中途下车，不足夜间(从 20:00 开始，至次日晨 7:00)乘车 6 h 或连续乘车不足 12 h 的，列车长按章核收已乘区间的卧铺票价并核收手续费。本例中铁路职工夜间乘车 4 h 13 min，不足 6 h。

**【解】**　列车处理过程如下：

中途下车，夜间乘车不足 6 h，不能免费使用卧铺。应补收已乘区间卧铺票价，并核收手续费。

(1)应补票价：

武昌—郑州 536 km

新空硬卧(中铺)票价：63.00 元

(2)手续费：5.00 元

(3)合计：63.00＋5.00＝68.00(元)

代用票填写式样如图 5-13 所示。

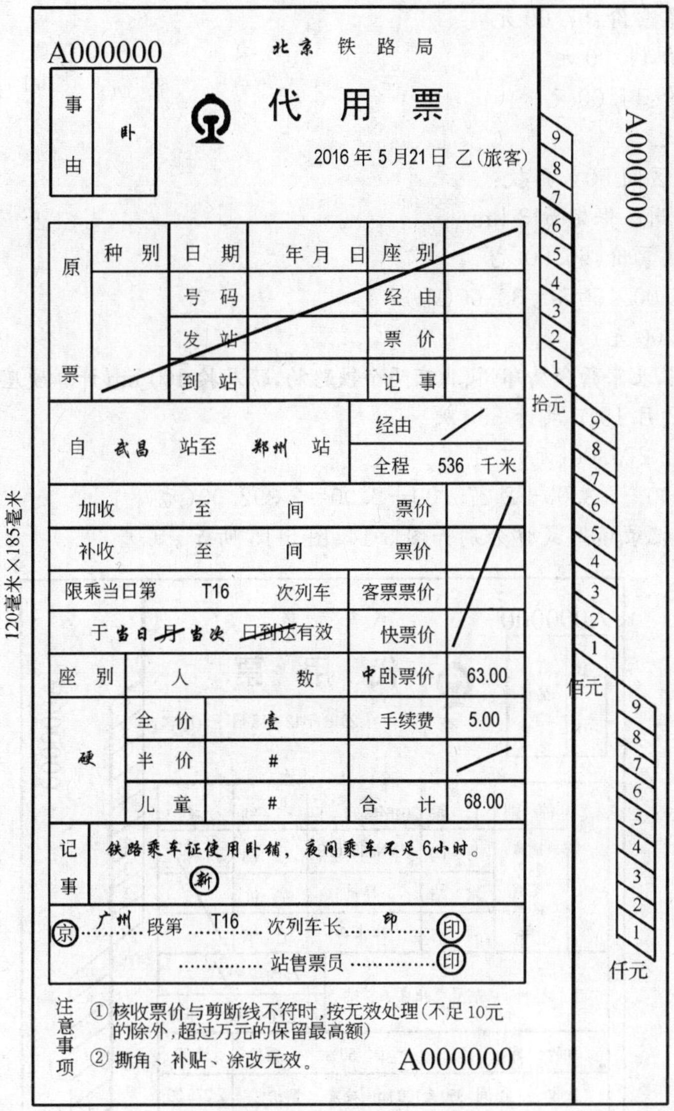
A000000 北京铁路局
事由 卧
代用票
2016年5月21日 乙(旅客)

| 原票 | 种别 | 日期 | 年月日 | 座别 | |
|---|---|---|---|---|---|
| | | 号码 | | 经由 | |
| | | 发站 | | 票价 | |
| | | 到站 | | 记事 | |

自 武昌 站至 郑州 站 | 经由 / 全程 536 千米
加收 至 间 票价
补收 至 间 票价
限乘当日第 T16 次列车 | 客票票价
于 当日 月 当次 日到达有效 | 快票价
座别 | 人 | 数 | 中卧票价 63.00
硬 | 全价 | 壹 | 手续费 5.00
半价 | #
儿童 | # | 合计 68.00
记事 铁路乘车证使用卧铺，夜间乘车不足6小时。 新
京 广州 段第 T16 次列车长 印 印
站售票员 印
注意事项 ① 核收票价与剪断线不符时，按无效处理(不足10元的除外，超过万元的保留最高额)
② 撕角、补贴、涂改无效。 A000000
A000000
9 8 7 6 5 4 3 2 1 拾元
9 8 7 6 5 4 3 2 1 佰元
9 8 7 6 5 4 3 2 1 仟元
120毫米×185毫米

图 5-13 代用票填写式样

**【例 5-9】** 违章使用全年定期乘车证(涂改、伪造)。

2016 年 12 月 15 日，1482 次(汉口—包头，新型空调车)保定开车验票发现一旅客持用有明显伪造痕迹的乘车证，更换照片的郑州机务段董辉的 2016 年度郑州至北京西硬席全年定期乘车证(公 YNb468020)。1482 次列车应如何处理？

**【指导理解】** 使用涂改、伪造的全年定期乘车证，属违章乘车。按无票处理。按所乘列车等级、席别、区间补收票价，并加收已乘区间应补票价 50%的票款及手续费。还应自有效日期 2016 年 1 月 1 日起至发现违章日期 2016 年 12 月 15 日止，票面填写的乘车区间郑州至北京西跨郑州、北京两个铁路局，按每日乘车 100 km 计收普通客票票价的罚款。同时查扣其乘车证及有关证件上交铁路局收入部门。上交时应编制客运记录，注明违章情况。

**【解】** 处理过程如下：

按无票处理并加收罚款。同时编制客运记录，查扣硬席全年定期乘车证及有关证件上交铁路局收入部门。并将持用伪造乘车证者，移交公安机关依法处理。

(1)应收票价：郑州—北京西 689 km

新空硬座客票票价:57.00 元

新空普快票价 11.00 元

新空空调票价:14.00 元

小计:82.00 元

(2)加收已乘区间 50%票款:

已乘区间:郑州—保定 543 km

新空硬座客快票价:66.00 元

加收票款:66.00×50%=33.00(元)

(3)手续费 2.00 元

(4)罚款:郑州、北京西分属郑州、北京两个铁路局,跨局按 100 km 计算硬座客票票价 6.50 元。1 月 1 日～12 月 15 日共计 350 天。

6.50×350=2 275.00(元)

(5)合计:82.00 +33.00+2 275.00+2.00=2 392.00(元)

代用票、客运记录填写式样分别如图 5-14、图 5-15 所示。

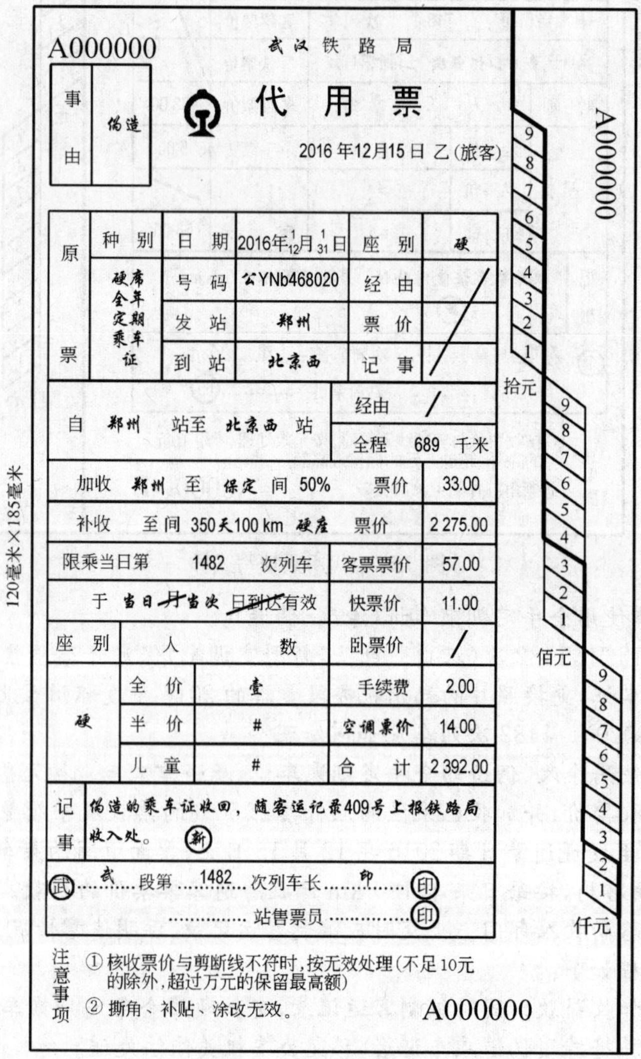
A000000

武汉铁路局

代用票

2016 年12月15日 乙(旅客)

事由：伪造

| 原票 | 种别 | 日期 | 2016年12月31日 | 座别 | 硬 |
|---|---|---|---|---|---|
| | 硬席全年定期乘车证 | 号码 | 公YNb468020 | 经由 | / |
| | | 发站 | 郑州 | 票价 | / |
| | | 到站 | 北京西 | 记事 | / |

自 郑州 站至 北京西 站 | 经由 / | 全程 689 千米

| | | |
|---|---|---|
| 加收 郑州 至 保定 间 50% | 票价 | 33.00 |
| 补收 至 间 350天100 km 硬座 | 票价 | 2 275.00 |
| 限乘当日第 1482 次列车 | 客票票价 | 57.00 |
| 于 当日 当次 日到达有效 | 快票价 | 11.00 |

| 座别 | 人 | 数 | 卧票价 | / |
|---|---|---|---|---|
| 硬 | 全价 | 壹 | 手续费 | 2.00 |
| | 半价 | # | 空调票价 | 14.00 |
| | 儿童 | # | 合计 | 2 392.00 |

记事：伪造的乘车证收回，随客运记录409号上报铁路局收入处。(新)

(武) 武 段第 1482 次列车长 印 (印)

站售票员 (印)

注意事项：① 核收票价与剪断线不符时,按无效处理(不足 10元的除外,超过万元的保留最高额) ② 撕角、补贴、涂改无效。

A000000

拾元 佰元 仟元

120毫米×185毫米

图 5-14 代用票填写式样

武汉铁路局　　　　客统—1

**客 运 记 录**

第 409 号

记录事由：查扣伪造硬席全年定期乘车证

武汉铁路局收入处：

2016 年 12 月 15 日，我车按章验票时发现旅客王伟业，持伪造的 2016 年度的硬席全年定期乘车证公 YNb468020 乘车，乘车区间为郑州至北京西，我车已照章补收票款。并委托北京西站将持票人员送交了公安机关。现将查扣的乘车证及有关证件循章呈报。

注：

1. 站、车需要编制记录时均适用。

2. 本记录不能作为乘车凭证。

武汉 站 段　编制人员　1482 次列车长印　（印）

站 段　签收人员　（印）

2016 年 12 月 15 日编制

40215(客 31)99.7.25.29

图 5-15　客运记录填写式样

**【例 5-10】** 违章使用临时定期乘车证(借用)。

2016 年 5 月 17 日，哈尔滨开往虎林的 4041 次列车，到达牡丹江站前验票发现，软席车厢内一旅客持借用他人的硬席临时定期乘车证公 YLf408910，有效期间为 5 月 14 日至 6 月 13 日，有效区间为哈尔滨至东方红，旅客要求牡丹江下车。4041 次列车应如何处理？

**【指导理解】** 持用转借他人的硬席临时定期乘车证，并且越席乘车，属违章乘车。按无票处理。应按所乘列车等级、席别、区间补收票价，并加收已乘区间应补票价 50%的票款及手续费。还应自有效日期 2016 年 5 月 14 日起至发现违章日期 2016 年 5 月 17 日止，票面填写的乘车区间哈尔滨至东方红同在一个局管内，按每日乘车 50 km 计收普通客票票价的罚款，计算后低于 50 元的按 50 元核收。同时查扣其乘车证及有关证件上交铁路局收入部门。上交时应编制客运记录，注明违章情况。

**【解】** 处理过程如下：

按无票处理并加收罚款。同时编制客运记录，查扣硬席临时定期乘车证及有关证件上交铁路局收入部门。

(1)应收票价：哈尔滨—牡丹江 355 km

软座客票票价：40.50 元

普快票价：4.00 元

(2)加收 50%票款：44.50×50%＝22.25≈22.50(元)

(3)手续费:2.00 元

(4)罚款:乘车区间哈尔滨至东方红在哈尔滨局管内,按 50 km 计算硬座客票票价 3.00 元

自 5 月 14 日至 5 月 17 日共计 4 天。

3.00×4=12.00(元),低于 50 元按 50 元核收。

(5)合计:44.50 +22.50+50.00+2.00 = 119.00(元)

代用票、客运记录填写式样分别如图 5-16、图 5-17 所示。

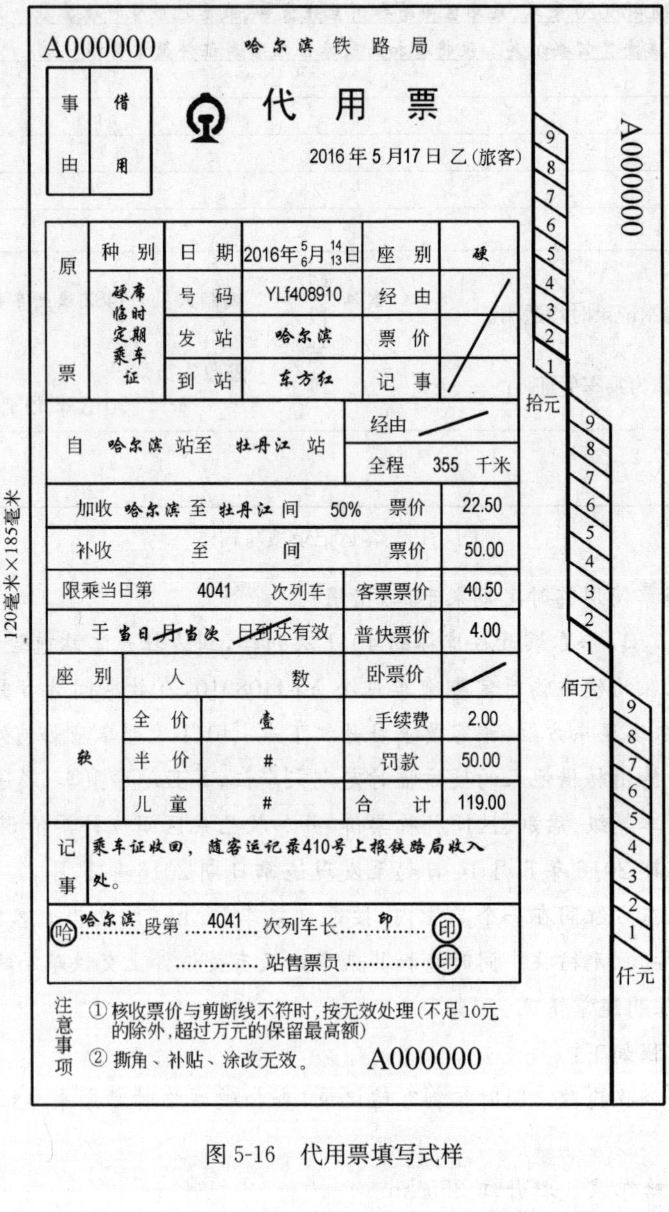


图 5-16 代用票填写式样

哈尔滨铁路局　　　　客统—1

**客　运　记　录**

第 410 号

记录事由：查扣借用硬席临时定期乘车证

哈尔滨铁路局收入处：

2016 年 5 月 17 日，我车按章验票时发现旅客李云，持借用的本年度的硬席临时定期乘车证公 YLf408910 乘车，乘车区间为哈尔滨至东方红，我车已按章补收票款。现将查扣的乘车证及有关证件循章呈报。

注：

1. 站、车需要编制记录时均适用。

2. 本记录不能作为乘车凭证。

哈尔滨 站/段　　编制人员　4041 次列车长　（印）

站/段　　签收人员　　（印）

2016 年 5 月 17 日编制

40215(客 31)99.7.25.29

图 5-17　客运记录填写式样

## 第二节　铁路公文及路用品的运送和携带

为了保证和便利铁路系统各单位之间的公文能准确、迅速传递，铁路总公司制定并及时修改了《铁路客运列车运送公文办法》，明确凡编挂行李车的客运列车（包括混合列车），均应承担公文运送任务（简称车递）。

为了活跃与提高广大铁路职工的文娱生活和业务素质，所涉及的演出用的服装道具、音响器材、铁路规章、培训教材等的运送，可按路用品免费运输。

### 一、铁路公文的运送

铁路公文是指铁路系统各单位为处理公务而形成并使用的文字材料或音像制品。

1. 可比照公文办理的物品

(1)证章、证件、奖状、锦旗。

(2)展览品、模型、样品、图片、记载文件资料的软盘或光盘。

(3)车递文件和物品用的回空容器。

(4)票据、款袋。

车递公文范围不得自行扩大。私人信件、物品严禁车递。未经上级主管部门同意，超过车递范围,行李人员应拒绝受理。

2. 车递公文,挂号递送的规定

车递公文属下列之一者,应办理挂号:

(1)密件。

(2)发文单位认为重要的文件。

(3)证章、证件、奖状、锦旗。

(4)各种合同(协议)。

(5)物资分配和调拨单。

(6)国际联运清算单、财务会计账单和凭证。

(7)重要统计报表。

挂号公文在封套正面右上角标注编号,编号下面盖戳。经办人员对一切公文和附件务必重视,无论挂号与否,均应妥善保管,认真清点,保证不丢失、不延误。

3. 车递公文有关规定

(1)铁路公文免费在铁路系统传递。按包裹传递的公文可收取运输杂费。

(2)公文数量较多时,须分别包装,每包重量不得超过 5 kg,体积长、宽、高均不超过 0.3 m。同一发送单位发往同一收文单位不得超过 4 包。一次发送文件重量超过 20 kg 或体积超过 0.1 $m^3$,发件单位须出具相关证明,在车站行包房办理托运手续,按包裹运送(包裹每件重量和规格按现行铁路客运规章办理),将证明收回附在包裹票甲联上报,免收运费,但按规定收取运输杂费。包裹到达后,到站应及时通知收件单位。

(3)车递公文的封套或其他包装均应做到牢固无破损。装运输进款的容器(款袋)应施封。密件封皮封口处,要粘贴薄纸条,加盖骑缝章或单位公章,在封皮的左上角标明密级。

(4)不能折叠的公文应妥善包装,加以保护。

(5)各单位印制的内部刊物,车递范围限定在本单位或本系统内部,允许主办单位通过车递赠送上级对口部门、铁路总公司宣传部、中国铁路文联和作者。

4. 不得按公文车递的有关规定

(1)公开发行的报刊、图书不得通过车递公文渠道运送;属自办发行的,应商中铁快运公司同意后报铁路总公司办公厅、运输局批准。

(2)路内单位生产、加工的营利性物品运输不得以公文办理。

(3)各单位不得车递纸质简报。

(4)各单位必须严格执行规定的车递公文范围,不得瞒报、伪报品名。未经许可,超过上述范围递送物品,按四类包裹加倍补收运费,严重者给予通报批评。

(5)各铁路局在管内通过车递公文渠道运送超过上述规定范围的资料、物品等,须商中铁快运公司同意。其他单位通过车递公文渠道运送超过上述规定范围的资料、物品时,需报铁路总公司办公厅、运输局批准。

## 二、路用物品的运送

1. 免费运输的物品范围

(1)中国铁路文工团演出用的服装、道具、布景准予免费运输。

(2)中国铁路文工团电视剧部凭中国铁路文工团书面证明,将摄像机、录像机、放像机免费带入客车，自行看管，重量不受 20 kg 限制；监视器、投影机、录音机等附属品按规定办理托运手续，免费运输。

(3)中国铁道出版社音像厂录像所需器材。摄像机、录像机、放像机、灯具随身携带，自行看管；监视器、投影机、录音机等附属品按规定办理托运手续，免费运输。

(4)中国铁道出版社及其 19 个分支机构(哈尔滨、沈阳、北京、太原、呼和浩特、郑州、武汉、西安、济南、上海、南昌、广州、南宁、成都、昆明、兰州、乌鲁木齐、石家庄工程、石家庄建筑发行分部)向铁路总公司所属单位发行中国铁道出版的铁路规章、铁路职工培训教材类图书，中国铁道出版社供铁路总公司所属单位使用的《铁路旅客列车时刻表》按路用品办理。

中国铁道出版社出版的面向铁路以外单位和个人销售的图书，中国铁道出版社及其 19 个分支机构向不属于铁路总公司的单位发行的图书不得按路用品办理。

2. 免费运输的办理规定

(1)需托运的服装、道具、布景数量较多时，可以拨给行李车，如行李车不足，也可以拨给棚车代用。使用后，立即交还，不得停留占用。严禁用拨给的行李车或棚车装服装、道具和布景以外的物品。

(2)少量的服装、道具、布景，可装在旅客列车编组中行李车内运送，不必另拨车辆。

(3)办理此项免费运输时，必须凭“中国铁路文工团”开具的证明文件，到车站办理托运手续。如要求拨给行李车或棚车时，应凭上述证明文件到有关铁路局办理拨车手续。

(4)车站办理托运时，应填写包裹票，并在运价栏划斜线，在记事栏内注明“免费”字样，同时将证明文件收回，随同包裹票报告页一并报送铁路局。

(5)托运的服装、道具、布景、监视器、投影机、录音机等，由车站负责装卸时，车站可按规定核收装卸费。

## 三、路内物品的携带

下列铁路人员准许携带有关路用物品乘车：

1. 铁路电务维修人员

铁路电务等维修人员乘坐管内旅客列车到各站检查、维修设备，凭铁路局发给的携带器材乘车凭证，可携带蓄电池(6 V 组)8 组，蓄电池和电池的电解液(装入特种容器)3 瓶，轨道焊接线火柴(铁盒密封)5 盒，焊药 40 包，防腐油 10 kg，机油 1 kg，煤油 1 kg，变压器油 2 kg，调和漆 5 kg，汽油(密封)0.5 kg。乘车时应服从列车长安排，将携带品放在列车尾部，保证安全，并不影响车内秩序。

2. 铁路衡器检修人员

铁路衡器管理所检修工作人员，持证明到各站检定、修理衡器时，准许随身携带小型配件、调和漆 5 kg 和标准砝码 200 kg。

凭书面证明也可免费托运砝码和衡器配件。车站填发包裹票，在记事栏内注明“衡器检修，免费”，收回书面证明报铁路局。

3. 钢轨探伤人员

为方便工务段钢轨探伤工作人员乘车需要，由各铁路局发给“携带钢轨探伤仪乘车证”，可携带 JGT-2 型钢轨探伤仪(体积为 1 000 mm×830 mm×380 mm)乘车，同时需出示铁路公用乘车证，准乘管内旅客列车，并按乘务员或列车长指定地点放置，不得妨碍旅客乘降。

## 复习思考题

1. 铁路乘车证的种类、颜色有哪些?

2. 使用铁路乘车证的人员范围是如何要求的?

3. 铁路乘车证乘坐动车组列车有何规定?

4. 铁路乘车证使用的规定有哪些?

5. 铁路乘车证免费使用卧铺的条件有哪些?

6. 丢失铁路乘车证如何处理?

7. 违章使用铁路乘车证如何处理?

8. 中国铁路文工团托运道具、布景等物品时如何办理?

9. 客车车递路用品的范围有哪些?

10. 车递铁路公文属哪些性质者可以办理挂号?

11. 免费运输路用品的范围如何规定?

12. 路外哪些人员可以使用铁路乘车证?

13. 路内有关人员携带路用品是如何规定的?

14. 3 月 15 日,滨江开往虎林的 4041 次列车,到达鸡西站前验票发现软席车厢一旅客持用他人的硬席临时定期乘车证(公 YLb043082),有效期为 3 月 15 日至 6 月 13 日,有效区间为哈尔滨至虎林,要求鸡西下车。列车如何处理?

15. 3 月 15 日武昌站一职工,持用 2 月 21 日至 5 月 20 日武昌至广州的硬席临时定期乘车证(公 YLb034572),乘当日 T15 次(北京西至广州的新型空调车,武昌 21:10 开,长沙 0:28 到),自武昌站已使用硬卧(9 车 5 号中铺),列车运行至长沙站前,该职工提出换票,要求长沙站下车。列车如何处理?

16. 3 月 15 日,石家庄站组织 T50 次(广州至北京西的新型空调车)列车旅客出站,一旅客持有效期为 2 月 15 日安阳至石家庄的一次公用乘车证(YXb032186),将 2 月份涂改为 3 月份。石家庄站如何处理?

17. 2 月 1 日 K929 次列车(大连—佳木斯,新型空调车)在沈阳开车后发现一名铁路职工持上一年度沈阳至长春的定期通勤乘车证(YNd001758),旅客自述到四平下车。如何进行违章处理?

# 第六章

# 铁路运营事故的处理

## 第一节　线路中断运输的处理

### 一、线路中断后应采取的措施

由于自然灾害、行车事故或者其他原因，致使线路中断，列车不能继续运行时，应采取下列应急措施：

1. 站、车工作人员应将造成线路中断的灾害原因、事故概况、影响程度等情况调查了解清楚，并将采取的对策，一并详情上报。

2. 站、车工作人员对掌握的灾害（事故）情况，应通过广播向旅客做好通报、解释、安抚工作，稳定旅客情绪，维护好站车秩序。

3. 车站站长应及时召开会议，成立滞留旅客安置领导小组，妥善安置被阻旅客，列车长也应及时召开“三乘”会议，分工负责，采取措施确保旅客人身及财物的安全。

4. 列车停运时，站、车工作人员应热情周到地搞好服务，安排好旅客餐饮、食品供应以及帮助特殊旅客的解困工作。必要时，向地方政府报告请求援助。

5. 线路中断，预计不能及时修复通车时，事故发生局应向中国铁路总公司请求命令后向全路发出停办到达和经过中断区段客运业务的电报，以免大量客流的涌入，造成更大的被动。

### 二、线路中断后对旅客运输的安排

线路中断列车停止运行时，应按下列规定安排已购买车票的被阻旅客：

1. 在停运站或被阻列车应在旅客车票背面注明“原因、日期，返回××站”并加盖站名戳或列车长名章，作为旅客免费返回发站、中途站办理退票、换车、延长有效期的凭证。但在返回途中自行下车，运输合同终止。

2. 在发站（或返回发站）停止旅行时，退还全部有效车票票价（包括在列车上补购的车票），但手续费、违章加收部分的票款、携带品超过规定范围补收的费用以及已使用至到站的车票票价不退。

3. 在停止旅行站（或中途站）退票时，退还已收票价与发站至停止旅行站间票价的差额，发站至停止旅行站不足起码里程按起码里程计算（如系铁路责任时退还全部票价）。

4. 旅客持票等候通车继续旅行时，可凭原票在通车 10 d 内恢复旅行。车站应予以办理签证手续，通票还应根据旅客候车日数延长车票有效期。卧铺票应办理退票。

5. 铁路组织列车绕道时,组织原列车绕道的,持原票有效。组织换乘其他列车绕道的,车站应在车票背面注明"因××绕道××站(线)乘车",并加盖站名戳。绕道运输乘坐原座别、铺别时票价不补不退;绕道时旅客要求变更座别、铺别时的(铁路造成的变更,按铁路责任变座、变铺处理)计收变更区间票价差额,变更区间不足起码里程按起码里程计算。绕道过程中,旅客中途下车车票失效。

旅客自行绕道,按变径办理。

6. 线路中断后,旅客买票绕道乘车时,按实际径路计算票价。

7. 旅客索取线路中断证明时,由车站出具文字证明,加盖站名戳。

### 三、线路中断后对行李、包裹运输的安排

1. 未装运的行李、包裹留在发站待运或备托运人办理取消托运。如托运人要求对未装运或由中途运回发站的行李、包裹取消托运时,应收回行李、包裹票,在旅客页和报单页记事栏注明"线路中断,取消托运",填写"车站退款证明书",退还全部运费,并将收回的行李、包裹票附在"车站退款证明书"报告页上报。

2. 已运至到站要求返回发站的行李,运费不退。在行李票报销单加盖"交付讫"戳,记事栏注明"线路中断,已运至到站的行李返回,运费不退"交旅客报销。

3. 在中途站领取时,收回行李、包裹票,填写"车站退款证明书",退还已收运费与发站至领取站间运费差额。不足起码里程按起码里程计算。在旅客页、报单页记事栏注明"线路中断,中途提取"附在"车站退款证明书"报告页上报。

4. 在发站(或中途站)停止旅行,要求行李仍运至原到站,补收全程(或终止旅行站至到站)的行李和包裹的运费差额。

5. 包裹变更到站,补收(或退还)已收运费与发站至新到站的运费差额。不足起码里程按起码里程计算。在"客杂"(或"车站退款证明书")记事栏注明"因××线路中断,变更到站"。

6. 鲜活包裹被阻,返回发站或变更到站按上述有关规定处理。要求承运人在中途处理时,退还已收运费与发站至处理站间(不足起码里程按起码里程计算)的运费差额和物品处理所得款。

7. 组织行李、包裹绕道运输时,应在行李、包裹票记事栏注明"线路中断,绕道运输、被阻×日"并加盖站名戳,原车绕道时加盖列车行李员名章,到站根据实际运输里程加上被阻日数计算运到期限。

8. 线路中断后承运包裹,经铁路局批准,按实际径路计算运费。

**【例 6-1】** 处理线路中断运输的技能。

2016 年 9 月 15 日,旅客张三持柳州至兰州的硬座客普快通票一张,票号:A000001,自柳州站乘某次普快列车经郑州站换乘另一趟普快列车至兰州站,该旅客在柳州站还托运行李 2 件重 50 kg 至兰州站,行李票号:B000001(行李随旅客所乘列车装运),9 月 16 日,列车运行至西安站,因前方区间水害,列车不能继续运行。试问:

1. 旅客要求在列车停止运行站(西安站)终止旅行并提取行李,西安站应如何处理?

2. 旅客要求返回中途站(郑州站)于 9 月 17 日到达,停止旅行,但要求行李仍运至原到站(兰州站),郑州站应如何处理?

【解】 1. 处理依据

线路中断后，在停止旅行站(或中途站)退票时，退还已收票价与发站至停止旅行站间票价的差额，发站至停止旅行站不足起码里程按起码里程计算(如系铁路责任时退还全部票价)。

在中途站领取行包时，收回行包票，退还已收运费与发站至领取站运费差额(发站至领取站间不足起码里程按起码里程计算)。

在发站(或中途站)停止旅行，要求行李仍运至原到站，补收全程(或终止旅行站至到站)的行李和包裹的运费差额。

2. 具体处理

(1)在西安站退还柳州至兰州与柳州至西安的硬座客普快票价差额及运费差额。

①退还票价差额。

已收票价：柳州—兰州 2 809 km，硬座客普快票价：140.50 元

已乘区间票价：柳州—西安 2 133 km，硬座客普快票价：114.00 元

退还票价差额：140.50－114.00＝26.50(元)

②退还运费差额。

已收柳州—兰州 2 809 km 50 kg 行李运费：1.153×50＝57.65≈57.70(元)

应收柳州—西安 2 133 km 50 kg 行李运费：0.93×50＝46.50(元)

退还行李运费差额：57.70－46.50＝11.20(元)

(2)在郑州站退还柳州至兰州与柳州至郑州的硬座客普快票价差额，核收郑州至兰州的行李与包裹的运费差额。

①退还票价差额。

已收票价：柳州—兰州 2 809 km，硬座客普快票价：140.50 元

已乘区间票价：柳州—郑州 1 622 km，硬座客普快票价：93.00 元

退还票价差额：140.00－93.00＝47.00(元)

②补收运费差额。

郑州—兰州 1 187 km

50 kg 行李运费：0.582×50＝29.10(元)

50 kg 三类包裹运费：1.507×50＝75.35≈75.40(元)

补收运费差额：75.40－29.10＝46.30(元)

3. 填写票据

(1)西安站填写的：

①退票报告(见表 6-1)。

②退票报销凭证(见表 6-2)。

③车站退款证明书(见表 6-3)。

(2)郑州站填写的：

①退票报告(略)。

②退票报销凭证(略)。

③客运杂费收据(见表 6-4)。

**表 6-1　西安站填写的退票报告**

**退票报告**

西安 站

| 退票日期 | 原客票 | | | | | | | | | 人数 | | | 原收 | | | | 应收 | | | | 核收退票费 | 净退款额 | 退票理由 |
|---|---|---|---|---|---|---|---|---|---|---|---|---|---|---|---|---|---|---|---|---|---|---|---|
| | 种别 | 座别 | 符号 | 票号 | 张数 | 发售时间 | 发站 | 经由 | 到站 | 全 | 半 | 孩 | 客票票价 | 加快票价 | 卧铺票价 | 空调票价 | 客票票价 | 加快票价 | 卧铺票价 | 空调票价 | | | |
| 9. 16 | 客普快 | 硬 | | A000001 | 1 | 9. 15 | 柳州 | 衡、郑 | 兰州 | 1 | | | 117. 50 | 23. 00 | | | 95. 00 | 19. 00 | | | ／ | 26. 50 | 水害 |
| | | | | | | | | | | | | | | | | | | | | | | | |
| | | | | | | | | | | | | | | | | | | | | | | | |
| | | | | | | | | | | | | | | | | | | | | | | | |
| 本页合计 | | | | | | | | | | | | | | | | | | | | | | | |

| 总计 | 应退票价 | 核收退票费 | 净退款额 | 随缴附件 | 原客票 | 1张 |
|---|---|---|---|---|---|---|
| | 26. 50 | ／ | 26. 50 | | 客运记录 | |

站长　　　　印　　　　经办人　　　　印

**表 6-2　西安站填写的退票报销凭证**

西安 铁路局

退票报销凭证　A000000

西安站　　2016年9月16日

| 原　　票 | 柳州站至兰州站 |
|---|---|
| 已乘区间 | 柳州站至西安站 |
| 已乘区间票　　价 | 114 元 0 角 |
| 退 票 费 | ——元 |
| 共　　计 | 壹佰壹拾肆 元 零 角 |

（无经办人名章无效）　　　　经办人　　印

**表 6-3　西安站填写的车站退款证明书**

中国铁路总公司　　　　财收—16

西安 铁 路 局

车 站 退 款 证 明 书

编号 A　No:032145

填发日期 2016 年 9 月 16 日

| 票据种类 | 票据号码 | | 填发日期 | | 发站 | 到站 | 单位 | 名称及地址 | | | |
|---|---|---|---|---|---|---|---|---|---|---|---|
| 行李票 | B000001 | | 2016.9.15 | | 柳州 | 兰州 | | 开户银行及账号 | | | |
| 原记载 | 品名 | 件数 | 包装 | 实重 | 计重 | 运价号 | 运价率 | 运费 | 违约金 | | 合计 |
| | 行李 | 2 | 箱 | 50 | 50 | | 1.153 | 57.70 | | | 57.70 |
| 订正 | | | | | | | | 46.50 | | | 46.50 |
| 记事：水害，线路中断，旅客张三在西安站终止旅行并提取行李，退还运费差额。 | | | | | | 应补收 | | | | | |
| | | | | | | 应退还 | | 11.20 | | | 11.20 |
| | | | | | | 净退(大写) | | 壹拾壹元贰角 | | | |
| | | | | | | 上述退款已于 9 月 16 日以现金/支票如数退讫，丙联已随 9 月 中 旬 财收 8 报局收入稽查中心。经办人：×× | | | | | |

甲联：（车站存查）

填发单位　西安站　（公章）　填发人　×××　付款人　××

表 6-4 郑州站填写的客运杂费收据

郑州铁路局

客运运价杂费收据

2016 年 9 月 17 日　　（报告用）

<table>
<tr><td rowspan="4">原票据</td><td>种　别</td><td>日期</td><td>9 月 17 日</td><td colspan="4">月　日　时到达、通知、变更</td></tr>
<tr><td rowspan="3">行李</td><td>号码</td><td>B000001</td><td colspan="4">月　日　时　交　　付</td></tr>
<tr><td>发站</td><td>郴州</td><td colspan="4" rowspan="2">核收保管费　　日</td></tr>
<tr><td>到站</td><td>兰州</td></tr>
<tr><td colspan="4" rowspan="2">核　收　区　间</td><td colspan="3">核　收　费　用</td><td rowspan="2">款　额</td></tr>
<tr><td>种别</td><td>件数</td><td>重量</td></tr>
<tr><td colspan="4" rowspan="5">自　郑州　站<br>至　兰州　站<br>经由（　　　）<br>座别　　人数</td><td>运费差</td><td>2</td><td>50</td><td>46.30</td></tr>
<tr><td></td><td></td><td></td><td></td></tr>
<tr><td></td><td></td><td></td><td></td></tr>
<tr><td></td><td></td><td></td><td></td></tr>
<tr><td></td><td></td><td></td><td></td></tr>
<tr><td colspan="4"></td><td colspan="3">合　计</td><td>46.30</td></tr>
<tr><td>记事</td><td colspan="7">水害，线路中断，旅客在郑州站终止旅行，但要求行李仍运到原到站(兰州站)，补运费差额。</td></tr>
<tr><td colspan="8">郑州　站经办人　印　印</td></tr>
</table>

A000000

# 第二节　旅客人身伤害事故的处理

## 一、旅客人身伤害事故的定义与种类

### (一)旅客人身伤害事故的定义

凡持有效乘车票据的旅客，经检票口进站验票(手工加剪或自动检票机打印标志)开始，至到达目的地出站检验乘车票据时止(中转和中途下车的旅客自出站至进站期间除外)，在旅行中遭受到外来、剧烈、明显的意外伤害事故以及承运人等原因的过错，致使旅客人身受到伤害以至死亡、残废或丧失身体机能者，均属旅客人身伤害事故。

### (二)旅客人身伤害事故的种类

旅客人身伤害按其程度分为三种：

1. 轻伤：伤害程度不及重伤者。

2. 重伤：肢体残废、容貌毁损，视觉、听觉丧失及器官功能丧失。具体参照司法部颁发的《人体重伤鉴定标准》。

3. 死亡。

## 二、旅客人身伤害事故的现场处置与报告

### (一)现场处置

1. 列车、车站发生旅客人身伤害时,站车工作人员应当到现场查看旅客伤害情况,报告列车长、站长及铁路公安人员组织救护,稳定人员情绪,维护现场秩序。

2. 列车上发生的旅客伤害需交车站处理时,应移交前方县、市所在地车站或者当地具备公共医疗条件的停车站;需要提前报告运行所在铁路局客运调度时,由客运调度通知车站做好救护准备工作。

如旅客不同意下车救治处理时,应当由旅客出具拒绝下车治疗的书面声明,并按规定收集两份及以上的证人证言。

3. 列车因旅客伤害严重需紧急停车处理或发生三人以上疑似食物中毒的,应当迅速报告运行所在铁路局客运调度。客运调度员接到报告后立即根据列车长提出的要求,通知有关车站及值班主任(列车调度员)。需要紧急停车处理的,列车长还应报告本铁路局客运处。

4. 列车发现旅客在区间坠车时,应当立即停车处理,并通知就近车站或将受伤旅客移交就近车站。列车在区间停车需要防护时,按有关规定处理。

不具备停车条件或者延迟发现的,列车长应当报告运行所在铁路局客运调度,客运调度员接到报告后立即通知值班主任,值班主任通知相关列车调度员和铁路公安局指挥中心,由列车调度员和铁路公安局指挥中心分别通知邻近车站及车站铁路公安派出所派人寻找。列车运行至前方停车站时,列车长应拍发电报,向发生地和列车担当铁路局主管部门报告。

在站内或区间线路上发现有坠车旅客时,发现或接到通知的车站应当迅速通报有关列车。有关列车接到通报后,应当立即调查。

发生列车应当按照规定收集相关证据材料和旅客携带物品,并向处理单位移交。

5. 车站对本站发生的及列车移交的伤害旅客,应当及时联系当地医疗急救机构或送就近医院抢救。

发生医疗费用时,应当根据对责任的初步判断,属于旅客自身责任或第三人责任的,由旅客或第三人支付医疗费用。

暂不能区分责任或者责任人不明、无力承担的,经处理站站长或者车务段段长批准,可用站进款垫付。动用站进款时,填写或补填“运输进款动支凭证”(财收—29),10 d 内由核算站或车务段财务拨款归还。

6. 受伤旅客经现场抢救无效死亡,或对站内、区间发现的旅客尸体,经医疗部门或公安部门确认死亡,公安机关现场勘查结束后,车站应当转送殡仪馆存放(在此之前,车站应将尸体转移至适当地点并派人看守),并尽快通知其家属。尸体存放原则上不超过 10 d。

死者身份不清且在地(市)级以上报纸刊登寻人启事后 10 d 仍无人认领的,应当根据铁路公安机关书面意见处理尸体;系不法侵害所致的,应当根据铁路公安机关书面意见并商死者家属意见处理尸体。

对死者的车票、衣物、随身携带物品等应当妥善保管,并于善后处理时一并转交其继承人;死者身份不明或者家属拒绝到站处理的,按无法交付的物品处理。

外国人在铁路站车死亡的按照《关于转发(民政部、外交部、公安部关于外国人在华死亡后处理程序有关问题的实施意见)的通知》(公法〔2008〕25 号)处理。

7. 发生旅客人身伤害,需要保护现场时,应当及时采取措施保护现场,禁止与救援、调查无关的人员进入。必要时,可请求地方政府协助。

8. 发生旅客人身伤害后,列车长、站长及铁路公安人员应当及时组织现场查验,全面搜集、梳理相关证据资料,检查旅客所持车票的票种、票号、发到站、车次、有效期及有效身份证件信息等,描绘现场旅客定位图,收集不少于两份同行人或见证人的证言及查验记录、现场照片、录像等其他相关证据,形成比较完整的证据链,能够证明发生的过程和原因,初步明确性质,并妥善保管。

旅客或第三人能够说明事件发生经过或责任的,应当由其出具书面材料,并签字确认。

证人应当具有完全民事行为能力,证人证言中应当记录证人的姓名、性别、年龄、地址、联系方式、有效身份证件信息等内容。有医务工作人员参加救治时,应当由其出具参与救治经过的证言。

证人、证言应当真实,能够反映发生的时间、地点、过程、原因和结果。

涉及违法犯罪的旅客人身伤害或死亡的,由铁路公安机关组织现场勘查。

9. 列车向车站移交伤害旅客时,列车应当编制客运记录和旅客携带物品清单一式两份,一份由列车存查,一份连同车票、证明材料、相关证人的证词及其联系方式等资料一并移交。客运记录应载明日期、车次、旅客姓名、性别、年龄、国籍、民族、职业、单位、有效身份证件号码、联系方式、住址、车票种类、号码、发站、到站、车厢、席位、受伤地点、受伤原因、受伤部位、处理简况以及证据材料清单等内容。因时间来不及记明上述内容时,可在客运记录中简要记明日期、车次、下交原因,并必须在 3 d 内向处理单位补交有关材料。特殊情况来不及编制客运记录时,列车长或其指定的专人应随同伤害旅客下车办理交接。涉及第三人时,应将第三人同时交站处理。

对已经控制的违法、犯罪嫌疑人,应当及时移交车站铁路公安派出所。

列车向车站移交伤害旅客时,车站不得拒绝接收。

10. 旅客在法定时限内索赔且能够证明伤害是在铁路旅客运输过程中发生的,受理单位应及时通知发生单位,并本着方便旅客的原则,移交旅客就医所在地车站或旅客发、到站处理,被移交站应当受理。发生单位应当在 10 d 内搜集并向处理单位移交相关证据材料。

(二)事故速报与报警

1. 事故速报。车站、列车发生旅客人身伤害时,可用电话向所在单位与上级主管部门报告概况;但发生重伤以上旅客人身伤害时,应在第一时间以短信方式向所属铁路局主管部门报告,随后向有关铁路局主管部门拍发速报,并逐级向上级主管部门和宣传部门报告。

报告(含速报)内容主要包括:

(1)发生日期、时间、车次、地点、车站、区间里程。

(2)伤亡旅客的姓名、性别、年龄、国籍、民族、职业、单位、有效身份证号码、联系方式、住址及车票种类、号码、发站、到站、车厢、席位等基本情况。

(3)发生经过、旅客伤亡及现场处理简况。

2. 报警。对下列情形造成的旅客人身伤害应当立即向铁路公安机关报警:

(1)杀人、抢劫、抢夺、强奸、爆炸、纵火、绑架、结伙斗殴、寻衅滋事、故意伤害、击打列车、故意损毁、移动站车设备等违法犯罪行为。

(2)因散布谣言,谎报险情、疫情、警情、扬言放火、爆炸、投放危险物质、或者非法阻拦行车、堵塞通道,引起公共秩序混乱。

(3)火灾、爆炸、中毒等治安事件。

(4)精神病人肇事肇祸、醉酒滋事行为。

(5)自然灾害。

(6)铁路设备、设施故障造成的事故。

发生旅客人身伤害及携带品损失且有下列情形之一的,应当及时通知铁路公安机关:

(1)应当控制、约束违法犯罪嫌疑人和扣押相关涉案物品的。

(2)应当保护现场、维持秩序、协同救助的。

(3)应当由铁路公安机关介入调查,获取证据,查明原因的。

(4)引发治安纠纷或者酿成群体性事件并影响站车秩序,应当及时处置的。

(5)造成旅客死亡的。

## 三、旅客人身伤害事故的善后处理与赔偿

### (一)善后处理

1. 成立善后处理工作组

发生旅客人身伤害后,发生地车站(车务段)或处理站(车务段)应当组织发生单位、车站铁路公安派出所及相关单位成立善后处理工作组。必要时,由发生地或处理站所在地铁路局组织。

善后处理工作组负责如下工作:

(1)办理受伤旅客就医、食宿等事宜。

(2)收集相关资料,建立案卷。案卷中应有:客运记录、证人证言、车票、医院证明、现场照片或图示、寻人启事以及铁路公安机关处理尸体意见等材料;铁路公安机关制作有现场勘验的笔录、法医鉴定结论的,在不影响案件办理的情况下,可以收集存入案卷。

(3)核实伤亡旅客身份,通知其家属或发布寻人启事。

(4)处理旅客遗留物品或死亡旅客遗体。

(5)向旅客或其继承人、代理人通报情况、协商处理善后事宜。

(6)其他与善后处理有关的事宜。

2. 开展调查并分析定责

(1)在铁路旅客运输过程中(自旅客进站检票时起至出站检票时止)发生的铁路旅客人身伤害及携带物品的损失,由发生地或处理站所在地的铁路安全监管部门(铁路安全监督管理办公室)(客运专业管理部门)组织处理站或其上级主管部门、铁路公安派出所或其上级铁路公安机关、相关专业管理部门等开展调查工作,了解相关情况,确定责任主体,提出处理意见。

在铁路安全监管部门(铁路安全监督管理办公室)组织调查过程中,相关单位或人员应当按要求及时提供相关证据资料。

旅客人身伤害及携带品损失可能涉及设施设备、列车运行等原因的,应当通知有关管理单位。被通知单位接到通知后,应当按要求在 5 d 内提交证据材料。

对下列情形造成的铁路旅客人身伤害及携带品损失的,依据有关法律法规由相关部门组织调查:

①因铁路交通事故造成铁路旅客人身伤害及携带品损失的,依据《铁路交通事故调查处理规则》由相关部门组织调查。

②属于铁路公安机关管理职责范围的,由铁路公安机关组织调查。

③旅客食品安全事故的调查处理,由铁路食品安全监督管理办公室负责,并依据有关法规规定程序执行。

(2)在铁路人身伤害事故的调查过程中,要进行责任划分,其责任分为:

①旅客自身责任。旅客违反铁路安全规定,不听从铁路工作人员引导、劝阻等违法违章行为或其他自身原因造成的伤害,属于旅客自身责任。

②铁路运输企业责任。由于铁路运输企业人员的职务行为和设施设备的原因等给旅客造成的伤害,属于铁路运输企业责任。

铁路运输企业责任分为客运部门责任和行车等其他部门责任。客运部门责任分为车站责任和列车责任。

a. 有下列情形之一的,属于车站责任:

(a)旅客持票进站后或下车后出站前,因车站组织不当造成人身伤害的。

(b)车站引导标志缺失或不准确,误导旅客造成其人身伤害的。

(c)车站设施设备不良造成旅客人身伤害的。

(d)车站在停止检票后继续检票放行或检票放行时间不足,致使旅客抢上列车造成人身伤害的。

(e)车站组织不当造成旅客上车时发生人身伤害的。

(f)因车站客运工作人员违章作业、过失造成旅客人身伤害的。

(g)有理由认定属于车站责任的。

b. 有下列情形之一的,属于列车责任:

(a)车门漏锁致使旅客坠车造成人身伤害的。

(b)列车工作人员过错致使旅客误下车、背门下车,在不办理乘降的车站(包括区间停车)下车、列车运行中开启车门造成人身伤害的。

(c)列车组织不当或列车工作人员违反作业标准,致使旅客乘降时造成人身伤害的。

(d)列车客运工作人员对设备管理不善造成旅客人身伤害的。

(e)列车客运工作人员违章作业、过失造成旅客人身伤害的。

(f)有理由认定属于列车责任的。

③第三人责任。由于旅客和铁路运输企业合同双方以外的人给旅客造成的伤害,属于第三人责任。

④不可抗力。在当时的条件下,人力所不能抵抗的破坏力,给旅客造成的伤害,如洪水、地震、战争、骚乱等。

不可抗力因素造成的旅客伤害,铁路运输企业不承担责任,但承运人负有举证责任。

(3)通过调查分析,对旅客人身伤害应明确定责:

①在旅客人身伤害调查中,涉及旅客或第三人责任,且旅客、第三人或其代理人没有异议的,应当在有关调查报告中载明,并经其签字确认后作为善后处理的依据;旅客、第三人或其代理人不予认可的,可告知其协商解决或通过司法途径处理。

②铁路安全监管部门(铁路安全监督管理办公室)在调查中,对涉及铁路运输企业责任的,应按发生原因,铁路运输企业及各部门职责等确定责任单位;两个以上单位都负有责任时,可以列两个以上单位的责任。

发生原因基本确定,但由于发生单位或相关设施设备管理部门未及时收集或未妥善保管相关证据资料,导致不能确定责任主体时,发生单位或相关设施设备管理部门应承担相应责任。

列车需将伤病旅客交站处理,调度部门因信息处置或安排停车不及时,车站因推诿或未及时联系医疗机构影响救治的,可将调度部门、车站与责任单位共同列为责任主体。

对责任划分有争议时,铁路安全监管部门(铁路安全监督管理办公室)应将调查报告、案卷、处理意见等有关资料报发生、责任、处理单位共同的上级主管部门或其授权的主管部门裁决。

发现定性不准确或处理不符合规定的,上级主管部门可以责令重新审查或纠正。

确定铁路运输企业责任后,铁路安全监管部门(铁路安全监督管理办公室)应当及时出具“铁路旅客人身伤害及携带品损失定责通知书”(见表 6-5),交善后处理工作组,并于 10 d 内寄送责任单位及其上级主管部门。

**表 6-5　铁路旅客人身伤害及携带品损失定责通知书**

No ______

______铁路局：

______站(段)：

关于______年____月____日发生______旅客人身伤害(携带品损失)，经调查处理工作组研究，列______站(段)______责任。

特此通知。

××安全监管办公室(公章)

______年____月____日

注：本通知一式四份，一份交善后处理工作组，一份处理站(段)留存，寄送责任单位及其上级主管部门各一份。

(二)结案赔偿

1. 结案工作的开展

(1)发生旅客轻伤且经旅客或第三人同意现场调解、责任明确的，可由车站会同铁路公安派出所、发生单位、旅客、第三人等共同进行现场处理并结案。

(2)受伤旅客临床治疗结束或死亡旅客遗体处理完毕，工作组应当根据铁路安全监管部门(铁路安全监督管理办公室)对责任确定情况，核实各项费用及授权委托书、亲属关系证明等有关证明后，涉及铁路运输企业责任的，尽快按有关法律规定与旅客或其继承人、代理人协商办理赔付。

(3)在铁路运输过程中发生旅客携带品损失时，旅客或其继承人、代理人应当向铁路运输企业提出可确认的证据，铁路运输企业经确认后，商谈赔偿了结。

2. 赔偿款额的确定

(1)医疗费用应根据实际产生或后续治疗需要，凭治疗医院单据或建议核定。旅客需转院治疗时，应与处理单位协商一致，并经治疗医院同意。

(2)残疾赔偿金应根据有关鉴定机构出具的旅客人体损伤残疾程度鉴定意见，或者根据旅客受伤程度，比照有关人体损伤残疾程度鉴定标准所对应的残疾等级，按照有关标准计算。责任旅客伤害经救治无效死亡的，应根据有关法律按照规定标准计算死亡赔偿金。

(3)在铁路旅客运送期间发生旅客携带品损失时，承运人有过错的，应当承担损害赔偿责任，旅客出具发票(或者其他有效证明)证明购买价格时，以扣除物品合理折旧、损耗后的净值赔偿或以处理单位所在地物价部门或价格评估机构确定的物品价值赔偿。

(4)处理旅客人身伤害事故的其他费用：包括现场勘验费、看尸抬尸埋尸费、验尸费、寻人启事费以及善后处理直接有关的交通费、护送费、住宿费、救济费等。所有发生的费用均须有发票、收据等列明金额的书面证明材料方能进行支付。

3. 编制处理协议书

(1)铁路旅客人身伤害办理赔付时，必须编制“铁路旅客人身伤害及携带品损失最终处理协议书”(见表 6-6)，经各方确认，签字并加盖处理单位公章。

(2)旅客轻伤现场调解处理的以及旅客携带品损失的处理，也应编制“铁路旅客人身伤害及携带品损失最终处理协议书”。

4. 办理赔付与清算

(1)办理旅客人身伤害(携带品损失)赔付时，应依据法定顺位支付给旅客或其继承人。同时，处理单位应填写“铁路旅客人身伤害及携带品损失赔付通知书”(见表 6-7)通知旅客或继承人、代理人。旅客接到通知后，持本人有效身份证件及本通知于 30 d 内到处理站领取赔偿款额。如继承人、代理人领取时，应携带领取人有效身份证件以及旅客身份关系证明或授权委托书(以上证件或证明均需原件)。领取后,旅客或其继承人,代理人出具收据交处理单位。

(2)根据责任确定情况,处理旅客人身伤害所发生的赔偿金及其他费用,由责任单位承担,无法确定责任单位的,由发生单位承担。

(3)需向责任单位或发生单位转账的,由处理单位所属铁路局财务部门开具"转账通知书"(会凭7),连同"铁路旅客人身伤害及携带品损失最终处理协议书"转送责任单位或发生单位所属铁路局财务部门。

责任单位或发生单位所属铁路局财务部门应当在收到"转账通知书"等材料次日起30 d内将费用转拨至处理单位所属铁路局;超过30 d时,每超过1 d,按应付费用的0.5%支付滞纳金。

旅客人身伤害是旅客自身原因或第三方造成的,铁路运输企业在垫付相关费用后,可向旅客或第三方追偿。

**表6-6 铁路旅客人身伤害及携带品损失最终处理协议书**

No________

一、旅客基本情况:
姓名:________ 身份证件号码:________________
性别:________ 年龄:________ 职业:________ 电话:________
住址:________________________________
二、车票情况:
号码:________________ 日期:________________
车次:________ 发站:________ 到站:________ 席位:________
三、发生情况:
日期、时间、车次:________________________
地点、车站、区间:________________________
四、旅客人身伤害及携带品损失发生经过、救治及善后处理简要情况:
________________________________
________________________________
________________________________
五、处理意见:
________________________________
________________________________
________________________________
六、协议人签字:
旅客签字:________ 处理单位(章)
代理人签字:________
身份证号码:________
联系电话:________ ____年____月____日
日期:____年____月____日
第三人签字:________
代理人签字:________
身份证号码:________
联系电话:________
日期:____年____月____日
发生(责任)单位代理人签字:________
职　　务:________
联系电话:________
日期:____年____月____日

注:本协议由处理单位填写,一式五份:一份报铁路局主管部门,一份转铁路局财务部门,处理单位、责任(发生)单位、旅客或家属各一份。

表 6-7　铁路旅客人身伤害及携带品损失赔付通知书

______________旅客：

对________年______月________日所发生旅客人身伤害(携带品损失)，依据有关法律规定，经当事各方共同协商同意，赔付旅客共计人民币______________元(大写____________________)。

请您携带本通知和本人有效身份证件，于 30 d 内到我站领取。如继承人、代理人领取时，请携带领取人有效身份证件以及与旅客身份关系证明或授权委托书(以上证件或证明均需原件)。

特此通知。

处理单位(章)

年　　月　　日

联系人：________________　　电话：________________　　单位地址：____________________

## 四、旅客人身伤害处理报告与统计

### (一)处理报告

旅客人身伤害处理完毕后，处理单位和发生单位应在 3 d 内逐级向所属铁路局客运主管部门报送“调查处理报告”。

### (二)统计工作

铁路局应当在每月 20 日前汇总本局上月处理的旅客人身伤害情况，按要求填写“铁路人身伤害统计表”(见表 6-8)和“安全情况报告”(见表 6-9)，报铁路总公司运输局。

对旅客人身伤害事故的案卷，做到一案一卷，由处理单位保管，保存期为 5 年。

表 6-8　______________铁路局旅客人身伤害统计表

| 伤害种类 / 人数 / 责任 | 死亡 | 重伤 | 轻伤 | 主要原因 / 人数 / 责任 | 挤伤 | 摔伤 | 砸伤 | 烧烫伤 | 跳车 | 石击列车 | 疾病 | 其他 |
|---|---|---|---|---|---|---|---|---|---|---|---|---|
| 铁路企业 | | | | | | | | | | | | |
| 旅客自身 | | | | | | | | | | | | |
| 第三人责任 | | | | | | | | | | | | |
| 不可抗力 | | | | | | | | | | | | |
| 其　他 | | | | | | | | | | | | |
| 人数合计 | | | | | | | | | | | | |
| 赔偿金合计 | | | | | | | | | | | | |

表 6-9　安全情况报告(格式)

旅客×××，性别，年龄，籍贯。××××年×月×日持××次××站—××站车票，列车运行至××线××—××间(或在××站)，××原因，在××处死亡(或重伤)。

**【例 6-2】**　处理旅客发生意外伤害的技能(旅客因争座位发生冲突受伤害)。

2016 年 8 月 15 日，广州开往太原的某列车(太原客运段担当乘务)，一旅客在长沙—岳阳间与另外两名旅客因争座位发生冲突受伤害，该受伤旅客向太原铁路法院提出诉讼，要求铁路赔偿。试分析，该伤害事故应如何处理为妥？

**【解】** 分析如下:

1. 该伤害事故的责任划分,应属于第三人责任。

2. 受伤害的旅客要求铁路先予赔偿的,铁路应给予支持,先行赔偿。因为旅客是弱势群体,而铁路是强势集团,应执行代位赔偿。

3. 铁路应按法院调解或判决的赔偿额度赔付,如法院判决的赔偿额度较高,有异议时,可提出上诉。

4. 铁路赔付后即可取得向有关责任者——第三人追偿的权力。

5. 铁路有过错的,应当在能够防止或制止损害的范围内承担相应补充赔偿责任。

**【例 6-3】** 处理旅客发生意外伤害的技能(无人护送的精神异常旅客受伤害)。

2016 年 6 月 18 日 14:30,桂林北开往茂名西的 5505 次列车(南宁客运段担当乘务),经停黎塘站时,列车长移交一名在黎塘中转的无人护送的精神异常旅客胡思,女,45 岁,家住南宁市大平街 5 号,持桂林至南宁的通票,票号 A006007,当客运值班员领该旅客去客运室途中,趁人不备跳入股道中,被通过的货车撞倒轧断双腿,驻站卫生所立即包扎并速送往医院,终因抢救无效死亡。黎塘站应如何向所属主管部门拍发事故速报?

**【解】** 根据《铁路旅客人身伤害及携带品损失处理暂行办法》(铁运〔2012〕319 号)第 18 条规定:车站、列车发生旅客人身伤害时,可用电话向所在单位或上级主管部门报告概况;但发生重伤以上旅客人身伤害时,应在第一时间以短信方式向铁路局所属主管部门报告,随后向有关铁路局所属主管部门拍发速报,并逐级向上级主管部门和宣传部门报告。

报告(含速报)内容主要包括:

(1)发生日期、时间、车次、地点、车站、区间里程。

(2)伤亡旅客的姓名、性别、年龄、国籍、民族、职业、单位、有效身份证号码、联系方式、住址及车票种类、号码、发站、到站、车厢、席位等基本情况。

(3)发生经过、旅客伤亡及现场处理简况。

黎塘站向上级主管部门拍发的旅客伤害事故速报见表 6-10。

**表 6-10 黎塘站拍发的客伤事故速报**

铁 路 传 真 电 报

签发　　　　核稿　　　　拟稿人电话

| 发报所 | 电报号码 | 等级 | 受理日 | 时分 | 受到日 | 时分 | 值机员 |
|---|---|---|---|---|---|---|---|
| | | | | | | | |

主送:南宁局客运处

抄送:铁路总公司运输局客管处,南宁车务段

6 月 18 日 14:30,我站接收 5055 次列车移交的一名在我站中转的无人护送的精神异常旅客胡思,女,45 岁,家住南宁市大平街 5 号,持桂林至南宁的通票,票号 A006007,正当客运值班员带领该旅客由二站台去客运室途中,乘人不备,跳入邻线 3 道,被通过的货车撞倒轧断双腿,驻站卫生所速赴现场进行了包扎,并立即送往黎塘人民医院,终因抢救无效死亡,特此电告。

黎塘站(公章)

2016. 6. 18

受理　　　　检查　　　　总检

# 第三节　行李、包裹运输事故的处理

## 一、行李、包裹运输事故的种类和等级

(一)行李、包裹事故的种类

1. 火灾。

2. 被盗(有被盗痕迹的)。

3. 丢失(全部未到或部分短少,无被盗痕迹的)。

4. 损坏(破损、湿损、变形等)。

5. 误交付。

6. 票货分离,票货不符,误装卸或顶件运输。

7. 其他(污染、腐坏等)。

(二)行李、包裹事故的等级

行李、包裹事故按其性质和损失程度,分为重大事故、大事故和一般事故三个等级以及事故苗子。

1. 重大事故

(1)由于承运的行李、包裹发生火灾、爆炸造成人员死亡或重伤达 3 人的。

(2)物品损失(包括其他直接损失,以下同)价值超过 3 万元的。

(3)尖端保密物品、放射性物品灭失。

2. 大事故

(1)由于承运的行李、包裹发生火灾、爆炸造成人员重伤的。

(2)物品损失价值超过 10 000～30 000 元的。

3. 一般事故

(1)由于承运的行李、包裹发生火灾、爆炸的。

(2)物品损失价值超过 200～10 000 元的。

4. 事故苗子

在运输行李、包裹过程中(自承运时起至交付完毕时止)造成轻微损失及一般办理差错为事故苗子。

事故苗子包括:

(1)损失轻微其价值不超过 200 元(含 200 元)的。

(2)被盗在 30 d 内破案并追回原物,损失轻微的。

(3)票货分离、票货不符、误装卸及时发现纠正,未造成损失的。

(4)误交付及时发现并取回,未造成损失的。

(5)未按规定办理交接手续的。

(6)违反营业办理限制的。

## 二、行李、包裹事故的立案和调查

(一)行李、包裹事故的立案

行李、包裹发生下列情况之一者,应立案处理:

1. 行李、包裹运输发生火灾、被盗、丢失、损坏、误交付、票货分离、票货不符、误装卸或顶件运输及其他事故时。

2. 行李、包裹超过运到期限 10 d,鲜活包裹超过运到期限没有运到时。

3. 行李、包裹超过运到期限没有运到或发生票货分离、票货不符、误装卸时,车站向发站拍发电报查询行李、包裹的下落,查询无结果时。

事故立案和调查处理由到站办理。行李、包裹在发站装运前全部灭失、毁损时由发站办理。

事故立案时,车站应会同有关人员编制行李、包裹事故记录(用货运的)一式三份。一份留编制站存查;一份调查用(属于自站责任的留站存);一份交旅客或货主作为提出赔偿要求的凭证(经查询找到后交付时应收回)。

行李、包裹事故记录是铁路内部调查分析责任和处理事故的基本资料,是旅客或货主向铁路提出赔偿要求的依据。因此,必须严肃认真,详细填写,如实记载事故现状,不得虚构、假想、臆测,用词必须具体、准确、明了,书写应清楚,如有涂改必须由涂改人在改正处盖章,对事故责任无确切依据时不做结论。编制事故记录时应根据事故性质会同有关人员共同编制。如丢失、被盗事故应由车站负责人、公安人员、有关行李员及装卸人员共同编制;发生货损货差等事故,应有本班组负责人、有关行李员、装卸员参加编制。

事故记录的编制要点:

(1)火灾——行包存放地点、周围情况、火源等,被燃烧物品情况。

(2)被盗——行包存放地点、包装(包括内包装)破损状态(破口尺寸、形状等),施封情况,以及短少物品的具体品名、数量(无法判明数量时,应记明现有数量),事故行包复秤重量。

(3)损坏——包装种类,包装破损情况,衬垫情况;破损物品的损坏程度,坏损部位,破口尺寸,新痕旧痕,破口处接触何物;打包带、铁丝、铁腰、封印、集装袋、专用箱、编码锁及安全标志等是否完整。

(4)污损——污染源、包装和内容物污损程度等。

(5)票货分离——有票无货,要说明票据来源及票据记载的内容;有货无票,要说明货件来源及货签的内容,无货签的,要说明包装特征及具体货件名称、件数、重量等。

行李、包裹在发站或运输途中,发生行包事故时,有关站、车应编制客运记录一式两份。一份存查,一份随行李、包裹递送到站,作为站、车交接的凭证和到站编制事故记录的依据。如在途中全部丢失、被盗、毁损时,应将客运记录和运送票据车递挂号寄送到站。

(二)行李、包裹事故的调查

行李、包裹超过运到期限没有运到或发生票货分离时,到站必须立即向发站拍发电报查询并抄有关铁路局。

1. 发站接到查询电报后,应立即查找核对,如不属于本站责任,应将装车日期、车次、签收情况电复到站,并抄知接收的列车主管段。列车主管段接到电报后,如不属于本段责任,应将卸车站和卸车日期、签收情况电复到站,并抄知卸车站。有关站、段按此顺序进行查找。

对用事故记录调查的,接受站、段应将调查结果电复到站,同时应填写事故查复书(用货运的)附在记录上,转送接收的站、段继续查找。如系本站、段责任,则直接填写事故查复书随同事故记录寄送到站。

查询电报或事故记录(包括复电和查复书)如发、收双方跨局时,应抄送有关铁路局。

2. 站、段在接到查询电报或事故记录后,车站必须在 3 d 内,段必须在 15 d 内答复到站,不得拖延。否则，由拖延站、段承担事故责任。但对用事故记录调查的，如逾期不答复，到站可再次电报催问，受调查站、段自接到催问电报日起，再超过 5 d 不答复时，即视作责任单位。

3. 发生火灾、被盗事故，应及时向铁路公安部门报案，并会同调查。

4. 发生和发现重大事故的车站及列车，应立即向铁路总公司、铁路局拍发事故速报，并抄知有关单位。

行包重大事故速报内容：事故种类；发生日期、时间、车次；发生地点、车站、区间、里程；票号、发到站、品名；事故简要情况。

有关铁路局接到速报后，应立即派人深入现场进行调查处理，在事故调查过程中，任何单位和个人，都不得隐瞒事故真相，弄虚作假，推卸责任，否则一经查出要从严处理。

行李、包裹未到的查询、调查程序如图 6-1 所示。

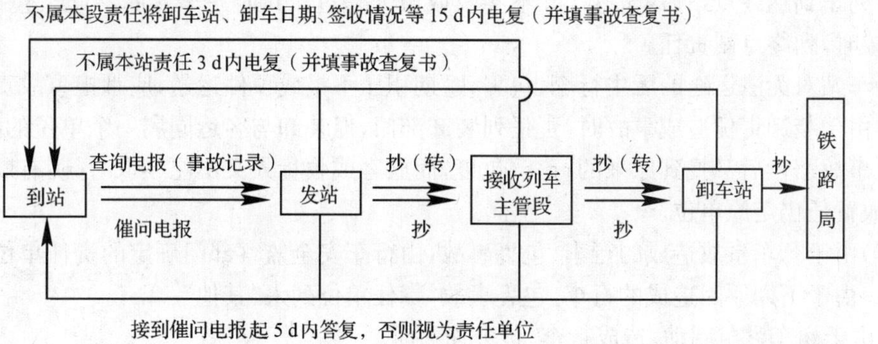


图 6-1　行李、包裹未到查询、调查程序

## 三、行李、包裹事故的责任划分

1. 铁路与旅客、托运人、收货人责任的划分

行李、包裹从承运时至交付时止，铁路担负安全运输的责任，如发生灭失、损坏、短少、变质、污染时铁路应负责赔偿，并在规定的运到期限内运至到站。

由于下列原因造成的灭失或损坏，铁路不负赔偿责任：

(1)不可抗力，如水害、风灾、冰雹、地震、泥石流等。

(2)物品本身的自然属性或合理损耗，如枯萎、死亡、水分蒸发而产生的减量，化学制品的老化干裂，放射性同位素和短寿命生物疫苗的失效等。

(3)包装方法或容器质量不良，但从外部又不能观察发现或无规定的安全标志时。

(4)托运人自己押运的包裹(因铁路责任除外)。

(5)旅客和托运人、收货人违反铁路规章或其他自身的过错。

由于旅客和托运人、收货人的责任给铁路造成财产损失时，应负赔偿责任。

2. 承运人内部站、车责任的划分

铁路运输行李、包裹过程中，涉及铁路内部的发送站、中转站、到达站及各次列车等单位，为了判明造成行李、包裹事故的责任者，以便追究赔偿责任，也必须进行责任划分。

(1)直接发生事故的车站和列车，应主动承担责任。

(2)在查询过程中，未按规定期限答复时(除已查明直接责任者外)事故责任列逾期答复站、段。

(3)由于违章承运行李、包裹造成事故时,事故责任列承运站。如承运不符合规定的包装技术条件的行李、包裹时;应派人押运的包裹无押运人时;规章允许在 200 km 范围内、不需要饲养的家禽、家畜,托运人提出不派人押运时,但车站应向托运人说明并在托运单上注明“途中逃逸、死亡铁路免责”,而未告知又无签注时。

(4)中途站对包装破损未加整修继续运送,造成事故时,事故责任列应整修而未整修的车站。对符合规定包装要求的行李、包裹,能够证明直接造成包装破损站、车的,发生事故时,事故责任列直接造成破损的站、段。

(5)站、车交接时,接收方不盖规定名章或印章不清无法确认,以及接收方应签收而未签收或虽已签收但对件数、包装等情况站、车双方有异议时,而在开车后 3 h 内(如区间列车运行超过 3 h 不停时,为前方停车站)又未拍发电报确认的,发生事故时,责任列接收站、段。

(6)列车到达终点站后,超过 1 h 不签收或虽未超过 1 h 而列车入库,行李、包裹未卸完,发生事故时,列终点站责任。

(7)车站对无法运送的无主行李、包裹,逾期积压不报或顶件运送,应承担事故责任。

(8)由于装卸责任造成事故时,责任列装卸部门,但装卸与客运同属一个单位的除外。

(9)事故赔偿后又找到原来的行李、包裹,而旅客或收货人又不愿领取时(确有欺诈行为除外),事故责任仍定原单位。

(10)由于行车事故造成的行李、包裹事故,由行车安全监察部门确定的责任单位负责。

(11)由于下列原因造成的行李、包裹事故,责任单位列入“其他”:

① 由于列车紧急制动,造成行李、包裹损失时。

② 因托运人、收货人责任给第三者的行李、包裹造成损失时。

③ 其他无法判明责任单位的事故。

(12)事故处理站在核定事故责任单位时,如发生站、车各方意见不一致,可将事故记录连同附件逐级上报,由上级机关仲裁核定。若站、车属一个铁路局管辖的,报铁路局;跨铁路局的,报铁路总公司。

3. 承运人和旅客、托运人或收货人共同承担责任

经承运人证明行包事故是由承运人和旅客、托运人或收货人的共同过错所致,应根据各自过错的程度分别承担责任。

## 四、行李、包裹事故的赔偿

### (一)赔偿标准

1. 实际损失的赔偿

实际损失是指因灭失、短少、变质、污染、损坏导致行李、包裹实际价值的损失。按照实际损失赔偿时,对灭失、短少的行李、包裹按照其实际价值赔偿;对变质、污染、损坏降低价值的行李、包裹,可按照其受损前后实际价值的差额或者加工、修复费用赔偿。

2. 保价运输的赔偿

保价运输的行李、包裹在运输中发生损失,无论托运人在办理保价运输时,保价额是否与行李、包裹的实际价值相符,均应在保价额内按照损失部分的实际价值赔偿,实际损失超过保价额的部分不予赔偿。如果损失是因铁路运输企业的故意或重大过失造成的,不受保价金额的限制,按照实际损失赔偿。

行李、包裹灭失、损坏时的赔偿标准见表 6-11。

表 6-11　行李、包裹事故赔偿价格一览表

| 项　目 | 保价物品 | 不保价物品 | 附　记 |
|---|---|---|---|
| 全部灭失时 | 按照实际赔偿,但最高不超过保价额 | 按照实际损失赔偿,但最高不超过铁路总公司所规定的赔偿限额(含包装 15 元/kg),但是铁路运输企业的故意或重大过失造成的,不受赔偿限额的规定 | 退还全部运费 |
| 部分灭失、损坏时 | 按实际损失的比例赔偿 | 按照实际损失赔偿,但最高不超过铁路总公司所规定的赔偿限额。但是铁路运输企业的故意或重大过失造成的,不受赔偿限额的规定 | 退还灭失货件重量的运费 |
| 分件保价时 | 按所灭失的该件实际损失赔偿,最高不超过该件保价额 | | 退还灭失货件重量的运费 |
| 证明声价格超过实际价格时 | 按照实际价格赔偿 | | 多交的保价费不退 |

(二)赔偿手续

发生行李、包裹运输事故,要严格按照先赔付后划分责任的规定,快速受理,快速赔偿。

1. 行李、包裹灭失、损失或超过运到期限 30 d 尚未到达,旅客和托运人、收货人有权向铁路提出赔偿。

2. 旅客和托运人、收货人要求赔偿时,应在有效期内提出赔偿要求书(用货运的),并附下列证件:

(1)行李、包裹事故记录。

(2)行李票或包裹票。

(3)证明物品内容和价格的凭证。

3. 行李、包裹事故经过调查,只要能够证明是铁路责任的,不论其具体事故单位是否确定,事故处理站均应先行办理赔偿。对需要查找下落的行李、包裹事故,其赔偿期限,自旅客或收货人提出赔偿要求书之日起,最迟不得超过 30 d。

4. 车站在受理赔偿要求时,需审核赔偿要求人的要求权利、有效期限、赔偿要求书及有关证明文件。接受赔偿要求后,应在赔偿要求书收据上加盖站名戳记和经办人规定名章,交给赔偿要求人。如经铁路审核确定责任不属于铁路不予赔偿时,处理单位应用正式文件,说明理由和依据,连同全部赔偿资料(赔偿要求书除外)退给赔偿要求人,并抄知有关单位。

5. 事故赔偿一般应在到站办理,特殊情况也可由发站办理。

6. 丢失的行李、包裹找到后,应迅速通知旅客、托运人或收货人领取,撤销一切赔偿手续,收回全部赔款,如旅客、托运人或收货人不同意领取时,按无法交付物品处理。如发现有欺诈行为不肯退回赔款时,可通过行政或法律手段追索。

赔偿要求人向法院提出的诉讼案,由诉状中所列的被告出庭答辩。

(三)赔偿时限

承运人与旅客、托运人、收货人因合同纠纷产生索赔相互间要求办理退补费用的有效期限为 1 年。有效期限由下列日期起算:

1. 全部灭失时,为运到期限终了的次日。

2. 部分灭失时,为交付的次日。

3. 给铁路造成损失时,为发生事故的次日。

4. 多收或少收运输费用,为核收该项费用的次日。

责任者自接到赔偿要求书的次日起,一般应于 30 d 内向赔偿要求人做出答复并尽快办理赔偿。多收或少收时,应于 30 d 内退补完毕。

(四)赔偿清算

1. 赔款不超过 200 元(含 200 元)的,互不清算,由处理站所属铁路局列销。

2. 赔款超过 200 元的,处理站与责任站在一个铁路局管内,由责任站相互间清算;跨铁路局的由铁路局相互间清算。如是中铁快运公司的责任,也要进行清算。

3. 责任局(含中铁快运公司)接到赔款通知书之日起,必须在 10 d 内办完付款手续,逾期付款每日增加 0.5%的资金占用费。未按规定及时付款时,铁路局管内由铁路局、跨局由铁路总公司按季强行划拨。

4. 列其他责任的事故赔款,由处理局列支。

5. 行李、包裹事故赔款,不论行李、包裹是否保价,均由保价周转金支付。

## 五、行李、包裹事故的统计及案卷的保管

1. 事故统计

(1)事故件数以一批为 1 件,但在同一车站或同一列车内,同时同一原因发生的多批事故视为一批,应按 1 件统计。其事故等级按损失款额的总和确定。

(2)一件事故由几个单位共同承担时,事故件数由主要责任单位统计。无主要责任单位时,按发到站间的站顺,由第一个责任单位统计上报。列其他责任的,由处理单位统计上报。

(3)事故一律按结案日期统计。对报经上级仲裁的事故,按接到批复的当月统计。

(4)行李、包裹事故处理结案后,每月填报"行李、包裹事故统计报告"(表 6-12)按时逐级上报。

**表 6-12　行李包裹事故统计报告**

| 项目<br>内容<br>类别 | | 事故及赔偿情况 | | | | | | | | | | | | | | | | | 未构成事故的赔偿情况 | 总计 |
|---|---|---|---|---|---|---|---|---|---|---|---|---|---|---|---|---|---|---|---|---|
| | | 事故等级 | | | 事故种类 | | | | | | 责任单位 | | | | | 保价情况 | | 合计 | | |
| | | 重大 | 大 | 一般 | 火灾 | 被盗 | 丢失 | 损坏 | 误交付 | 票货不符 | 票货分离 | 其他 | 列车 | 车站 | 中铁快运 | 其他 | 保价 | 非保价 | | |
| 1 | | 2 | 3 | 4 | 5 | 6 | 7 | 8 | 9 | 10 | 11 | 12 | 13 | 14 | 15 | 16 | 17 | 18 | 19 | 20 |
| 行李 | 件数(件) | | | | | | | | | | | | | | | | | | | |
| | 赔款(元) | | | | | | | | | | | | | | | | | | | |
| 普通包裹 | 件数(件) | | | | | | | | | | | | | | | | | | | |
| | 赔款(元) | | | | | | | | | | | | | | | | | | | |
| 快运包裹 | 件数(件) | | | | | | | | | | | | | | | | | | | |
| | 赔款(元) | | | | | | | | | | | | | | | | | | | |
| 合计 | 件数(件) | | | | | | | | | | | | | | | | | | | |
| | 赔款(元) | | | | | | | | | | | | | | | | | | | |
| 其中本局责任 | 件数(件) | | | | | | | | | | | | | | | | | | | |
| | 赔款(元) | | | | | | | | | | | | | | | | | | | |
| 事故概况 | | | | | | | | | | | | | | | | | | | | |

审核人:　　　　　　　　填报人:　　　　　　　　填报日期:　　　年　　月　　日

说明:表中列逻辑关系为:

事故及赔偿情况(指 200 元以上):2+3+4=5+6+7+8+9+10+11=12+13+14+15=16+17=18。

未构成事故赔偿情况(指赔款 200 元以下)填入 19 列

总计填入 20 列:20=18+19

2. 案卷保管

行李、包裹事故一案一卷，整理清楚，登记入册。事故案卷材料应包括：

(1)行李票或包裹票。

(2)行李、包裹事故记录。

(3)损失物品清单。

(4)物品所有权证明。

(5)查询电报、事故查复书。

(6)赔偿要求书。

(7)事故结论。

(8)赔偿通知书。

事故案卷应由处理单位负责保管。其保管期限：赔偿案卷 3 年；诉讼案卷 4 年；事故记录 2 年；客运记录 2 年；行包交接证 1 年；查询电报 1 年；复电、查复书 1 年。

其他不随事故案卷保管的资料也要保管一定时间以备查用。

## 第四节　处理特殊情况和运营事故的客运记录与铁路电报

铁路旅客或行李、包裹运输过程中，会发生一些特殊情况和运营事故，站车均要编制客运记录和拍发铁路电报，作为特殊情况或运营事故的文字纪实和向上级部门报告的书面材料。为此，对客运记录与铁路电报分述如下：

### 一、客运记录

(一)客运记录的含义与作用

1. 客运记录的含义

客运记录是指在旅客或行李、包裹运输过程中因特殊情况，承运人与旅客、托运人、收货人之间需记载某种事项或车站与列车之间办理业务交接的文字凭证。

2. 客运记录的作用

(1)站车办理交接的依据。

(2)旅客发生意外伤害，介绍到与铁路有渊源关系的医院抢救治疗的证明。

(3)旅客至到站或有关站退款的凭证。

(4)作为编制行包事故记录的凭据。

(5)有关事件纪实的材料。

(6)其他情况需要说明的依据。

(二)客运记录编制要求

1. 据实编制，事项齐全，内容准确、具体、详细、齐全、完整，如实反映情况，不得虚构、假想、臆测、似是而非、含糊不清。

2. 记录措词简明扼要、条理清楚、层次分明、述事完整、说明问题、目的明确、字体清晰、书写工整。

3. 记录词句不应出现命令、质问以及不尊重对方的语言。

4. 记录中涉及数据、名称、单位、病情、伤势等应尽量准确；涉及旅客车票时应有票种、票号、发到站；涉及行李、包裹票时，除应有发到站、票号外，还应有旅客、托运人、收货人、单位、品名、数量、重量等,不得漏项。

5. 客运记录应有顺序编号,加盖编制人名章。客运记录一式两份,一份交接收人,另一份由接收人签字后自己留存,对留存的应装订成册,妥善保管,以备存查。

(三)客运记录编制范围

1. 列车的编制范围

(1)卧铺发售重号,列车应尽量安排同等席别的其他铺位,没有空位时,应编制客运记录交旅客,由到站退还卧铺票价。

(2)因承运人责任使旅客不能按票面记载的座别、铺别乘车时,列车应重新妥善安排。重新安排的座席、铺位低于原票等级时,列车长应编制客运记录交旅客,至到站退还票价差额。

(3)发生车票误售、误购,应退还票价时,列车应编制客运记录交旅客,作为乘车至正当到站并要求退还票价差额的凭证。

(4)旅客误乘列车或坐过了站,列车交前方停车站免费送回时应编制客运记录。

(5)旅客丢失车票,另行购票或补票后又找到原票时,列车长应编制客运记录交旅客,作为在到站出站前向到站要求退还后补票价的依据。

(6)对无票乘车而又拒绝补票的人员,列车长可责令其下车并编制客运记录交县、市所在地车站处理(其到站近于上述到站时应交到站处理)。

(7)在列车上,旅客因病不能继续旅行,列车长应编制客运记录交中途有医疗条件的车站转送医院治疗。

(8)因铁路责任,致使旅客在中途站办理退票,退还票价差额时应编制客运记录。

(9)发现旅客携带国家禁止或限制运输的物品、危险品乘车,移交最近前方停车站或有关车站处理时应编制客运记录。

(10)旅客携带品超过规定范围(危险品除外),无钱或拒绝补交运费,移交旅客到站或换车站处理时应编制客运记录。

(11)向查找站或列车终到站转送旅客遗失品,与车站办理遗失物品交接手续时应编制客运记录。

(12)旅客在列车内发生因病死亡,移交县、市所在地车站处理时应编制客运记录。

(13)列车内发现无人护送的精神病患者,移交到站或换车站时应编制客运记录。

(14)因意外伤害(包括区间坠车),招致旅客伤亡,移交有关车站处理时应编制客运记录。

(15)发现违章使用铁路职工乘车证,上报铁路局收入部门处理时应编制客运记录。

(16)列车接到行李、包裹托运人要求在发站取消托运,将行李、包裹运回发站时应编制客运记录。

(17)列车接到发站行李、包裹变更运输(包括行李误运)电报时,应编制客运记录,连同行李、包裹和运输报单,交前方营业站或运至新到站(需中转时,移交前方中转站继续运送)。旅客在列车上要求变更时,同样办理。

(18)列车上发现装载的行李、包裹品名不符,或实际重量与票面记载的重量不符,移交到站或前方停车站处理时应编制客运记录。

(19)列车对已装运的无票运输行李、包裹,应编制客运记录,交到站处理。

(20)列车内发现旅客因误购、误售车票而误运行李时,如其托运的行李在本列车装运,应编制客运记录,交前方营业站或中转站向正当到站转运。

(21)行李、包裹在运输途中发生事故,移交到站处理时应编制客运记录。

(22)持挂失补车票乘车的旅客,经列车长确认该席位使用正常的,应编制客运记录交旅客至到站办理退票。

(23)其他应与车站办理的交接事项。

2. 车站的编制范围

(1)发生误售、误购车票,在中途站、原票到站发现,向正当站乘车并退还票价时。

(2)将旅客遗失物品向查找站转送时。

(3)旅客在车站发生意外伤害时。

(4)车站向铁路局收入部门寄送因违章乘车所查扣的铁路乘车票证时。

(5)行李、包裹票货分离,需补送行李、包裹或票据时。

(6)行李、包裹票货分离,部分按时到达交付,部分逾期时。

(7)行李、包裹装运后,旅客或托运人要求运回发站取消托运时。

(8)行李、包裹所在站接到行李、包裹变更运输的电报时。

(9)车站发现伪报品名的行李、包裹损坏其他行李、包裹时。

(10)在中途站、原票到站处理因误售、误购车票而误运的行李时。

(11)线路中断,列车停止运行后,鲜活包裹在途中被阻,托运人要求被阻站处理时。

(12)在发站或中途站,行李、包裹发生事故或需要说明物品现状时。

(13)行李未到,办理转运手续后,逾期到达时。

(四)部分客运记录实施电子化的规定

为提升非正常情况下列车服务质量,本着"以站保车"原则,充分发挥客运信息化系统优势,特对列车所编制的部分客运记录实施电子化,现将有关规定分述如下:

1. 列车部分客运记录电子化的范围

(1)因列车晚点,影响旅客接续行程时,列车不开具客运记录。由车站通过客票系统查询列车晚点运行信息后,为旅客办理相关改签、退票手续。

(2)列车遇旅客持"挂失补车票"乘车时,在旅客到站前,查验旅客席位情况后,使用站车交互系统终端"客运记录"功能的"挂失补"模块,选择席位使用情况,向客票系统发送席位使用情况的确认信息。旅客在列车上办理"挂失补"的,列车长仍需开具纸质客运记录,一份交旅客,一份随"车移报告"上交。

(3)因临时更换车体、空调故障等原因旅客需到站退还票价差额或空调费时,列车使用站车交互系统终端"客运记录"功能的"席位调整"模块,选择席位使用情况,向客票系统发送确认退差信息。

(4)以下情况执行特殊规定:

①列车遇站车交互系统无信号、手持终端故障、登记失效时,应编制纸质客运记录,作为旅客到站办理退票的凭证。

②列车上旅客同时发生挂失补、退票价差、退空调费等情形时,分别按指定模块确认录入。

③同一车次途中更换乘务担当时,发生挂失补、退票价差、退空调费等情形时,列车长办理口头或书面交接,旅客到站前,由担当乘务的列车长录入确认信息。

2. 车站严格信息核验无误方能办理退票(退差)

(1)旅客到车站办理挂失补退票、退还差价、退还空调费以及晚点接续行程退票时,车站退票窗口自动通过客票系统查询电子客运记录或列车运行信息,经核查信息无误的,按规定予以处理。

(2)经系统核查无相应信息或无纸质客运记录的,车站应记录旅客身份信息、车票信息和联系电话。车站负责联系担当客运段或车站确认信息,涉及外局担当列车或车站的,报所属局客户服务中心，转担当局客户服务中心协查确认。

(3)担当客运段或车站核查信息属实，应及时将信息反馈办理站(客户服务中心)。办理站应记录“核实事项、单位名称、经办人、职务、联系电话、办理日期”等信息，经办理站客运主管领导、经办人签字后，联系旅客予以处理。

(4)车站办理退票、退差后，客票系统生成客运记录(退票说明)见表 6-13、表 6-14，按规定上报。如未生成客运记录(退票说明)的，以列车开具的纸质客运记录或车站纸质核实记录为准，晚点信息以调度部门行车日志为准，并按规定上报。

**表 6-13　客运记录(退票说明)样式之一**

| 客运记录(退票说明)<br>车站：<br>售票处：<br>窗口号：　　年　月　日　班次　售票员　第　页共　页 | | | | | |
|---|---|---|---|---|---|
| 客运记录(序号) | | | | | |
| 类型： | | 客运记录录入时间： | | 办理时间： | |
| 所属客运段： | | 列车长： | | 手机号： | |
| 票号： | | 车次： | | 席位： | |
| 车票票价： | | 应退票价： | | | |
| 原因说明： | | 备注： | | | |

**表 6-14　客运记录(退票说明)样式之二**

客运记录(退票说明)

车站：
售票处：
窗口号：　　年　月　日　班次　售票员　第　页共　页

| 序号 | 业务类型 | 办理车票信息 | | | | | | | | | | | 原车票信息 | | | | | | | | |
|---|---|---|---|---|---|---|---|---|---|---|---|---|---|---|---|---|---|---|---|---|---|
| | | 票号 | 乘车日期 | 车次 | 发站 | 到站 | 席别 | 票种 | 车厢 | 座位号 | 原票价 | 应退票价 | 票号 | 乘车日期 | 车次 | 发站 | 到站 | 席别 | 票种 | 车厢 | 席位号 |
| | | | | | | | | | | | | | | | | | | | | | |
| | | 信息来源 | 电子 | 车次 | | 所属客运段 | | | | | | 列车长 | | | 手机号 | | | 信息录入时间 | | | |
| | | | | 原因说明 | | | | | | 备注 | | | | | | | | 车票办理时间 | | | |
| | | | | | | | | | | | | | | | | | | | | | |
| | | 信息来源 | 电子 | 车次 | | 所属客运段 | | | | | | 列车长 | | | 手机号 | | | 信息录入时间 | | | |
| | | | | 原因说明 | | | | | | 备注 | | | | | | | | 车票办理时间 | | | |
| | | | | | | | | | | | | | | | | | | | | | |
| | | 信息来源 | 电子 | 车次 | | 所属客运段 | | | | | | 列车长 | | | 手机号 | | | 信息录入时间 | | | |
| | | | | 原因说明 | | | | | | 备注 | | | | | | | | 车票办理时间 | | | |

## 二、铁路电报

### (一)铁路电报的含义与等级

1. 铁路电报的含义

铁路电报是处理生产业务的通信工具,是办理紧急事务的公文的表现形式。

2. 铁路电报的等级

铁路电报的等级按电报的性质和急缓程度分为以下六种:

(1)特急电报(T),指非常紧急的命令、指示,处理重大、大事故、人身伤亡事故、重大灾害及敌情的电报。

(2)急报(J),指铁路总公司、铁路总公司所属公司、铁路局的紧急命令、指示,时间紧迫的会议通知、列车改点、变更到站和收货人、车辆甩挂、超限货物运行及行车设备施工、停用、开通、限速的电报、国际公务电报及其他时间紧迫的电报。

(3)限时电报(X),指限定时间到达的电报。根据需要与可能,由用户与电报所商定,在附注栏内填记送交收电单位的时间,如限时 8:30,应写"XS8:30"。

(4)列车电报(L),指处理列车业务,必须在列车到达以前或在列车到达当时送交用户的电报。

(5)银行汇款电报(K),指银行办理铁路汇款业务,按急报处理。

(6)普通电报(P),指上述五类以外的电报。

### (二)发报权限、范围和内容限制

1. 发报权限

原铁道部铁电务〔1991〕130 号文件规定,下列铁路单位和单位负责人(包括同级政工部门)有权拍发电报:

(1)部、部属公司、局及其他部属单位(包括部内各局、司,局、院各处及同级单位)。

(2)基层单位的站、段、厂、场、院、校、队、所及同级单位和铁道部、铁路局的驻在单位。

(3)出差和执行各项列车乘务工作的负责人员。

(4)与运输有直接关系的基层单位所属部门需要拍发电报时,由铁路局批准。

2. 发报范围

拍发电报只限向全路有线电报通信网能够通达的范围内,根据原铁道部、铁电务〔1991〕130 号文规定如下:

(1)铁道部(包括部内各局级单位)及直属单位发报范围不限。

(2)部属单位可发至全路各同级单位,但不得发全路各站段。

(3)其他单位只能发至本局和外局有关单位。

(4)基层单位不得向所属车间、工区、班组拍发电报。特殊情况需要拍发时,由铁路局批准。

(5)发给路外单位和铁路出差、乘务人员的电报,必须指定能够代其负责收转的铁路单位,但不得指定电报所。

3. 电报内容限制

拍发电报时,电文涉及的事项必须是工作范围的内容。如遇下列情况,不准拍发电报:

(1)处理个人私事(由组织领导上处理个人问题不在此限)的电报。

(2)已经有文电的重复通知。

(3)挑战书、应战书、倡议书、感谢信的电报。

(4)公用乘车证丢失声明的电报。

(5)由于工作不协调,互相申告(执行列车乘务工作的负责人,在列车运行中向上级领导汇报列车运行中发生的问题不在此限)的电报。

(6)报捷、祝贺、吊唁(铁路局及以上单位或负责人不在此限)的电报。

(7)推销产品、书刊及广告类的电报。

执行列车乘务工作的负责人,在同一区段内,不得重复拍发同一内容的电报。

4. 使用铁路电报注意事项

拍发电报必须使用铁路电报纸。

编拟电报稿应使用规定的文字、符号、记号(即汉字及标点符号,汉语拼音字母,阿拉伯数字,规定有电报符号的记号和能用标准电码本译成四码的记号和字母),收电单位明确,电文通顺,文字力求简练,标点符号完整,字体清晰,并在原稿上填写拟稿人姓名和电话号码。

电报稿左上角应有收、抄报单位,右下角有发报单位本部门电报编号、日期,并应加盖公章、名章或签字。

(三)铁路客运业务电报的拍发范围

1. 列车业务电报拍发范围

旅客列车遇有下述情况时,列车长应拍发电报:

(1)因误售、误购车票而误运行李,行李又未在本列车装运,列车通知原到站向正当到站转运时。

(2)列车超员,通知有关部门和前方停车站采取控制客流措施时。

(3)列车行包满载,通知前方有关停车营业站停止装运行包时。

(4)遇有特殊情况,列车途中发生餐料不足,通知前方客运段补充餐料时。

(5)餐车电冰箱发生故障,通知前方客运段或车站协助加冰时。

(6)列车在中途站因车辆发生故障甩车或空调车发生故障不能修复,通知前方各停车站并汇报有关上级部门时。

(7)列车广播设备中途发生故障,通知前方广播工区派员前来处理时。

(8)专运等列车在中途站临时需要补燃料(煤、油等),通知前方有关部门补充时。

(9)列车运行中因发生意外伤害,招致旅客重伤或死亡,应立即向有关铁路局主管部门拍发事故速报时。

(10)列车发生或发现重大行包事故后,应立即向铁路总公司和有关铁路局拍发事故速报时。

(11)站、车之间办理行李、包裹交接时,接受方未按规定签收,但双方对装卸的件数、包装等情况产生异议,向当事站拍发电报声明时。

(12)列车内发生运输收入现金、车票票据丢失、被盗和短少等事故,向铁路局收入部门和铁路公安部门报案,通知有关单位协助查扣时。

(13)列车发生爆炸、火灾及重大刑事案件等突发事件,需迅速报告上级部门处理时。

(14)列车上发生旅客食物中毒,向所属铁路局和前方铁路疾控所报告时。

(15)遇其他紧急情况,需要迅速报告时。

2. 车站业务电报拍发范围

(1)发站发现少收票款时。

(2)到站发现少收票款时。

(3)线路中断列车停止运行后,向上级汇报时。

(4)因发生意外伤害,招致旅客重伤或死亡时。

(5)发生票货分离、票货不符,需查找下落时。

(6)发生票货分离、顶件运输,需声明纠正时。

(7)行李、包裹装运后,托运人要求变更到站时。

(8)行李、包裹装运后,托运人要求运回发站取消托运时。

(9)中途站发现行李、包裹中有国家禁止或限制运输的物品和危险品时。

(10)到站发现伪报一般货物品名时。

(11)到站发现重量不符,补收运费差额后,发电报通知发站和双方收入管理部门时。

(12)到站发现重量不符,需退还运费差额,发电报通知发站办理,并报告双方收入管理部门时。

(13)站、车对装卸的行李、包裹,因故未办理交接手续时。

(14)到站查询逾期未到的行李、包裹时。

(15)车站对查询逾期行李、包裹电报的复电时。

(16)发站向到站通报笨重货件装运及要求组织卸车的电报时。

(17)列车遇特殊情况在中途站或折返站借票时,列车长应与车站办理借票手续,出借票据的车站应发电报向双方铁路局收入部门及有关客运段报告借票情况时。

(四)列车业务电报的交接

1. 列车业务电报一般交有电报所的车站拍发。

2. 特殊情况可委托无电报所的车站代转。

3. 电报编制一式两份,一份交站,一份签收留存。

4. 电报发出后应设法向电报所索取发报的流水号。

(五)客运业务电报的拟稿要求

1. 明确主送、抄送单位

(1)主送——是指具体的受理单位或主办单位(不论单位大小,主要受理单位排列最前位)。

(2)抄送——是指知晓、协办、督促、备案、仲裁的单位(一般先上级后下级依次排列,列车电报抄送本段的排列最后)。

2. 拟编电文应注意的事项

(1)电文应以报告、汇报的形式写出,禁止使用命令、指责、指示、质问的词句。

(2)电文的语句应本着实事求是的原则,做到具体准确,不应凭空猜想、似是而非、含糊不清。电文的数据、百分比、术语名称、尺寸规格、病情、伤势、姓名、单位、时间、地点、车次、区间、站名等应当准确。

(3)电文的语句,不应出现自我推断的语言,特别是关系到事件的性质、责任的,不可妄下结论,让收电单位及上级部门去判断。

(4)主送、抄送单位名称应准确,均应使用全称或者规范的简称、统称,不应出现错误或根本不存在某一单位的现象。

(5)电文叙述简练、层次分明、顺序清楚、目的明确。

(6)对突发事件,由于时间仓促,情况复杂,条件限制,一时无法做到完全、准确掌握情况,应在电文中声明:“详情正在调查,特此报告”字样。

(7)涉及乘警、乘检人员有关问题的事件,列车长应召集三乘一体会议,对拟出的电文进行商议,尽力取得一致意见,将看法不一致的语句修改为事件客观状况,并由三乘负责人共同签字再拍发。

【例 6-4】 处理旅客发生意外伤害的技能(石击列车致旅客伤害)。

2016 年 7 月 3 日 22:40,西安开往南宁的 K315 次列车(西安客运段担当乘务),运行至湘桂线永福—鹿寨间,列车运行方向机后第四位车厢(YZ326230)右侧遭石击,将中部车窗击碎,并伤及一名旅客的颅部,伤势较重。经了解该旅客名叫黄洪,男,32 岁,家住柳州市飞鹅路 3 号,持西安至柳州车票,票号 A000222,并随身携带黑色提包一个,内装换洗衣物。试问:

1. 列车长对该客伤事故应如何处理并说明客运记录的编制与铁路电报的拍发?

2. 接收站(处理站)又如何处理并说明送医的客运记录(介绍信)及客伤事故最终处理协议书的编制?

【解】 1. 列车长处理程序如下:

(1)列车长接到客伤报告时,应立即赶赴现场查看情况,并组织抢救。

(2)列车长会同乘警共同查看旅客所持身份证件、车票及携带品,并做好记录。

(3)列车长应向同行人、目睹者收集证人证言等证据材料不少于 2 份,并记录证人姓名、性别、年龄、地址、联系方式、身份证号码等内容。

(4)列车上发生旅客人身伤害较为严重的,应当将受伤旅客移交县、市所在站或有医疗条件的车站进一步救治。移交前,列车长应事先向车站做好通报工作。

列车向车站办理移交手续时,应编制客运记录(见表 6-15)一式两份(一份交站,一份存查),连同车票、旅客随身携带品(含清单),证据材料一并移交。

**表 6-15 列车长移交受伤旅客的客运记录**

西安铁路局　　客统—1

**客　运　记　录**

第 012 号

记录事由:移交受伤旅客

柳州站:

我车 7 月 3 日 22:40 运行至湘桂线永福—鹿寨间,窗外飞石击碎机后第 4 位车厢(YZ326230)第 6 个车窗,击中 62 号座旅客黄洪(男,32 岁,家住柳州市飞鹅路 3 号,持西安至柳州车票,票号 A000222,并随身携带黑色提包一个,内装换洗衣物)的颅部,伤势较重,我车已包扎止血。现移交你站,请按章处理。

附:旁证材料 3 份。

注:
1. 站、车需要编制记录时均适用。
2. 本记录不能作为乘车凭证。

西安 站段　编制人员　K315 次列车长王伟　(印)

站段　签收人员　(印)

2016 年 7 月 4 日编制

40215(客 31)99.7.25.29

同时,列车长对客伤事故应向有关部门拍发事故速报(见表 6-16)。

**表 6-16 列车长拍发石击列车致使客伤的电报**

铁 路 传 真 电 报

签发　　　　　　　　　　　　　　核稿　　　　　　　　　　　　　　拟稿人电话

| 发报所 | 电报号码 | 等级 | 受理日 | 时 分 | 受到日 | 时 分 | 值机员 |
|---|---|---|---|---|---|---|---|
| | | | | | | | |

主送:永福、鹿寨站并驻站公安派出所、桂林车务段

抄送:南宁铁路局客运处、安监室、公安局、柳州公安处、西安铁路局客运处、车辆处、西安车辆段、乘警队、客运段

7 月 3 日 22:40,列车运行至永福—鹿寨间,窗外飞石击碎机后第 4 位车厢 YZ326230 号前进方向右侧第 6 个车窗两层玻璃,并击中 62 号座旅客黄洪(男,32 岁,家住柳州市飞鹅路 3 号,持西安至柳州车票,票号 A000222,并随身携带黑色提包一个,内装换洗衣物)的颅部,伤势较重,我车立即包扎止血并交柳州站处理。特电告知。

K315 次列车长　王伟印

2016 年 7 月 4 日于柳州站

受理　　　　　　　　检查　　　　　　　　总检　　　　　　　　第 1 页

2. 接收站处理程序如下:

(1)车站接到列车长的客伤通报后,立即与当地急救中心取得联系,让 120 急救车事先到车站做好救护工作。

(2)站车办理客伤移交手续后,如送往与铁路有渊源关系的医院救治的,车站编制客运记录(见表 6-17);送往地方医院救治的应使用介绍信,并派人陪同前往医院处理有关事宜。

**表 6-17 柳州站编制送医的客运记录**

南宁铁路局　　　　　　　　　　　　客统—1

客 运 记 录

第 012 号

记录事由:受伤旅客送医

柳州市铁路中心医院:

我车 7 月 3 日 22:40, K315 次列车运行至湘桂线永福—鹿寨间,窗外飞石击中旅客黄洪(男,32 岁,家住柳州市飞鹅路 3 号)的颅部,伤势较重,列车已包扎止血并移交我站,现转送你院救治,治疗费用请与我站清算。

注:

1. 站、车需要编制记录时均适用。

2. 本记录不能作为乘车凭证。

柳州 站/段　编制人员　张敏　(印)

站/段　签收人员　　(印)

2016 年 7 月 4 日编制

40215(客 31)99.7.25.29

(3)受伤旅客临床治疗结束,车站善后处理工作组应当根据铁路安全监管部门的指示,与受伤旅客或其家属(代理人)商谈赔偿事宜,并编制客伤事故最终处理协议书(见表 6-18)。

**表 6-18　铁路旅客人身伤害及携带品损失最终处理协议书**

No 05

一、旅客基本情况:
姓名:黄洪　身份证件号码:4502041984××××2832
性别:男　年龄:32　职业:工人　电话:3456789
住址:柳州市飞鹅路3号
二、车票情况:
号码:A000222　日期:2016年7月2日
车次:K315　发站:西安　到站:柳州　席位:4车62号
三、发生情况:
日期、时间、车次:2016年7月2日22:40 K315
地点、车站、区间:永福—鹿寨间
四、旅客人身伤害及携带品损失发生经过、救治及善后处理简要情况:
2016年7月3日22:40,列车运行至湘桂线永福—鹿寨间,窗外飞石击碎机后第4位车厢第6个车窗两层玻璃,并击中62号座旅客黄洪颅部,列车红十字救护员立即包扎止血并交柳州站送医院治疗。该事故因石击列车所致,属意外伤害,责任列其他。
五、处理意见:
经当事方共同协商同意,根据旅客伤害情况,达成如下协议:由铁路直接支付医院的医疗费用8 500元,支付旅客后续治疗费用4000元,以上费用合计:壹万贰仟伍佰元正,此处理为一次性终结,今后旅客不得再向铁路提出任何额外要求。
六、协议人签字:
旅客签字:黄洪
代理人签字:
身份证号码:4502041984××××2832
联系电话:3456789
日　　期:2016年8月4日
第三人签字:
代理人签字:
身份证号码:
联系电话:
日　　期:____年___月___日
发生(责任)单位代理人签字:西安客运段　李高
职　　务:车队长
联系电话:82345678
日　　期:2016年8月4日

处理单位(章)
柳州站公章
柳州站客运车间主任:张扬
2016年8月4日

注:本协议由处理单位填写,一式五份:一份报铁路局主管部门,一份转铁路局财务部门,处理单位、责任(发生)单位、旅客或家属各一份。

**【例 6-5】**　处理行包事故的技能。

2016年8月1日,托运人长春仪器厂王岳在长春站托运包裹一批,品名:精密仪器,3件共65 kg,木箱包装,包裹票号:A000001,到站柳州,收货人:柳州工程机器厂张军,8月5日过柳州站T5次(南宁段担当乘务)卸车时短少一件20 kg(该件声明价格5 000元),另以北京西发往包头的配件一箱(货签标记的票号:H000123)顶替,进仓时发现即刻拍发声明电报,并将顶替货件编记录返回北京西站,8月7日柳州站按缺件办理交付,经收货人判明缺件的内容物为工程机械检测仪一台,并编记录交收货人,同时拍发查询电报。查询未果,也已逾期10余天,于8月24日立案编制事故记录及填制事故查复书,进行调查。试问:柳州站如何编制有关的客运记录、业务电报、事故记录及事故查复书?

**【解】** 1. 拍发声明电报(见表 6-19)。

2. 编制记录返回顶替的货件(见表 6-20)。

3. 缺件交付,并编记录交收货人(见表 6-21)。

4. 拍发查询电报(见表 6-22)。

5. 查询未果,进行立案,编制事故记录(见表 6-23)。

6. 编制事故查复书,开展调查(见表 6-24)。

**表 6-19 声明电报**

铁 路 传 真 电 报

签发　　　　核稿　　　　拟稿人电话

| 发报所 | 电报号码 | 等级 | 受理日 | 时分 | 受到日 | 时分 | 值机员 |
|---|---|---|---|---|---|---|---|
| | | | | | | | |

主送:南宁客运段

抄送:沈阳、北京、呼和浩特局客运处,长春、北京西、包头站行包房

8 月 5 日,过我站 T5 次卸车件数正确,进仓核对发现长春站发往我站包裹一批,票号:A000001,品名:精密仪器,3 件 65 kg,木箱包装,短少一件 20 kg(该件声明价格 5 000 元),另以北京西站发往包头站配件一箱(货签标记的票号为:H000123)顶卸我站,特电声明。

柳州站行字(16)第 15 号

柳州站行包车间(印)

2016. 8. 5

受理　　　　检查　　　　总检

**表 6-20 返回顶替货件的记录**

南宁铁路局　　　　客统—1

客 运 记 录

第 79 号

记录事由:顶件运输,返回发站

北京西站行包房:

8 月 5 日,过我站 T5 次列车顶件卸下你站发往包头的配件一箱,货签标记的包裹票号为:H000123,现编记录返回你站处理。

注:

1. 站、车需要编制记录时均适用。

2. 本记录不能作为乘车凭证。

柳州 站/段　编制人员 印 (印)

站/段　签收人员 (印)

2016 年 8 月 5 日编制

40215(客 31)99. 7. 25. 29

表 6-21　交收货人的客运记录

南宁铁路局　　客统—1

客　运　记　录

第 83 号

记录事由:缺件交付

8 月 1 日,长春站发往柳州站包裹一批,票号:A000001,品名:精密仪, 3 件 65 kg,木箱包装,收货人:柳州工程机械厂张军,现该批货件实到 2 件 45 kg,先行交付。因包裹票收回,特编此客运记录作为领取剩余 1 件包裹 20 kg(该件包裹声明价格 5 000 元)的凭证。

注:
1. 站、车需要编制记录时均适用。
2. 本记录不能作为乘车凭证。

柳州 站段　编制人员　印　(印)

站段　签收人员　(印)

2016 年 8 月 7 日编制

40215(客 31)99.7.25.29

表 6-22　查询电报

铁　路　传　真　电　报

签发　　核稿　　拟稿人电话

| 发报所 | 电报号码 | 等级 | 受理日 | 时分 | 受到日 | 时分 | 值机员 |
|---|---|---|---|---|---|---|---|
| | | | | | | | |

主送:长春站行包房

抄送:沈阳、北京、呼和浩特局客运处,北京西、包头站行包房,南宁客运段

8 月 5 日,过我站 T5 次列车卸车发现,你发我到包裹一批,票号:A000001,品名:精密仪器,3 件 65 kg,短少一件 20 kg(该件声明价格 5 000 元),另以北京西站发往包头站配件 1 箱顶替,我于 8 月 5 日发 51 号电报声明,少件的精密仪器系工程机械检测仪一台。请各有关站、段速查补送我站,以便交付。

柳州站行字(16)第 59 号

柳州站行包车间(印)

2016. 8. 7

受理　　检查　　总检

### 表 6-23 编制的事故记录

南宁铁路局

**货 运 记 录**

No. 000104

（调查）

补充编制记录时记人 补充____局____站____年____月____日所编第____号记录

一、一般情况：办理种别 包裹 货票号码 A000001 运输号码____于 2016 年 8 月 1 日承运

发站 长春 发局 沈阳 发货人 长春仪器厂王岳 装车单位____

到站 柳州 到局 南宁 收货人 柳州工程机械厂张军 卸车单位____

车种车型____车号____标重____吨 2016 年 8 月 5 日第 T5 次列车到达____年____月____日____时____分开始卸车____月____日____时____分卸完封印：施封单位____施封号码____

二、事故情况：

| 项目 | 货件名称 | 件数 | 包装 | 重量 | | 发货人记载事项 |
|---|---|---|---|---|---|---|
| | | | | 发货人 | 铁路 | |
| 票据原记载 | 精密仪器 | 3 | 木箱 | | 65 | |
| | | | | | | |
| | | | | | | |
| | | | | | | |
| 按照实际 | 精密仪器 | 2 | 木箱 | | 45 | |
| | | | | | | |
| 事故详细情况 | 8 月 5 日过我站 T5 次列车卸时短少 1 件，20 kg，该件声明价格 5 000 元，另以北京西站发往包头站配件 1 件（货签标记的票号：H000123）顶替，所少货件至今未见补送。 | | | | | |

三、参加人签章：

车站负责人 ××（印） 货运员____编制人 ×××（印）

公安人员____收货人 张军 其他人员 ××（印）

四、附件：1. 普通记录____页 2. 封印____个 3. 其他____

五、交付货物时收货人意见 要求按声明价格 5 000 元赔偿

2016 年 8 月 24 日编制　　南宁铁路局 柳州 车站（公章）

注：1. 收货人（或托运人）应在车站交给本记录的次日起一百八十天内提出赔偿要求。

2. 如须同时送一个以上单位调查时，可作成不带号码的抄件。

### 表 6-24 编制的事故查复书

**货运事故查复书**

主送：长春站行包房

抄送：沈阳、北京、呼和浩特局客运处、北京西、包头站行包房、南宁客运段　　第 123 号

| 记录编制站 | 柳州 | 记录编制日期 | 2016.8.24 | 办理种别 | 包裹 |
|---|---|---|---|---|---|
| 记录号码 | 000104 | 车种车型车号 | | 货票号码 | A000001 |
| 发　站 | 长春 | 到　站 | 柳州 | 品　名 | 精密仪器 |
| 事故种类 | 丢失 | 保价金额 | 5 000 元 | 货物损失款额 | 5 000 元 |

____年____月____日第____号查复书接悉。

8 月 1 日你发我到包裹 1 批，3 件 65 kg，8 月 5 日过我站 T5 次列车卸车时短少 1 件 20 kg，木箱包装，另以北京西发往包头的配件（货签标记的票号为：H000123）一件顶替，我于 8 月 5 日发 51 号电声明，并于 8 月 7 日发 59 号电查询，对顶件的配件我已编 079 号记录返回北京西站。所欠货件至今未见补送，请你站速查装运情况，并复我。

柳州站行包车间（公章）

2016 年 8 月 24 日

附件：1. 货运记录____件____页　　2. 普通记录____件____页

3. 封印____个　　4. 其他____页

## 复习思考题

1. 线路中断、列车停止运行,应采取哪些措施?
2. 线路中断、列车停止运行,对旅客运输应如何安排?
3. 线路中断、列车停止运行,对行包运输应如何安排?
4. 试说明铁路旅客人身伤害事故的定义及种类。
5. 铁路旅客发生人身伤害事故应如何处理?
6. 行李、包裹事故种类和等级如何划分?
7. 行李、包裹事故如何立案、调查及处理?
8. 试说明行李、包裹事故记录的编制要点。
9. 试说明客运记录的含义和作用。
10. 编制客运记录有哪些要求?
11. 拍发列车业务电报如何进行交接?
12. 客运业务电报在拟稿方面有哪些要求?

## 参 考 文 献

[1] 中华人民共和国铁道部. 铁路旅客运输规程. 北京:中国铁道出版社,2010.
[2] 中华人民共和国铁道部. 铁路客运运价规则. 北京:中国铁道出版社,2009.
[3] 中华人民共和国铁道部. 铁路旅客运输办理细则. 北京:中国铁道出版社,2010.
[4] 彭进. 铁路客运组织. 3 版. 北京:中国铁道出版社,2015.